广东省中小学新一轮“百千万人才培养工程”丛书

丛书顾问　吴颖民

丛书主编　王　红　　副主编　黄牧航　黄道鸣

中芬
基础教育比较

主　编　王　红

副主编　钟罗金　姚轶懿

WUHAN UNIVERSITY PRESS
武汉大学出版社

图书在版编目(CIP)数据

中芬基础教育比较/王红主编.—武汉：武汉大学出版社,2019.12
广东省中小学新一轮“百千万人才培养工程”丛书
ISBN 978-7-307-21311-1

Ⅰ.中…　Ⅱ.王…　Ⅲ.基础教育—对比研究—中国、芬兰
Ⅳ.①G639.2　②G639.531

中国版本图书馆 CIP 数据核字(2019)第 269668 号

责任编辑:聂勇军　　　责任校对:汪欣怡　　　版式设计:马　佳

出版发行：**武汉大学出版社**　(430072　武昌　珞珈山)
(电子邮箱：cbs22@ whu.edu.cn　网址：www.wdp. com.cn)
印刷：北京虎彩文化传播有限公司
开本:720×1000　1/16　印张:19.25　字数:266 千字　插页:1
版次:2019 年 12 月第 1 版　　2019 年 12 月第 1 次印刷
ISBN 978-7-307-21311-1　　定价:55. 00 元

总　序

做有文化自觉的现代教育者

吴颖民

中国的中小学校从没有像如今这样呈现出群体性的文化觉醒，也从没有像如今这样流露出普遍性的文化焦虑。

随着教育改革日益进入深水区，中国教育发展的整体态势已经有了很大的改变。6年前，在“教育与中国未来30人论坛”上，对于基础教育面临的困境，我着重谈了三个问题：核心素养、课程改革与评价体系。我高兴地看到，短短几年时间，随着中国学生核心素养体系的提出、新课程改革的深化，以及新的考试招生制度改革逐步落地，这些问题都慢慢有了日渐清晰的答案。

于是新的问题也随之而来，因为这一系列的教育改革意味着，好学生、好学校、好教育的标准变了，尽管分数和升学率仍很重要，但对学校来说仅有分数和升学率已经着实拿不出手了。这时候，无论校长还是老师都强烈感受到一种认同危机，我们如何衡量自我的教育价值，又如何找准自身在教育发展中的定位？

同样让人感到焦虑的还有，仅仅是十多年时间，中国教育面临的外部环境也已经今非昔比。当世界变得日益“平坦化”，当中国教育者日渐频繁地参与到国际教育文化的交流对话中，我们对国际教育有了更为深入、客观的观察与理解，不再用仰视的态度去看待国际教育理念与经验，而是多了一份平视的、冷静的省察视角。这又意味着，中国教育的参照系也发生了变化，“我是谁”“我从哪里来”“要到哪里去”，诸如此类的身份迷茫进一步加剧了。

这样的教育内外环境变化带来的学校文化嬗变的阵痛，既是我们推进中小学教育人才队伍建设的动因，也是我们希望找寻新的学校教育价值观，让学校教育者重新审视自我，得以安身立命的教育命题。

就是在这样的背景下，2012 年 10 月，广东省启动了中小学新一轮“百千万人才培养工程”。目的也很明确，要在这个“呼唤教育家辈出”的时代，培养出一大批具有较高理论素养和实践能力的，在全省乃至全国处于领军地位并发挥示范作用的名教师、名校长和教育家。响应这一号召，华南师范大学作为重要参与方之一，责无旁贷地承担了其中的“教育家培养项目”、“中学名校长培养项目”、“高中文科类名教师培养项目”和“高中理科类名教师培养项目”四个子工程。

呈现在大家面前的这套丛书，从《中美基础教育比较》《中芬基础教育比较》《两岸基础教育比较》《名校长办学思想研究》到《教学名师教学思想研究》，既是几年来上述四个培养项目的成果显现，是在高等师范院校引领下，一批优秀中小学名师、名校长对自身教育实践的理念升华和思想凝练；同时又是面对曾经的学校教育定位和身份认同的困惑与迷茫，尝试进行的新时代学校教育文化的重新认识与建构，或者说，是素质教育校本化表达的“广东智慧”、“广东方案”。

我们看到，经历了从站起来、富起来到强起来的当代中国，越来越重视价值建构、阐释与传播，也展现出越来越强的文化自信。我们的学校教育、我们的校长和教师也应如此。

见微知著，今天的学校教育需要重新进行价值建构与定位，需要更有文化自觉的教育者。也因此，在项目实施过程中，我们明确了以教育思想、办学思想和教学思想为培养主线，通过“五个结合”，即理论研修和行动研究相结合、导师引领与个人研修相结合、脱产学习与岗位研修相结合、国内学习与海外研修相结合、研修提升和示范引领相结合，帮助参加培训项目的校长和教师学员升华实践，凝练思想。

成效令人欣慰！在项目平台上，一大批校长和教师的文化意识被唤醒，他们认真审视自己的教育实践历程，在反思中努力形成自己对教育教学的个性化理解，进而建构自己的教育理念体系和教育实践模型，形成了具有一定理论基础的、特色鲜明的办学思想和教学思想。从个体而言，他们在项目的催化下实现了个人成长，增进了对教育本质的理解，对所从事的教育事业有了更深的价值认知，也有了更高的期待。从整个基础教育改革而言，他们用这样的行动为教育研究提供了一个个鲜活的样本，丰富了当代的实践教育学。

同样值得重视的一个价值动向，就是校长和教师们在中外教育的对话与比较中，开始渐渐觉醒的教育主体意识和文化自信。在项目培训实践中，我们创造条件让学员走出国门，深入考察美国教育、芬兰教育，重视国际教育交流对话。在这个过程中，校长和教师们不再是“言必称希腊”，而是以更为理性、平和的态度对待异域经验。他们在发现好的经验与做法时，能够以积极建设的态度“把美好带回家”。但又不是一味“拿来”，更多学会从不同文化背景、不同发展阶段来理解教育差异。尤其难得的是，他们在中外教育比较中重新认识到，中国的学校教育也有其应该坚持的特色，我们既要学人之长、补己之短，又不能丢了自己原有的好东西。

中国的基础教育需要走向国际化，需要强化自身的国际化人才培养功能，但国际化不是否定自我，对外来经验全盘接受，而是要在平等参与国际教育合作、交流中，增进国际理解，倡导求同存异。这就好比茶与咖啡，无所谓优劣，仅关乎趣味。

从这个角度来说，作为项目成果的这套丛书，既是这些校长或教师对个人教育思想观念的梳理提炼，更是中国一线教育工作者对基础教育国际化的真诚思考：什么是国外基础教育的优势？什么是中国基础教育的特点？我们该向人家学习什么？又该坚持和发扬什么？

这同时又是一份珍贵的成长见证。几年来，这些校长或教师不少已成为广东省中小学教育的领军人才，有的已经在全国崭露头角。他们从整体上构成了新时代岭南教育的风格特色，成为一支闪现思想锐气、富有改革精神的“教育新势力”。

正是有感于这样蓬勃的生长态势，两年前，我们打造了被称为“中国教育 TED”的品牌活动——“山长讲坛”，让广东的名师、名校长可以有一个广泛传播、分享教育思想和学术风采的现代平台。在“山长讲坛”第一季的首场演讲中，我说，校长应当成为师生的精神领袖，在真善美境界中求得宁静，在精神层面引领师生的发展，通过凝练、传播和践行三个层面，逐步清晰自己的教育思想和办学理念，形成独特的办学主张。

就在前不久，以“粤教育·粤精彩——唱响岭南教育流派”为主题，新一轮广东省中小学（幼儿园）名师、名校（园）长工作室主持人高峰论坛在华南师大举行，有 70 多位岭南名师、名校长登台演讲，表达他们的教育主张和教育实践。以此为契机，华南师大将推进“岭南教育流派名工作室”的发展建设，从教育思想和教育实践两个层面打造更具独特风格的“岭南教育”。

提出“岭南教育流派”这一概念，不是简单地“贴标签”、“划地盘”，而是有着多重思考。一方面，长期以来，岭南教育被深深地打上了广东人一贯的务实勤劳、勇于开拓、行胜于言等鲜明印记，但正所谓“言而不文，行而不远”，我们期待有更多校长和教师通过著书立说，对岭南教育的共性文化特征进行梳理提炼，从而更深更广地参与到中国当代教育文化的共建中。另一方面，粤港澳大湾区的建设也对岭南教育的融合共享发出了时代的呼唤，“独行速，众行远”，校长与教师必须舍却小我，融入大我，学会相互借力，相互成就。我们理想中的岭南教育流派，应该是一个兼容并蓄、互通互鉴的教育文化圈，一个和而不同、美美与共的良性教育生态。

而这套丛书的策划与出版，也是怀着同样的初衷与期待，希望为岭南校长和教师架设一个展示、分享发展成果的平台，引领和督促他们向着“教育家办学”的方向不断前行。

实事求是地说，作为一项高等师范院校和中小学校长、教师共同参与的研修创新活动，项目本身还有许多不完善之处，校长和教师们在丛书中呈现出来的与其说是成果，不如说是一份份项目作业，是他们成长过程中的一个纪念，更是他们走向更高教育境界的基点。也因此，无论是丛书的思想内容还是体例结构，都还略显粗糙，有许多的不足。丛书得以结集出版，一方面是鼓励和鞭策，另一方面也是求教于大家，给予批评和指正。倘能激发更多校长和教师对学校文化建设的重视，共同投身于中国特色基础教育的改革发展，则更是善莫大焉。

是为序。

（作者系华南师范大学原副校长、研究员、博士生导师，中国教育学会副会长，广东省中小学校长联合会首任会长，广州中学首任校长。）

前 言

精彩"芬程"

2015年11月26日至12月13日，华南师范大学组织广东省中小学新一轮"百千万人才培养工程"20名教育家培养对象赴芬兰进行为期18天的国外研修。此次研修方案由教师教育学部常务副部长王红教授亲自设计，并由钟罗金博士和童汝根博士在芬中教育协会的大力支持下组织实施。在芬兰的18天研修中，学习行程安排得十分充实，一共聆听了15场芬兰教育专家的讲座，参访了13所基础教育阶段学校（涵盖幼儿园到高中，职业学校到综合学校）、3所芬兰知名高等教育学校，并对坦佩雷市及赫尔辛基市多处的活动课堂进行了观摩学习。这些活动对所有学员了解芬兰教育起到了重要的作用。现从以下几个方面对芬兰研修之旅的大致内容作个简要介绍。

一、专题讲座高屋建瓴

在芬兰的15场讲座，内容主要涉及芬兰基础教育的理念、特色、管理体制、课程体系、课程改革、教师专业发展、校长领导力等。讲座专家既有大学教授、教育行政管理人员、一线校长、一线教师，又有教材编写者、教育研究者和知名作家等。专家们深入浅出地给学员讲解了芬兰教育的过去、现在和未来，让学员对芬兰基础教育有了较为全面的了解。

首先，专题讲座对芬兰教育概况进行了系统介绍。坦佩雷大学教师培训学院院长 Vesa Toivonen 先生就教师队伍建设和专业培训进行详细阐述，让学员感受到教师队伍的强大是芬兰教育成功的保证；Ylojarvi Yhtenaiskoulu 学校校长 Satu 女士就学校管理技巧和教师情感投入分享了许多感人至深的教育故事。芬中教育协会执行副主席兼秘书长李栋教授从芬兰基础教育改革发展史，芬兰基础教育在 PISA（Program of International Student Assessment，国际学生评估项目）中的表现，芬兰教育优势，中小学教育在资金方面的投入产出比，中小学生公民素养和科技素养等多方面，从宏观理论到实践案例层面对芬兰基础教育的优势和特点进行了全方位、立体式的阐释；康建朝博士则从芬兰历史层面引导我们对芬兰教育发展进行思考和探究。其次，专题讲座对芬兰教育进行了理性分析与思考。Andre 以他最新出版的教育类畅销书为主题，以圣诞老人传说为故事原型，讲述圣诞老人从一个充满梦想却被种种现实束缚的小男孩，在经历种种考验后，通过逐步自我发展和提升，形成诚实、开朗、智慧、坚韧、包容、善良等多方面优秀品质，最终实现了为世界上所有孩子制作最好玩的玩具这一梦想。Andre 讲述的背后，传递了芬兰教育世界第一背后的理念、方法和技能。最后，专题讲座介绍了芬兰基础教育的实施和执行细节，特别强调教材的编写与使用，以及信息化教学的应用技巧。数学教材编写者、赫尔辛基大学教师培训学院教授 Hellevi Putkonen 女士以“数学学习中的主动性与创造性”为主题，通过算珠、卡片、纸盘、塑料模具等展示了多种多样数学教具的实际应用，让学员深层次理解如何在数学教材编写和数学课堂教学中调动学生学习的主动性和培养学生的创造性思维。芬兰 9 年级教材编写者 Mika Haapala 的“芬兰英语的教与学”讲座，主要介绍英语电子教材在教学中的应用，特别介绍了其中的课文和单词朗读部分。语言教材所选择的事例都是基于生活应用来选取的，语言和生活结合得非常紧密。芬兰数字教学系统专家 Pekka Pellinen 的讲座从芬兰数字化教学系统功能特点及教学效用主题角度进行分享，通过对芬兰出版方开发设计的中小学英语数字化教学系统的应用展示，让学员更好地了解芬兰数字化教学的发展和应用情况。

二、学校参访接地气

在芬兰期间，我们共参访了 13 所芬兰基础教育阶段的学校，其中中职学校 1 所，普通高中 4 所，九年一贯制学校 4 所，小学 2 所，幼儿园 1 所，还有 1 所是幼儿园和小学的综合学校，另外还参访了 3 所高等教育学校。参观学习让学员对芬兰的教育有了更加直观的感受。

学员参观学习的中职学校是瓦玛兰职业学校。学员分组进入不同的班级和真实课堂，亲身体验芬兰职业学校的授课模式和教学与学习环境的设计。在这里学员们感受到芬兰对职业教育的重视和职业教育体系的成熟。学员参访学习的四所高中分别是瓦玛兰高中、萨门高中、塔莫雷高斯格高中、维斯基渥兰高中。因为“百千万人才培养工程”教育家培养对象中高中的教师和校长居多，所以此次芬兰之行特别要求多安排高中学校学习的机会，但每所高中的学习主题都不同。瓦玛兰高中的学习主题是普通高中的管理与教学实践。萨门高中的学习主题是高中课堂教学，因为萨门高中是一所具有体育特色的高中，学员们首先观看了学生的体育活动开展，然后分成两个小组，分别进入高中不同年级的历史、数学和英语等真实课堂，观摩了高中课堂教学活动的开展。塔莫雷高斯格高中是一所具有艺术特色的高中，在这所高中的学习主题是高中艺术课堂的教育教学。在校园参观过程中，学员们发现学生的艺术作品随处可见，有绘画作品、摄影作品、雕塑作品、服装设计作品、视频作品等。通过对这些学生作品的观察，学员们可以深深地感受到芬兰对学生艺术教育的重视，学生对艺术的热爱。随后，学员们走进了这所高中的艺术特色课堂，观看了绘画教室、音乐教室、陶艺课室，有的学生们正在认真地听课，有的正在进行个人作品创作，有的正在进行小组讨论。这所高中的参观学习，让学员们更加直观地了解芬兰高中艺术教育教学的模式。维斯基渥兰高中的学习主题是芬兰高中课程体系和课程模块的设计。通过在这所高中的学习，学员们了解到芬兰高中的每门课程细分为多个不同的模块，学生整个高中修够750个模块即可。这样给了学生更多的选择，同时也给了学生更自由的选择。这四所高中的学习，让学员感受到芬兰教育的平等、均衡、多元。

因为教育家培养对象中也有来自初中和小学的，因此我们为此次培训安排了2所小学，4所九年一贯制学校，1所是幼儿园和小学的综合学校以及1所幼儿园共8所学校。这些学校分别是马迪兰小学、娜伊斯坦玛德佳小学、维普兰学校、许尔凡学校、莫迪兰学校、尤哈努斯古拉学校、英语特色幼儿园等。在马迪兰小学，所有人进入马迪兰小学语文课、视觉艺术课等真实课堂，观摩芬兰小学的课堂教学。在娜伊斯坦玛德佳小学，学员分成两大组，分别进入小学不同班级，观摩芬兰小学全科教师教授芬兰语、数学和英语等科目，现场体验芬兰小学课堂组织形式、教师教学方法、师生互动方式等。最后，娜伊斯坦玛德佳小学的两位老师把所有学员当做芬兰的小学生，上了一节“欧洲地理”的融合课程。在娜伊斯坦玛德佳小学，学员们体验到了芬兰小学教师的艰辛，所有教师都是全科教师，每个教师都有自己独立的教室，一位教师每周至少要上14节课。两位芬兰小学教师的“欧洲地理”课的现象式教学方式，让所有的学员都眼前一亮，深深地佩服芬兰教师的教学能力和水平。在维普兰学校，学员们分组进入初一、初二、初三不同年级的地理课、历史课、艺术课、音乐课等实际课堂，观摩芬兰初中课堂教学的组织形式、教学方法、学生的学习方式和学习效果评估等。在维普兰学校，学员感受到芬兰基础教育的扎实，而在我国很多地区普遍存在一种“铜头铁腿豆腐心”的现象，其意思是指高中教育非常好，小学教育也很好，初中教育相对薄弱。然而，在维普兰学校，学员们看到的是初中教育同样受到重视，初中课堂仍然办得灵活、多样、扎实、生动。在维普兰学校的小学部，木工教师把所有学员当成小学生，给大家上一堂手工课，教大家制作一件工艺品，每位老师都非常认真地听课，最终都完成了一件小手工艺品。在这节课中，所有学员都亲身体验了做一回芬兰小学生。许尔凡学校是一所九年一贯制的学校，该校的校长 Jari Andersson 先生同时也是当市的市长，他带领学员参观了学校的各学科课堂，学员们分组进入相应的学科听课。听完课，Jari Andersson 先生给学员们作了精彩讲座。讲座后大家都非常热情地提问。Jari Andersson 先生被我们的学习热情感动，把他家族第七面贵族象征的旗帜送给我们团组。莫迪兰学校是一所综合学校，这里面既有学前班的学生，也有小学生。莫迪兰学校是坦佩雷大学教师培训学院的基地学校，这所学校除了基本的教学任务外，还长期承担培养坦佩雷地区新教师的职责。该校校长 Leena Laine 女士为学员们解读了芬兰 2016 年开始的课程改革内容。尤哈努斯古拉学校也是一所九年一贯制的学校，但是小学部和中学部是分开的，我们的学员在中学部进行学习。参观的唯一一所幼儿园是一所英语特色幼儿园，这所幼儿园的学生非常少，总共只有 20 人左右，每个班就 6~8 个人。然而，这里的各类教师配备齐全，教学设施设备一应俱全。这再一次充分说明了芬兰全民对教育的重视。

三、活动课堂聚焦文化

在芬兰期间，我们团组还参访了 3 所高等教育学校，分别是坦佩雷大学、坦佩雷理工大学和赫尔辛基大学。在参访学习中，学员们参观了大学图书馆、教学楼、报告厅和实验室。在这些大学的参观中，学员们体验到了芬兰的创新，了解到大学最渴望基础教育能为大学输送什么样的学生。与各大学中国留学生进行座谈交流时，学员对比了中国基础教育培养出来的人才和芬兰基础教育培养出来的人才在同样的大学中有哪些不同。他们身上的哪些优点是我国基础教育培养出来的，同样他们身上有哪些缺点是我们基础教育导致的。

在芬兰期间，我们团组还到芬兰教育的活动课堂基地进行参观学习。我们团组参观了坦佩雷博物馆、坦佩雷艺术博物馆、坦佩雷图书馆和其他社区小图书馆，以及儿童动画人物姆明博物馆、儿童校外教育体验馆等第二教育基地。这些校外教育资源的参观学习，让学员们更加全方位地了解了芬兰教育的整体。大家深深感受到好的教育根植于好的文化氛围中。

四、芬兰教育学以致用

芬兰 18 天的学习行程紧张而忙碌。然而，所有人学习热情都十分高涨，没有一个人抱怨过学习的累，以及对住宿、饮食、气候的不适应。每个学员都认真积极投入，不放过任何一个学习的机会。现在我还能想起老师们向芬兰教师和校长孜孜请教的情景，与芬兰学生和中国留学生争先恐后交流的情景。回来之后，大家都对芬兰教育进行系列总结交流。在这些总结活动中，有关于芬兰基础教育世界第一秘密的中肯揭秘，有关于芬兰最新课程改革的精妙解读，也有关于芬兰基础教育如何运用到我们教育实践的具体行动计划。这些研讨具有一定的学术价值，更为重要的是可以给其他教育工作者的教育实践行动予以启发。因此，我们提议将各位培养对象的所见所闻、所思所想以及行将实践的行动集结成书与基础教育界的同行分享，这样可以让我们的学习成果惠及更多的教育工作者。

虽然我们尽力为大家呈现一个立体而完整的芬兰基础教育，但是由于我们此次芬兰之行只是走访了芬兰坦佩雷和赫尔辛基两座标志性的城市，参观学校的数量有限，与芬兰有关方面的专家学者交流的时间也有限，再加上我们团队学员的能力和水平有限。因此，本书中难免会有一些有失偏颇的地方，还请各位专家学者批评指正。

编　者

2019 年 8 月

目　　录

第一章　芬兰基础教育概况

本章主要关注芬兰的基础教育概况。因为针对的是对芬兰基础教育没有太多认识的读者，因此，本章先对芬兰的基础教育进行一个简要的介绍，便于读者更好地理解本书后面的内容。虽然读者也可以从其他书中了解到芬兰基础教育的概况，但是我们关于芬兰基础教育的介绍是基于我们的所见所闻，而且我们的所见所闻并非基于一双眼睛，而是基于20双眼睛。多一双眼睛从多个角度去观察芬兰的基础教育总会看得更清楚一些。

《芬兰基础教育的几个关键词》从整体的角度出发，关注了芬兰基础教育的均衡、平等、人本、信任、创新、务实和专业等相关问题。《芬兰教育中的人》则从教育的起点和终点出发，关注了教育中最为重要的因素——人；从作者所见所闻中概括出了芬兰普通民众的特点以及芬兰教师与众不同的地方。《“芬”享幸福》的作者从亲身经历细微处出发，用几个重要的亲历场面描写了芬兰基础教育的情况，从中窥探了芬兰基础教育的全貌。《芬兰教育的热思考》则从基础教育的几个重要内容出发，阐述芬兰基础教育的优势，主要关注了芬兰新的课程改革、教师职业幸福、职高普高的双轨制、学生的学习方式和信息技术变革。《借芬兰教育之“玉”，圆中国教育之“梦”》从教育的整个系统出发，主要关注了芬兰社会教育的共识、芬兰教育的理念、各方的协调合作、最新的课改和卓越的教师。《少即是多——芬兰教育道路探秘》用优与劣、少与精、真与实和冰与火等几个相对的词语概括了芬兰的人、教育和历史等情况。《芬兰教育世界第一探秘》则从几个细微的镜头透视了中芬教育之间的差异。《成就每一个人的芬兰教育》关注了芬兰的教育理念、教育文化、教师队伍和社会网络。这几个观察者从不同的角度和内容关注了芬兰基础教育的概况，应该说已经把芬兰基础教育比较完整地呈现给了读者。

芬兰基础教育的几个关键词

华南师范大学教师教育学部　钟罗金

2015 年 11 月 26 日至 12 月 13 日，我和广东省中小学新一轮“百千万人才培养工程”的第二批教育家培养对象赴芬兰进行为期 18 天的研修。在得知要去芬兰学习之后，我阅读了一些关于芬兰教育的书籍，如《芬兰教育强国强民》《芬兰教育世界第一的秘密》《印证芬兰》《芬兰史》《成就每一个孩子》《芬兰道路：世界可以从芬兰教育改革中学到什么?》等，还下载学习了不少关于芬兰教育的文章。因此，在来到芬兰之前，我对芬兰已经稍有了解。芬兰也实行九年义务教育，小学六年学制，初中三年学制；芬兰也分职业高中和普通高中，都是三年学制。随着 2001 年 PISA 测试成绩的公布，芬兰各项指标均列第一，一直到现在仍处于世界领先地位，芬兰的教育也开始被公认为世界教育的领先者。我还了解到芬兰人非常重视教育，人均阅读量全球第一，芬兰教育非常扎实、非常均衡，也非常人性化等等。

在芬兰这半个多月的研修中，通过深入分析芬兰教育，认真学习和亲自体验芬兰教育后，我发现书上说的并不全对。这次研修活动对我的触动非常大，收获非常多，我对芬兰的教育有了更加多面的认识。我认为可以将芬兰的教育简单地归纳为以下几个关键词：均衡、平等、人性、信任、创新、务实、专业。

一、芬兰基础教育的均衡

这一点确实如书上说的那样，芬兰教育非常均衡。我在芬兰看了多所同类学校，如，普通高中4所，九年一贯制学校4所，小学2所。我有意比较了一下这些同类学校之间的差异，发现学校与学校之间的差异确实非常小。但是，这些学校之间也不是完全没有差别的，这些差别主要体现在学校文化以及学校特色等方面的不同。比如，在参观学习的4所普通高中学校之间，它们在文化建设方面还是有很大差别的。塔莫雷高斯格高中一进校门就可以看到学校标志性的雕塑，学校的教室和墙面等都体现出很强的文化符号。但是有的学校在文化建设方面几乎没有下太大的工夫，只是尽力为学生提供更多更好的服务。在学校特色方面，学校与学校之间也是不完全相同的。小学阶段学校和学校之间几乎是完全相同的，但是在初中阶段的学校和高中阶段的学校则有非常明显的不同。比如在高中学校中，萨门高中是具有体育特色的学校，塔莫雷高斯格高中是具有艺术和音乐特色的学校。因此，芬兰教育的均衡更多还是体现在小学阶段。有一点值得提出的是芬兰各类学校之间，学校的基础设施设备几乎是完全一样的。还有芬兰对所有基础教育的学生实行免费教育，同时对所有学生提供免费午餐。

二、芬兰基础教育的平等

除了均衡，提到芬兰教育最多的恐怕就是平等了。芬兰基础教育的平等不是停留在表面上，芬兰早在几十年前就开始提出平等理念，这个理念是帮助每个孩子找到适合自己的位置。就连美国也借鉴芬兰的经验，提出了“不让每一个孩子掉队”的理念。芬兰的平等理念并不是只停留在理念中，而是实实在在地将之落到实处。这主要体现在以下几点：第一，施行全员教育。在芬兰，我们看到有身体障碍的学生出现在校园里。一些班级里面有智力障碍的学生和正常的学生坐在一起听课。其他学生对这些“特殊”的人来上课也习以为常，这些学生也不会有半点的自卑。老师对这些学生也一视同仁。第二，每个孩子都能得到适合的教育。中等教育中学生可以根据自己的兴趣和能力选择适合自己的课程。小学教育中，老师会根据学生的学习基础，制定不同的课程供学生选择。芬兰的学生每个人都有一张不同的课表，所以，在芬兰如果一些学生没出现在教室，或晚一两节课来上学，那都是十分正常的事情。因为他们的课表是不同的。第三，每个人都有接受各个阶段教育的权利。在芬兰的高中可以看到一些成年人在修普通高中课程或职业高中的课程。这些成人同样可以和正常年龄的学生一样在学校享受免费教育和免费午餐。同样，当他们学分修满后，一样可以毕业和拿到毕业证书，并享受和正常孩子毕业一样的礼遇（戴白帽子，参加舞会等）。超龄人士在芬兰大学里面学习的现象就更多了，同一个班级里面常常会有一些成年人甚至老年人和年轻人一起学习，成为同学。在芬兰，人人都可以享受各个阶段的教育。

维斯基渥兰高中毕业典礼照

三、芬兰基础教育的人性

芬兰教育的人性首先体现在以孩子的成长发展为中心，不以家长意志为中心。在芬兰，学生的毕业出口并非一条路，他们可以读高中上大学，也可以读职中参加工作，或者读职中后读应用大学。孩子可以根据自己的爱好选择自己的职业，或是选择继续读书，在参加工作后仍可以选择继续读书。其实，在芬兰的初中阶段学生就开始出现分流，一半左右的人会选择职业高中，另一半想上大学的人会选择去读普通高中。在芬兰不会出现挤独木桥上大学的情况。当然，这一点也要归功于芬兰的职业生涯规划课程中对孩子个人兴趣爱好的挖掘。在芬兰的小学高年级阶段就有职业生涯规划指导课程。芬兰的初中生基本上知道自己未来要做什么。当他们初中毕业选择高中和职中的时候，会毫无困惑。其次，芬兰教育的人性化体现在课程选择的人性化。比如，在芬兰的高中，学生不仅可以选择不同难度层次的课程，还可以选择自己喜欢的老师，甚至可以选择自己合适的时间来上课。另外，芬兰教育的人性化还体现在芬兰各个阶段的学生可以互相流动。如，芬兰的普通高中和职业高中的学生是可以互相流动的。如果一个学生初中毕业后，选择了普通高中，但是学习一段时间后，发现自己不适合普通高中，他可以很轻松地转到职业高中学习，同时在普通高中修的学分也是被认可的。当然，如果学生一开始选择了职业高中，想转到普通高中也是一样的轻松。在芬兰甚至大学之间学生也是可以互相流动的。

四、芬兰基础教育的信任

芬兰基础教育的信任体现在教育行政部门对校长的信任、校长对老师的信任、老师对孩子的信任、家长对学校的信任。首先政府对学校的信任，或者说局长对校长的信任，可以体现在政府不考核评估校长。一次，坦佩雷市教育局长在讲座时告诉我们，他们从不考核评价学校和校长，他们去学校往往是和校长交流怎么把学校办得更好，学校目前遇到什么困难，以及作为局长可以为校长在办学上提供什么样的服务等。校长对老师也是非常的信任。一次参观一所小学，我们问校长，您怎么确认您的老师可以适应即将到来的新一轮课程改革。校长回答说，我完全不用担心他们，首先他们非常愿意去尝试；其次，即使在改的过程中会出现大大小小的问题，但是他们都会有足够的智慧去克服和改进。这位校长还谈到，芬兰的小学施行全科教学，一个班交给老师后，这个老师负责这个班的全部学科。校长也不去考核评价这个班级的学习好坏，全部由这个老师自己负责评估。老师对孩子的信任表现在，老师完全相信学生，相信每个孩子都有无限的潜力和可能；相信每个孩子都是独一无二的；相信每个孩子都有天生的才能；相信每个孩子都有成功的机会。老师需要做的是耐心等待，并找到孩子的潜力所在，然后慢慢让孩子本人意识到，再协助孩子一起去开发和培养孩子的潜能。

五、芬兰基础教育的创新

芬兰基础教育的创新主要体现在教育教学方法和课程改革中。在教育教学方法上，芬兰教师努力用最新颖的方式方法来教导孩子。芬兰的数学教材编写者 Hellevi Putkonen 女士给我们作了一个精彩的讲座。在这个讲座中，她提到她是如何培养孩子创新精神的。她说为了让孩子创新，老师必须先自己创新，特别是在教学方法上创新。在讲座中，她给我们演示了一遍她的教学过程。为了让孩子明白 1 升等于十厘升道理，她买来了一升的饮料，然后准备了十个杯子，每个杯子上面画一道线，当液体到这道线时表示就是十厘升。然后她将饮料往杯子里倒，倒满一个杯子后再倒下一个杯子，当一罐饮料倒完的时候刚好十个杯子是满的。最后，她将饮料分给我们喝，就像她在课堂上分给学生喝一样。她说这样可以让学生在喝饮料的过程中再回味和体会 1 升等于 10 厘升的道理。听了她的讲座，我实在太震惊了。这么简单的道理，如果在中国可能两分钟就教完了，老师举个例子就过去了。然而，我们忽略了芬兰的这种慢艺术带来的创新效果。在课程改革方面，芬兰人也一直在不断地进行改革创新。从20世纪20年代到现在，芬兰的课程改革经历过十多次，就大的课程改革来说也经历四次了。而且，圣诞节之后，芬兰又将迎来一次重大的课程改革。芬兰的教育已经是世界第一了，芬兰人为什么还要一改再改。就这个问题，我专门咨询了芬兰的教育专家。他的回答是，首先，芬兰并不在乎教育是否是世界第一，芬兰人要做的是精益求精，让芬兰的教育变得更好，比现在更好。其次，芬兰的教育要进行改革是因为我们已经发现现行教育中存在的一些问题。既然发现了问题，为什么不改进呢。如果有问题而不改，对芬兰的教育工作者来说是完全无法接受的。他们认为任何一个教育都可能会有其问题，当出现问题时，就应该去研究问题，找到更好的策略、方法、理念。最后，他认为芬兰的教育之所以能够成为世界第一，很可能就是得益于芬兰教育的不断改革创新。芬兰教育的改革创新并不是为了争世界第一，而是为了芬兰的孩子。所以，芬兰的教师在听说又要进行课改的时候，他们并不会犯难，反而非常想去尝试用更好的教育方法来教导孩子，让孩子得到更好的发展。

六、芬兰基础教育的务实

首先，芬兰基础教育的务实表现在芬兰教育没有过多花哨的表演上。当你走进每一所学校的时候，看不到任何教育表演的痕迹。校园的布置朴实无华，一切都是为了教育，一切设施都是为了孩子，一切设计都追求自然、回归自然。其次，芬兰教育的务实体现在特别注重对学生生活能力的培养。在芬兰，从小学开始就有很多的手工课、木工课、陶艺课、厨艺课等等。这些课不论是男生还是女生都必须上。我们还在芬兰的维普兰学校亲自体验了一堂手工课。课堂上，在芬兰手工课老师的指导下，我们每个人都完成了一套餐具的制作。另外，我们还参观了学生的厨艺课堂，好多学生可以做出精美的饼干和其他美味菜肴。最后，芬兰教育的务实体现在教师身上。教师非常专注于课堂，无论校长，还是参观者，或者其他人进入课堂，老师不会停下来，而是继续他的教学，学生也继续他们的学习，不受外人丁点干扰。

七、芬兰基础教育的专业

芬兰基础教育的专业主要体现在芬兰教师的身上。在芬兰，教师是最受尊重和欢迎的职业。我曾当面问过很多的初中学生和高中学生，他们未来最想从事的职业是什么，近乎一半的学生未来的职业理想是当教师。在芬兰对教师的专业要求是非常高的。坦佩雷大学教师培训学院院长 Vesa Toivonen 在讲座中告诉我们，在芬兰要成为一名教师是十分困难的，竞争是相当的激烈。每年申请成为教师的大学生在坦佩雷地区有几千人，而最后入选的不足一百人。在大学里面只有 10% 的优秀人才有可能进入到教师的队伍中。而且，这些学生在大三大四的时候，一定要到坦佩雷大学教师培训学院的基地学校实习一年以上，最后才能顺利毕业。这些毕业生毕业后一般都能够直接上岗。另外，芬兰教师的专业还体现在学历上。在芬兰幼儿园教师最低学历都要求本科学历以上，中小学教师要求硕士学历以上。虽然学历不代表能力，但是学历在一定程度上是教师专业程度的重要保障。同时，芬兰教育的专业还体现在课堂教学中。我们听了一节芬兰小学的母语作文课，这节课真的可以说是理念与实践并重，芬兰教师把他的专业性体现得淋漓尽致。他先是给学生一个简单的动画人物，画出第一幅简笔画交代背景；然后，要学生自己去想象接下来发生的事情；接着，将想象的事情同样用简笔画画出来；最后，按照简笔画的顺序让学生把故事表述出来。这样学生的作文就完成了。作文课是中国学生语文课中最头疼的问题了，但是这样的作文课，学生不仅喜欢听，而且喜欢写。当他们把自己的想象画出来、表达出来的时候，他们的作文也就有了血肉。

谈了芬兰教育那么多的好，那么回过头来看中国的教育是不是一无是处了呢？这个问题我想可以用我和一位教育家培养对象的对话来回答。在芬兰学习了一段时间后，一位教育家培养对象问我，芬兰的教育那么好，如果有机会你会把你女儿送到这边来读书吗？我思考了一会还是回答说不会。理由很简单，虽然芬兰的教育在各个方面都非常好，但是我想中国的基础教育也不是一无所长的。中国基础教育培养出来的学生在有些方面比芬兰教育培养出来的学生要好，这一点在我们和中国留学生的座谈交流中就可以感受得到。通过让中国留学生和芬兰的同学比较，我们发现中国的学生还是有很多的优势，比如在基础知识掌握方面，课堂更加认真听课，更有礼节礼貌，学习更加认真刻苦等等。当然，我们也确实存在一些问题，比如，我国基础教育在学生创新能力培养方面相对匮乏。我想，如果我们的基础教育在厚基础的同时也能重创新的话，中国的基础教育将会快速赶上发达国家的水平。因此，我希望中国的基础教育能够吸收国外的精华，然后改进我们的基础教育，推动我国基础教育的发展。目前，我国已经意识到这一点，开始了新高考改革的试验。我对未来的基础教育充满信心，也对广东未来的基础教育充满信心，更为重要的是对广东省中小学新一轮“百千万人才培养工程”的教育家培养对象充满信心，所以我的女儿未来一定要在中国接受基础教育，接受一种不同于我接受的那种基础教育。

芬兰教育中的人

佛山第三中学　刘　闻

广东省中小学新一轮“百千万人才培养工程”第二批教育家培养对象一行20人，在华南师范大学基础教育培训与研究院的钟罗金博士和童汝根博士的带领下，于芬兰进行了为期18天的教育研修之旅。在这18天里，我们一共去了16所学校，有大学、中学、小学、幼儿园甚至学前班，足迹遍布坦佩雷的大街小巷，体验非常丰富；听了15场讲座，主讲者有校长、教育局长、演讲家、课程改革专家；结识了十多位中国留学生；与十多位校长进行了交流。芬兰的教育之行给我留下了深刻的印象，在这里我主要从人的角度来观察和分析芬兰的教育。因为教育离不开人，全部的教育都体现在一个个鲜活的人身上。

一、芬兰民众的特点

在芬兰考察期间感受最深刻的还是芬兰人，有什么样的教育就会有什么样的人，有什么样的人就会有什么样的教育。通过这次近距离的接触与观察，我感觉芬兰民众有下面几个特点。

1. 从容自信

真正的自信是由内而外的自我认同、自我追求和对他人的尊重与平等，表现出来就是不自卑，也不自满，更不自傲。既做最好的自我，也尊重他人的优秀，宽容他人的不足。我在芬兰真真切切感受到了芬兰人的这种自信，不管是老人还是孩子，不管是教师、官员还是服务员，都是充满自信。芬兰人这种自信与他们的教育是密不可分的。

芬兰几次 PISA 评测均为世界第一。现在许多国家来芬兰考察教育，连美国都有许多教育考察学习团来芬兰，但是芬兰人却不以此为傲，时刻保持谦虚冷静的态度，并提倡教育要国际化，要时刻学习其他国家先进的经验，每年派出许多学生到其他国家交流考察，派出教师到其他国家学习考察。考试不排名，不会让成绩好的同学有自傲的机会，课堂上反应快速的同学先做完题目的时候老师不是马上表扬，而是再给他一些题目做，所以聪明的、成绩好的学生也不会自傲。学校对教师也不进行评比，每一位教师认为做到优秀是应该的，做到最好也不会自傲。芬兰的老师不自傲，芬兰的学生不自傲，芬兰人不自傲，他们认为做到最好是应该的，没有什么值得骄傲的。

芬兰人性格内敛不张扬、勤奋而低调。无论在何处见到芬兰人他们总是那么不急不忙，从不高声喧哗。芬兰老师每周至少要上 14 节课但从不抱怨，他们对取得的成绩也不过分宣扬。课堂上出现学生不听老师讲课或是学生的学习跟不上时，老师们总是从容对待，不会发脾气甚至扬言请家长。对于暂时落后的学生老师不会动不动就批评、罚站甚至将其赶出教室，而是耐心辅导，一般是一对一地辅导。

一个自信的人一定是一个谦虚的人，是一个实事求是的人，是一个不断学习不断提高的人，是一个宽容大度的人，是一个从容不迫的人。芬兰人就是比较典型的自信的人，是芬兰人的自信成就了芬兰的教育，是芬兰人的教育传承了他们的自信。

2. 良好教养

在芬兰考察期间，家庭也是我们关注与考察的因素。因为孩子越是在小时候家庭教育所起的作用就越大，甚至是决定性的。中国有句古话“三岁看大，七岁看老”，说的就是家庭教育的重要性。芬兰人在家庭教育方面做得很出色，给我们留下了很深的印象。

在芬兰，我们看到一家人一起出行的机会比较多，一家人很温馨很幸福，并且很多时候是爸爸抱着孩子，温馨和睦的家庭对小孩的教育大有帮助。在芬兰，产假比较长，一般是两年，可以是母亲休假也可以是父亲休假，这样小孩小的时候父母就有充足的时间陪伴孩子，给小孩一个幸福美满的童年。

芬兰很早就普及基础教育，整个国民的素质都比较高，有充足的时间陪伴孩子，形成了良好的家庭氛围，良好的家庭教育为学校教育打下了很好的基础。家长不会过分看重孩子的分数，也不会怎么关注排名，而是关注学习过程，关注孩子在学校是否快乐，与同学合作得怎么样，在学校问了老师多少个问题。家长鼓励孩子独立自主，鼓励孩子作适当的冒险。孩子回到家父母不总是督促他做家庭作业，而是与孩子一起阅读，一起运动，鼓励他做自己喜欢做的事情。家长对老师是充分的信任，没有什么投诉老师的事情，家长与老师沟通非常密切。在芬兰，小孩从小就受到良好教育环境的熏陶。我们在坦佩雷大学教师培训学院看到学前班的孩子不到两岁，自己就能够穿上厚厚的棉衣并有秩序地到温度零度以下，还下着雨的沙场进行户外活动。家长鼓励小孩从小就要冒险，从小就要进行户外运动，不畏严寒，不怕困难。在升学方面是选职高还是普高，上大学选什么专业都没有特别的要求，家长会尊重小孩的兴趣与爱好，尊重小孩的选择。在这种教育体制下成长的学生将来做了家长，他们的理念就会传承给自己的小孩。

家庭是小孩成长的原始土壤，小孩除了携带父母的基因遗传了父母的一些特征之外，家庭的环境与教育从小就会深深印刻在孩子的记忆之中，成为一种习惯，成为一种态度，成为一种特征，所以芬兰人特别重视家庭教育，他们以自己的实际行动给小孩作了最好的表率。

3. 严谨务实

芬兰人做事严谨务实、勤奋实在，这种做事的态度也体现在教育上，把教育当做科学、当做研究认真对待。芬兰人做事的计划性非常强，严格按计划办事，一般两个月甚至半年之前就做好计划，如会议的计划、培训的计划、休假的计划。一所学校的课程表要提前半年开始编排，中途修改几次，主要是学生的选科会有变化。对老师的任教科目也会提前告知老师，让老师们提前准备与计划。我们这次来芬兰考察按原来的计划应该是早三周左右，所以芬兰坦佩雷大学提前就做好了各项计划，但是由于去芬兰的签证临时改变，致使我们的签证延期，这样就打乱了坦佩雷大学的培训计划，使我们的培训几乎无法进行，最后还是负责此次培训事务的王红院长以真诚与执着打动对方才得以使他们更改培训计划，可见芬兰人的计划性与原则性有多强。

另外在芬兰还有一点令人印象深刻，那就是芬兰人非常严谨精细。芬兰人做事着眼于细微处，如怎么做最安全的插座，芬兰的插座防水性与防漏电性非常好。芬兰做的一次性纸杯还带有可折叠的手柄以防烫手。椅子要做成最耐用又舒服的椅子。在赫尔辛基大学图书馆参观关于椅子的制作过程使我印象非常深刻，据他们介绍，一张椅子从设计到成型一共有十万人次试坐过，并提出许多修改意见。芬兰人工作和休息泾渭分明，工作时认真工作，决不干私事，休息时则好好休息，周末在大学参观几乎见不到什么人。

4. 人性至上

由于芬兰人口比较少，国家与民族独立也是来之不易，所以特别珍惜每个人，以人为本不仅仅是理念，更多的是行动。芬兰公交车的设计非常人性化，停车后车门的一边是可以向下倾斜的，以方便乘客下车，尤其方便残疾人。学校对教师没有太多的考核与评价，没有职称的晋升，对学生也没有太多的考试，每一位学生的分数是保密的，更没有考试的排名和依排名而来的奖励与惩罚。教育只关心人的发展，而不在乎分数与排名。他们认为教育不能成为分数与排名的奴隶。如果有学生在课堂上跟不上，老师会提供一对一的辅导。如果有学生实在因为能力问题而学习跟不上，学科测试可能通不过，老师会另外出一份难度稍微降低的试卷让能力差的学生通过考试，他们的理由是只要学生在学习上尽力了就达到教育的目的。

芬兰教育是关注人的教育，是以人为本的教育。芬兰教育无论怎么改革，都始终将人放在第一位，而不是将成绩放在第一位，不是将排名放在第一位。芬兰教育不强调竞争，他们认为学习不是为了找个好工作。教育是为了关注人本身，把学习当成终身发展的事情。外界总是说芬兰教育世界第一，但是他们自己从不这样说，也不特别在意第一还是第二。

5. 包容平等

芬兰将人人平等落到实处。芬兰政府保证教育的均衡与公平性，免费提供基础教育与高等教育。教育的均衡与公平性表现在没有地域之分，不分城里和乡村；不分种族和国籍，不管是移民还是难民；没有学校之分，更没有重点班普通班之分；师资力量不管是城市还是偏远的农村都是均衡的，政府通过立法来保证教师的培训；政府保证对教育的绝对投入，私立学校很少，基本没有校外补习机构，但是有提供艺术和体育特色的培训机构。

芬兰人在追求平等的同时，十分关爱弱势群体。芬兰人对待弱者非常关爱，富有同情心，尤其对待需要帮助的人群。对待刚刚来到芬兰的外地人他们总是非常热情友好，对于残疾人更是从各个方面关爱有加，到处都会见到专门为残疾人建设的特殊设施，如公交车、图书馆与商场都有特殊通道。有一次我们约好的出租车没有按时赶到，原来是有一个残疾人临时预约了，在芬兰残疾人有预约优先权。

6. 独立自主

芬兰国家小，人口少，1917 年才正式独立，有强烈的民族危机感，有很强的团结意识，有着天然的独立自主的意识。芬兰教育系统内各部门的自主权都非常大，政府赋予学校很大的自主权，学校又赋予老师们很大的自主权，老师同样赋予学生很大的自主权。学生在课堂上既有合作学习又爱独立思考，老师们一边教学一边作教学研究，按教育规律办事。校长与教师没有太多的非教育因素的干扰，而是集中精力办教育，积极性与专注度较高。在芬兰，独立的意识、自主的意识是根植于民族基因之中的，尤其是在整个社会相互信任的大环境下，独立思考与自主行动就能开发每一个人的潜力，激发每一个人的动力，并汇集成了创新力之源。

7. 勇于冒险

敢于冒险注入了芬兰人的基因。在教育教学改革方面，芬兰人也是敢于创新和冒险的。

芬兰教育尽管已经公认世界领先，但他们从不满足，而是与时俱进，不断创新，教育改革永远在路上。他们认为世界在变，教育技术在更新，就要敢于否定自己，并与时俱进。芬兰的教育改革理性而持续，教学研究务实。他们的教育改革是常态，每当一次大的教育改革开始之后又准备启动下一次改革计划，而每一次教育改革正式实施前都要找几所学校先试行至少三年。他们的课程每十年就有一次大的改革，这个做法从 20 世纪 70 年代就已开始。听了数学教材编写和教学实践专家 Hellevi Putkonen 女士的讲座，她通过对算珠、卡片、纸盘、塑料模具等多种数学教具的实际应用展示，让我们深层次理解了如何调动学生学习的主动性，如何培养学生的创造性思维。一个看似简单的两位数加法却蕴含这么多的创意，简单的教具设计体现了她的研究思路，用心搞研究就是要从小事情做起，从身边的事情做起。

8. 相互信任

芬兰是一个信任的社会，在芬兰那么多天，除了国庆节晚上放烟花时看到警车和警察之外再没有看到任何一个警察，包括交警。我们住的酒店旁边就是火车站。据考察与了解，乘客上车时没有检票口与检票员，乘客自己上车后对号入座，火车上也没有人查票，一切都是基于信任。芬兰社会讲诚信，如果有人不讲诚信一旦被发现就是一件非常丢脸的事情，要付出诚信与荣誉方面的代价。由于信任，政府不用为大量的督导与考核浪费太多的人力物力，整个社会都节约了开支，使社会监督成本大大下降。

在教育中信任也是极为重要的，芬兰人对教育有着广泛的信任。家长信任学校，学校没有收到什么投诉。政府信任学校，没有督导，政府对学校没有太多的比较与评比。学校领导信任老师，学校对老师也没有过多的评价与评比，他们认为评比是浪费时间与精力，是不信任的表现。在芬兰老师信任学生，所以对学生没有太多的考核，学生也就没有因为考试与比较带来的忧郁。由于信任，评比与考核少了，教育方面也会少做无用功，多把有限的时间与精力放在关键处，效率高了，效益就好了。由于信任，教师之间内没有过度竞争，不会关注平均分与排名，而是将精力放在教学与研究上，相互合作、共同提高。由于信任，学生也不用为了考试的分数与排名过度训练，而是通过小组合作、共同学习，达到共同提高。

二、芬兰学校教师的特点

影响一所学校甚至一国教育质量的首要因素一定是教师。通过此次考察，我们深刻认识到芬兰教育成功的关键是有一支专业水平高、爱岗敬业的教师队伍。如果说芬兰是一棵树，芬兰教师就是这棵大树上结的果。要了解芬兰教育成功的秘诀必然要去寻找芬兰教师这把钥匙。在我国，教师的作用是传道、授业、解惑，而芬兰教师的作用是发现者、是导师、是帮手。概括起来，芬兰的教师具有以下几个特点。

1. 门槛高

芬兰从20世纪70年代末开始要求小学及以上所有学校的教师都应是硕士毕业。这在当时应该是全世界对教师学历要求最高的国家。即使对文凭学位要求如此之高，教师岗位竞争还是非常激烈的，每十个人才有一个人能争取到师资培训的机会，培训结束后还不是所有人都能够做教师，还要经过多次淘汰考核。考核的内容有：是否对教师行业有热情，是否真正喜欢并坚定不移地选择教师这份职业，是否真的适合做教师，经过各轮考核可以将真正愿意、喜欢做教师的优秀毕业生留在教师队伍。芬兰教师门槛的高起点、高要求既保证了教师队伍的高素质，也保证了教师队伍的纯洁性与稳定性，也成就了其专业性。

2. 地位高

芬兰历史上就有尊师重教、尊重知识的传统，从16世纪开始不读书识字就不能在教堂登记结婚，那时教师的地位仅次于神父和医生。据调查，现在芬兰教师的地位与医生、律师相当。有数据统计，芬兰青年找对象女教师排名第一、男教师排名前三，可见在芬兰教师的地位之高。我们也有切身感受，有芬兰老师和我们同行时经常遇到他们曾经的学生，学生对昔日老师的尊敬与热情是溢于言表的。在购物的时候听说我们是来自中国的老师，基本不打折的芬兰老板主动提出给我们打折。中小学教师学历高、爱学生，他们并不是因为教师工资水平高才愿意当老师的，而是真心喜欢教师这个职业。芬兰老师赞赏每一个学生取得的成就，尤其是后进生，所以芬兰教师受到学生普遍的欢迎。社会也非常尊重教师，中小学教师甚至比大学教师更受欢迎。芬兰老师认为尊重本身就是一种责任，是压力也是动力，是一种神圣的力量。芬兰的每一位老师都因感到光荣而认真对待自己的工作，工作效果好又会受到更多人的尊重，如此形成良性循环。

当一项职业在社会上受到普遍的尊重，社会地位高，成了大家内心向往的竞争力强的职业，这项职业就成了人才的聚集地，成了创新与智慧的高地，正如现在朝气蓬勃的互联网、人工智能、机器人等行业就是人才的聚集地一样。如果我国什么时候教育行业也是年轻人广泛向往的职业、高端人才聚集地，我们的教育就离世界领先地位不远了。

3. 弹性大

在芬兰学校拥有充分的自主权，教师同样拥有很大的自主权，教师的自由度非常大。教学方面，教学的进度没有统一的规定，由教师自己决定，教材的选用、整合甚至是否使用教师自己改编的教材都由教师决定。在课堂上教什么内容、如何教完全由老师自己决定。上课的地点老师认为可以在教室内就在教室内，认为该内容可以在教室外甚至在野外、在森林、在市内都可以，无须经过学校批准。在评价与考试方面老师同样有较大的自主权。对于能力的确跟不上的学生老师甚至可以降低考试的标准，在学生尽了最大努力的情况下让其通过学科的考试。由于学校没有统一的学科考试，更没有全区或全市的学科统一考试，故不需要将学生的学科考试成绩进行比较排名，所以教师、学校、家长没有必要为分数为排名而计较甚至焦虑。

4. 研究强

芬兰对教师的定位就是教学与研究并行。芬兰的课程改革是三年一小改，十年一大改，这种课程改革已经成为一种常态，为广大的一线教师提供了研究的氛围与土壤。芬兰教师自主性非常大，课堂教学内容与方法、教材的选用与整合编写、教学的进度、教学的评价都由教师自己决定。这些教育教学的自由度与自主权为教师的教学研究提供了比较好的条件。芬兰教师在课程开发过程中是主动的参与者而不是被动的实施者。我们参访的大多数学校的课程达数百门，最多的一所学校有700多门，大部分课程都是本校教师开发与实施的。课程开发是每一位芬兰教师的必要工作，也是芬兰教师之所以成为研究型教师的原因之一。

教师研究能力提升和专业发展是一项非常重要的事情。芬兰的法律甚至规定了教师每年必须参加一定时间的在职培训，并且严格执行，以此来保证芬兰教师能站在教学改革的最前沿。芬兰教师在教学的同时从事教学研究已经习以为常，教学研究是芬兰教师工作的一部分而不是过高的要求，也就是说芬兰教师从事教学研究不是外部强加的，不是因为有升职的需要，不是因为继续教育学时的需要，而是认为从事教育教学工作是培养人的工作，是一项要按教育教学规律办事的工作，是一项充满挑战、需要不断创新的工作，所以教师必需一边教学一边研究，一边研究学生一边研究教学，这样才能适应时代的发展。这也是教师这份职业吸引优秀年轻人的原因之一。如果一个国家的教师能够吸引最优秀的人，那么这个国家的教育是不会落后的。

三、结语

芬兰教育之所以成为各国争相学习的样板，这与芬兰教育中人的特性息息相关。教育就是为了人，为了人的全面发展，为了人的终身发展。教育也离不开人，教育是人与人之间的一种互动活动。因此，有什么样的人就有什么样的教育；有什么样的人就会塑造什么样的教育。

“芬”享幸福

珠海市梅华中学　徐　伟

十一月的一天第一场雪降下。小学操场上突然一阵骚动，原来是课间休息的孩子们冲出教室，在从天而降的初雪中，尽情狂欢。负责监督课间休息、身穿黄色安全服的芬兰女教师自豪地对多伊尔说：“你听到了吗，这就是幸福的声音！”

——威廉·多伊尔（哈佛教育专家、富布赖特学者）

一、媒体呈现的芬兰教育

说起芬兰，人们往往想起诺基亚、桑拿浴、北极村和圣诞老人。媒体呈现给我们的，是芬兰原生态的大自然，75%的森林覆盖率，“千湖之国”纯净的湖泊，绚丽极光和午夜阳光，滑雪胜地和冰球运动，西贝柳斯和“芬兰颂”，NOKIA，“愤怒的小鸟”和芬兰的设计，清静、清洁、清廉之地——最纯净的国家。

芬兰人均产出远高于欧盟平均水平，人均 GDP 长期居世界前列，是一个高度工业化、自由化的市场经济体，处于世界最具竞争力的经济体前列。芬兰空气质量欧洲第一，水质全世界最佳，是最清洁的国家；芬兰机构精简，公务员清廉高效，是最清廉的国家；社会法治诚信，是最稳定的国家；食品最纯净、环境对健康影响指标全球最佳。无论是自然环境、公共建设、社会福利以及文化教育，芬兰人都高品质地享有，芬兰人在物质和精神上都是非常富足的，幸福感名列世界前茅。在新闻中我才知道每年的 3 月 20 日是国际幸福日。这一天，联合国会公布《年度全球幸福报告》，而芬兰一直名列前茅，被视为最幸福的国度。

芬兰教育近年来被频频关注和称道，尤其是在中国。通过中外媒体，我们了解到，在国际学生评估项目（PISA）中芬兰教育一直居前，2000 年、2003 年、2006 年排名第一，儿童科学素养多次占据着 PISA 第一的宝座。有意思的是，PISA 的记录似乎在表明：最不“应试教育”的芬兰，学生在考试成绩上却完全不输任何国家；在各种国际教育指标中，芬兰 10 岁儿童拥有全世界最好的阅读能力；芬兰还有着全世界落差最小的教育体制，重视每个儿童的社会共识，成功的教育体系已成为芬兰闻名于世的“新的名片”。

我们知道了一个已有 75 年历史的纸盒——“芬兰妈妈的福利宝盒”。在芬兰，无论贫富，所有婴儿都有权利得到它。它能“变出”婴儿出生所需的一切。“芬兰妈妈的福利宝盒”既减轻了家庭养儿育女的负担，更给了孩子们人生一个平等的开始。不论贫富贵贱，人生都从这只纸盒开始，体现了芬兰的平等精神和对儿童的重视。

人生究竟是一场马拉松长跑，还是一场只在乎赢在起跑点的百米冲刺？芬兰教育一心想的，是不让一个孩子落后，尽力帮助每个孩子找到自己最适当的位置，拥有完整丰富的人生，而且它做到了。芬兰教育者真心把每个别人家的孩子，都珍视为自己的宝贝，去努力抚育、用心灌溉，给予时间、空间，找到其人性中善良的一面，协助鼓励其形成学习动力，从不刻意强调精英、先进、竞争、比较，从不要求学生和老师具备超人能耐，从不奖励全勤与整齐划一，而将人人视为有着喜怒哀乐的平凡人性，然后从人性的根本上，去寻思如何陪着他们健康、正常地走完成长中的教育，如此而已。

从这些报刊、新闻和著作中，我们不难得出一个结论：在芬兰，人们享有幸福，特别是孩子们。

二、亲身经历的芬兰教育

芬兰教育为什么能全球第一？我们会听到人们不少评论：以平等为核心精髓；不考试，没作业；教师素质全球第一；政府大力支持教育；家庭教育注重性格培养……

也不乏教育专家和学者的剖析，比如顾明远的《顾先生带你看芬兰教育》；帕思·萨尔伯格（Pasi Sahlberg）著有《芬兰道路：世界可以从芬兰教育改革中学到什么？》《芬兰教育 2.0》，他认为：教育理论研究都是美国人在做，开花结果却是在芬兰。

芬兰教育声誉鹊起，各国同行纷至沓来。是的，都对芬兰教育充满期待，期望寻到解开自身教育困境的金钥匙。带着对芬兰教育的美好向往，以及芬兰教育为什么全球第一和我们可以向芬兰学什么的疑问，带着一种想更多地贴近了解的愿望。芬兰，我们来了！2015 年底，我有幸在芬兰进行了为期 18 天的教育考察学习之旅。

到访芬兰，恰逢一个感受芬兰文化特别好的节点——感恩节、芬兰国庆节、圣诞节、西贝柳斯诞辰 150 周年；也恰逢一个便于了解芬兰教育的时机：夏天刚召开世界校长大会与首届芬中校长论坛；圣诞后 2016 年新学期，酝酿三年的新一轮教改将启动。应该说，我们这个时候去芬兰学习正当其时。

我们现场观察体验，我们访谈聆听，更需要以平静理智之心去思考贤在何处、如何思齐。为什么芬兰可以在教育领域取得如此非凡的成就？高素质的学生——作为教育成果，教育之树是如何在芬兰土地上丰产？在芬兰，教育是怎样走到今天的？我急切想了解芬兰教育改革和发展的历程，想更清晰地认识其教育改革和发展的经验与特色。

从赫尔辛基到坦佩雷，从幼儿园、小学、初中、高中到大学，我们走进了坐落在城与乡、不同学段、不同类别的芬兰学校。芬兰教育探寻之旅的 18 天、16 校的密集访学和多为知名专家的专题报告，让我对芬兰基础教育有了直接的观察、感触和感悟。下面我想从个人观察到的几个最为重要的视角来呈现芬兰基础教育的情况。

1. 女校长

从第一天、第一所学校开始，芬兰之行我们接连遇到的是女市长、女局长、女校长、女主任。在进一步的探知下，知道芬兰还有女总理。在芬兰，女性是非常独立的，担任着重要的社会角色。我国破除千百年封建礼教的束缚，解放妇女，极大提高了妇女地位，男女平等，女性被誉为“半边天”。在芬兰，我们对女性的社会角色和担当有了同样深刻的感受。女性着戎装工装完成各项“重任”，街上常见“奶爸”推车抱婴儿，从学校到政府，女性任职管理岗位司空见惯，这里的妇女不止“半边天”。

说起学校、谈起教育，女校长们细致、专业，十分健谈。芬兰校长有较大的办学自主权。学校没有统一的师生比率，校长根据学校的发展和学生的人数安排教师任课。校长可自主发展学校特色。

2. 中文提示

走进 Juhannuskyla 中学，一个细节让我感到温馨：看到有写得很好的中文温馨提示“这里是厕所”（图 1），几个孩子探头微笑着，用手指点。校长也感到惊讶，她也不知是谁书写和张贴的。她说学校开设有中文课，应该是课后的作品。可能是听说有中国的朋友来，他们就想着去露一手。学以致用的理念在芬兰果然名副其实。只是他们写的还是我们的繁体字，而我们早已改成了简体中文，外国人学习中文已经没有那么难了。

3. 清洁车

芬兰的学校建筑都有内廊，宽敞而明亮，地面非常干净，于是课间孩子们往往是席地而坐，相互交谈，做自己的事情。我注意到清洁工的推车，不只是一个大垃圾桶，而是“全副武装”载有多种清洁工具和清洁剂，不停地在清洁，非常投入（图2）。

图1 “这里是厕所”提示语

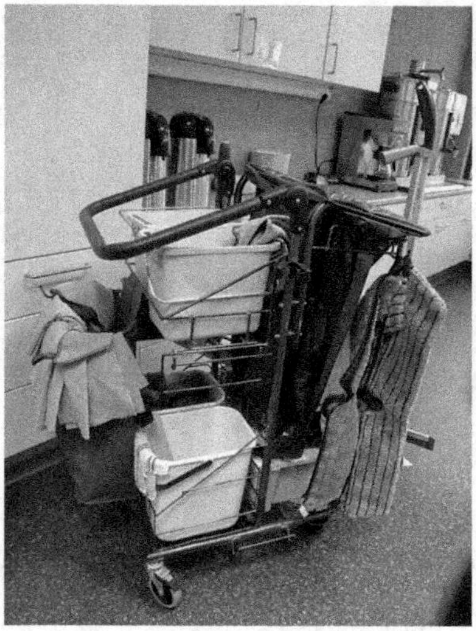

图2 “全副武装”的清洁车

4. 芬兰的运动场

芬兰学校不但课间休息次数多（每节课课后）、时间长（至少15分钟一次），而且强制规定学生必须走出教室来到户外。芬兰人认为，清新空气加上体育活动是学习的发动机。芬兰有大半年的寒冷雨雪天气，芬兰学校鼓励孩子们多参加户外运动，考察的某校建有大中小三个足球场，除面积不同外，围栏高度和样式也不同，最小的显然是给低龄同学用的，全钢网封闭，有门锁，这种设计，增添了安全的系数（图3）。

5. 高中学校的婴儿车

有一次参观一所高中学校，我突然发现学校教室的门口外面，停放了一排婴儿车（图4）。起初我以为是学生的家长来开家长会，可能要

图3　运动场

带着小孩子。后来发现，并不是学校开家长会，而是如果成年人有兴趣，还可以重回高中课堂，上他们感兴趣的某门课。甚至有些年龄大的人，因为某种原因没有拿到高中文凭，也还可以随时回学校来修学分拿文凭——可见的终身教育！

6. 舒适美丽的非正式学习空间

芬兰设计享誉全球，如赫尔辛基的“岩石教堂”是世界著名的建筑杰作。芬兰学校建筑、设施也个性创意突出，极富艺术感和设计感。芬兰有许多成功的学校建筑设计，直观地反映出理想化的学校建筑和学习环境如何融入文化特色，体现办学理念，有利于学生身心健康发展。在芬兰无论是正式的学习空间，如教室和图书馆等，还是非正式的学习空间，如饭堂和走廊等，都会设计得非常舒适和美观，让人置身其中总有一种停下来、坐下来读书的冲动。

7. “补救性教学”空间

芬兰学校教室的设施周到完备，方便适用，充满生活情趣和家庭氛

图 4　推婴儿车的父母

围，尤其在小学和幼儿园。芬兰的中小学，班额大多不超过 25 人，小班小校的制度有利于“无一落后”。应该是气候的原因，学生多在室内活动，建筑都是封闭的空调环境。教室多是多功能的，屋顶都有粗大的通风管，市内照明充足，电子白板和教师办公台齐备。和国内我们熟悉的教室不同，在芬兰的小学初中、非职业高中都有专门的家政教室和手工制作教室，其设施齐备到“奢侈”程度：凡生活中正在被使用的家庭电器厨灶具、机床等工具，以及消耗材料这里应有尽有。更重要的是课程有效实施，全体学生在认真学习体验（图 5）。

在特色高中，还有专业级的场地空间、设备。如赫尔辛基的 Vaskivuoren Hammashoitola 高中，艺术特色明显，学校在两楼之间建设了开放式的剧场，有道具库，钢琴架在楼道里，学生可即兴弹奏，每年如有大型演出，表演、化妆、灯光、音响、直播等都由学生完成，该校还有正在运营的、全欧直播的电台。

图5 学生们在认真学习体验

芬兰的基础教育（1~9年级）是免费的，书和午餐都不用付钱，在私立学校也是如此。教材要循环使用，现在逐渐实现电子化。芬兰政府对移民子女一视同仁，不论是否有芬兰国籍，移民子女都能免费上学、享有午餐。芬兰在初级中学阶段的投资经费，每人平均达8200美元，在世界所有国家中排名最高。在芬兰，幼儿园的收费亦是体现公平的，即与家庭收入挂钩，收入越高则交费越多，低收入则免费。

我们到访的中小学里，都设有小教室，空间小、设施齐备，用于“补救性教学”，额外帮助学习有困难的学生和芬兰语还不太好的学生，或者对学生进行个性化指导。在坦佩雷郊外的一所森林小学里，我们就看到，下午放学后，教师自动留下来，帮助辅导七八位来自亚非、中东的小难民学习芬兰语。

8. 芬兰中小学课程

芬兰是全球课时最少、课后复习时间最短和假期最长的国家。在芬兰，义务教育学校每年在校时间为190天，每周30节课，多为九年一贯制学校。1~6年级（小学）都是全科教师，6~9年级（初中）开始有学科区分，教师多教两个科目，10~12 年级（高中）都是学科教师（但都能多学科、跨学科教学，亦有贯穿整学期的项目式学习、跨学科综合课程）。普通高中的课堂更多是讲授式的。

作为芬兰中小学必修课之一的家政课，如同手工制作、户外活动课等实践课程一样，所占用的课时数比例是较高的。作为国家课程，初一每周 7 节，高一仍然开设。芬兰教育者认为家政课能让学生通过不断练习提高生活所需技能，巩固和运用从学科课堂上学到的技能。同时，也会培养学生与他人合作等能力，学会反思人生意义，以及在生活中如何建立良好的自我形象等。

9. 无处不在的信任

好学校有好的氛围，办好教育需要好的教育生态。

在芬兰，教师受尊重，职业幸福感特别高，学校和社会给予老师们充分的信任。在芬兰从事教育获得的幸福感，不但来自社会的尊重和信任，而且来自高度的专业自主权，芬兰的中小学教师有创新思维，属于“研究型”教师。成为芬兰小学教师，必须具备硕士学历，除专业学习达标之外，还得经过多轮面试，并经过性格评估，需有出于对教学的兴趣和陪伴孩子进步的热忱，而不只是对自己所授科目的兴趣和擅长，如此才能挤进录取率仅为 10%的师范窄门。

信任文化对教师的教学和学生的学习带来了积极影响。在芬兰，20 多年前政府、教育管理部门就没有对学校开展督导，学校对教师也无程序化的考评，也没有国家测评，人为将学校按照从好到差排名，分成不同等级。教育部信任地方政府，教育行政管理部门信任学校，相信所选配的校长是最优秀的；校长尊重信任教师，相信所雇用的教师是最优秀的，教师能够为下一代提供最好的教育；教师尊重信任学生，对学生的学习负责；学生家长也信任学校和教师。高素质的教师，“基于信任的文化”，构建了教育良性生态，有了从容的教育，从而保证了教育的高质量。

10. 芬兰的学习评估

考试，对许多学生来说，是“爱你不容易”。应试教育在全世界都是通病，没有灵妙药方可解。芬兰的做法是摒弃统一的标准会考，代之以通过教师每天对学生进行观察和小测验等一整套方法评估学习成果，且这一评估只个别呈现。这样，学生如果在学习方面存在困难，就会很早被发现并提供相应的帮助。这一理念早已有之，然而付诸实践效果最好的似乎只有芬兰。芬兰的学校发展非常均衡，校际差异更多是特色的差异。芬兰基本没有统一的全国考试，甚至连学校层级的统一考试也没有，学校认可教师自主决定考试的方式，每学年有五个学段，每学段最后一周分别进行考试，每科老师会根据考试成绩和上课表现给学生 4～10 分（4 分不及格）。芬兰也不会有任何形式的排名，九年级结束前有全国统考，给人感觉像是中考，而且题目很难（除了数学），但是不用担心，因为它在申请高中时所占比例很小，并不是决定升学的权威的、唯一的关联因素。约 40% 以上同学选择读职业高中。普通高中和职业高中是互通的，可随时互转，学生毕业时亦可选择报读普通大学和职业学院。

11. 新一轮的芬兰教育改革

基于人才发展的需要，芬兰颁发了基础教育核心课程、学生核心素养等标准，将培养核心素养渗透到了各学段、各学科的日常教学中。七大学生核心素养是由知识、技能、价值观、态度和意愿等要素共同组成的，是学生在特定情境中灵活运用知识和技能的一种综合能力。芬兰新一轮课程改革围绕未来的工作方式、人才的思维方式（批判性思维、创造创新思维、元认知）、文化素养、社会责任感、全球化公民素养展开，突出实践能力培养，让学生学会学习、学会思考，充分挖掘学生自我管理能力、多元文化素养、创业素养，发展孩子的交往、参与能力，影响和建构未来的能力。

新课程改革的四大维度包括学习方式教学、教育理念、学生角色、外在环境的改变。对此，莫迪兰学校校长莱娜女士作了特别详尽的解读：

（1）学习环境变化。学习可发生在任何地方、无处不在，人从诞生起就在学习，直到终身。学习发生在社会交往中。学习环境应该是安全的，学校要关注学生的幸福感。

（2）更强调参与性。学习应是主动的行为，不仅学生，作为利益相关者，父母也要参与到学习的过程中。

（3）（多学科）融合式（现象式）的教学方式。教师要关注学生的学习兴趣，努力让学生成为主动性角色；教师是学习过程的建设者，学习条件的创造者，是学生学习方式的观察者，应随时察觉到学生学习的状态。应关注教学的教育性意义；采取先见林、后见树的学习方式。

（4）学生的学习方式。生活即教育，特别强调做中学，在动手、制作过程中发展能力，通过合作，在日常生活实践中获取未来工作所需的能力。

（5）学生自我评价能力。鼓励教师利用反馈信息引导学生进行自我评价，从而改善自身，学生要有批判性思维。

根据芬兰新的《国家核心课程大纲》，1~9 年级学生最低课时数为 222 课时，更多课时将给予社会学习（增加两课时）、体育（增加 2 课时）、音乐和视觉艺术（各增加 1 课时）；1~6 年级的综合环境学习，包括生物、地理、物理、化学和健康研究；开设更多样化的语言课程，国家从财政上支持各市提供额外的语言学习。

新课程大纲规定，面向 7~16 岁学生的所有学校必须在课程大纲中留出一段时间用于跨学科、基于现象的教学。具体的课时长短、研究主题，由地方和学校层面自行决定。同时教学方式也不再仅仅是传统的学生被动坐在教室里听课或者等待被提问，而是有更多合作教学，学生分成更小的组，一起解决问题，同时提高他们的沟通技能。

三、芬兰教育的启发

中国的教育要破解许多艰巨的难题：公平和效率、拔尖与均衡、质量与负担等等，应该从芬兰的今昔变化中得到借鉴。芬兰拥有世界落差最小的教育体系，崇尚平等，资源平均，它将幸福理念落实到了教育的每一个阶段，重视和公平对待每一个孩子。芬兰拥有好父母、好学生、好课程、好教师、好校长、好学校和好教育。在芬兰，幸福教育从孕育时期就已经启程，对婴孩的关怀细致到位；办好每一所学校，从幼儿园开始，做到让每一个人都上一样的学，平等地享受教育资源，家长无须焦虑，没必要急功近利。

学校坚持全人教育，让人人能够全面发展，落实“做中学”、持续的动手能力培养，教育生活化，生活即教育，特别重视参与、体验；坚持人性化教育，从公共场所、公用设施的人性化设计和设置，到学校、教师、课程，无不在培养学生个性的自由发展和关爱精神；用信任对待学校、教师和学生，在充满尊重的教育文化氛围里，诞生了良性的师生、家校、社会与教育的关系。

不是理念，不是个案，而是普遍的做法，因材施教在芬兰落实得很好。芬兰以高质量、学徒制的职业高中教育培养学生的职业技能，以全程的职业生涯指导，以充满自主选择的“缤芬”课程体系、以轻松的升学方式和多条大道，让学生感受到幸福。芬兰以随时随地、想学就学的理念建立了自由的成人教育体系，使全民终身学习的理念成为自然而然的现实。正是如此尊师重教的教育体系培养了芬兰人文明、诚信、友善、创新、爱阅读……种种优秀品格，铸就了芬兰人的幸福之本。

芬兰之所以有好父母、好学生、好课程、好教师、好校长、好学校和好教育，是因为民众广泛达成了共识：要通过教育创造社会幸福，给孩子人生的幸福。这种共识下的行动，造就了良性的教育生态，“基于信任的文化”给教师、校长和学校，也给教育部门“减负增效”，这样才有了好课程、好教师、好校长、好学校，有了好教师和好课程，这样才有了好学生、好教育。

走进芬兰，不是朝圣，也不似玄奘要带走一套套的经卷，作为教育人的确应该反思：如何涌现更多的好校长、好教师和好学校，如何营造教育好生态。

在中国的土地上，让教育之树结出累累硕果——培养高素质、适应未来发展的人，作为耕耘者的我们，要改良土壤，要优化流程，打造“果园”的好环境，要遵循生长的规律。在人们普遍把教育当成追求“成功”的工具，在教育的工具性被强化的氛围里，不忘教育的本质应该是为了人的发展，通过平等教育帮助人迈向自由和幸福。

教育要关注当下，更是为了未来，如何办好未来教育，我们要行动。

芬兰教育的热思考

汕头金中华侨实验学校　许树然

一、引言

2001 年，世界经济合作与发展组织（OECD）发布了首届国际学生评估项目（PISA）测试结果报告，芬兰基础教育被公认为世界的佼佼者。在接下来的连续几届国际学生学业测试中，芬兰排名都居高不下，这使其基础教育备受世人瞩目，被称作世界第一。虽然在 PISA2009、PISA2012 测试中，上海、新加坡等亚洲城市取得了优异成绩，芬兰在 PISA 中的成绩排名有所下降，但仍然保持着较高的位置。

2015 年 11 月 26 日至 12 月 13 日，我随广东省中小学新一轮“百千万人才培养工程”第二批教育家培养对象，赴芬兰进行了为期 18 天的培训。我非常珍惜从教以来的第一次境外学习。为参加芬兰培训，我做足准备，酝酿方向，阅读书籍，制订计划；在芬兰培训期间，我专注解读，撰写日志，满载而归；回到祖国，我理性梳理，思考变革。踏足芬兰，我带着求知探秘的眼神，带着无限真诚的期待，希望能获得对自己、对学校、对地区乃至对我省教育的启发。

在芬兰 18 天的培训中，我们考察了高中、职中、九年一贯制等各类学校，聆听了包括坦佩雷大学、赫尔辛基大学等知名教授所作的讲座或报告，开展研修交流或小组讨论，并到坦佩雷大学、坦佩雷理工大学、赫尔辛基大学图书馆和坦佩雷博物馆等参观学习。此次学习可谓高密度、高效率、高质量！

在芬兰满满的学习行程中，我们见识了该国堪称“世界第一”的教育。芬兰“不让一个孩子掉队”的平等精神，是贯穿芬兰教育改革脉络、促使政策成功实施的教育核心价值。芬兰政府对公共教育的高投入，采取小班制教学（基本上班额为20~30人），芬兰以卓越的教师支撑着卓越的教育，对师资的高标准苛求（小学以上教师均须具备硕士学位），芬兰整个文化传统和社会系统对教育的全方位服务等，为其教育质量奠定了基础。除此之外，芬兰也以家庭教育有力支撑着教育的优质发展。而且，芬兰教育改革永不停歇，自2016年开始，他们将启动以“主题式教学”（现象教学）为主旨的新一轮课程改革，大力促进学科融合、ICT技术融入。

总的来看，芬兰教育仍保持着世界教育的领先地位，并按其自身发展规律保持着教育系统的良性运行。芬兰是一个通过学习获得知识资本而实现社会发展的国家，教育的贡献功不可没。尽管位处北欧一隅，但芬兰时刻与世界保持着畅通无阻的联络。芬兰的国家及经济状况对教育影响很大，其投资在学校教育、基础研究以及“终身学习”方面的资金十分显著。芬兰国土面积为33.8万平方公里，人口500多万，人口密度约为16人/平方公里（中国人口密度约为139人/平方公里），芬兰2014年国民生产总值为2706亿美元，并以人均GDP 4.7万美元排名世界第14位（中国以人均0.67万美元居第84位），反映出芬兰出众的创造力。芬兰并以鲜明的学制体系引导着全社会的整体教育观。芬兰政府的廉洁指数全球第一，芬兰社会的信任指数非常高，人民对教育的信任指数也极高。下面我从观察到的几个方面对芬兰教育作一个简要的概括。

二、热思考

1. 教师职业幸福

芬兰是一个人口分布极不平衡的国家，北部地广人稀，但政府并没有减少对这些地区的教育投入，目的就是确保硬件配置相当、教师水平相当的学校，从而保证为每一个人提供平等接受教育的机会。坦佩雷大学教师培训学院院长 Vesa Toivonen 先生在专题讲座中，提出了芬兰的教师专业发展培训架构模式，这种注重“以师为本”，通过问卷调查了解教师的培训需求，并从课程设计、学科教学、国际交流、网上学习、行动研究等方面推行立体式的培训，有效保证了教师专业发展的主观能动性。他还认为芬兰的教师培训系统是独特的，全国有 11 所教师培训学校，从最南端到最北部都有设置，保证每个区域都有设置，目的是让每个区域的孩子都享有同样水平的教师。

芬兰教师的职业幸福感很强。我在瓦玛兰职业高中与一位物理教师交流，对于他的敬业精神非常佩服。这位老师是学校唯一的物理学科教师，每周有 23 节课，每一节都需要大量时间备课，经常要通过互联网与同行开展远程交流，甚至要到 10 多公里外的兄弟学校与同行研讨，但是他充满教育激情，乐此不疲；访问娜伊斯坦玛德佳小学时，我们聆听了该校三年级一个小时的全科教学，芬兰教师在课堂上展现的对教育的热忱，对孩子的热爱，对工作的惬意，令我们无比赞叹。

当代著名教育学者、瑞典的托尔斯顿 · 胡森在《社会环境与学业成就》一书中提出：平等应该成为学校和社会政策的目标。胡森的教育观，是北欧各国教育政策制定的思想根源。从芬兰由北到南的学校资源及师资配置的平等，到教师准入机制的资格平等、教师培训的机会平等、学生社会就业的意识平等，芬兰人的平等意识可见一斑。

2. 校长专业发展

关注学校管理，提升校长领导力是我此程学习的重要方向之一，也是王红院长关于“影子培训”的要求。芬兰培训期间，几位校长让我印象深刻。

坦佩雷大学附属莫迪兰学校校长莱娜女士为我们作了“芬兰2016新课程改革背景、目标、理念与实践”的精彩讲座，她对芬兰国家课改政策的把握非常到位，对课程改革的决策非常拥护。莱娜女士虽然是一名小学校长，但其校长专业化水平极高，是一名教育家型校长。她心系国家大教育，带领全校教师迎接课程改革。她对教育理论娴熟，对国家教育改革理解到位，认为“慢就是快”，希望芬兰教育改革稳妥推进。

维斯基渥兰高中校长是Eira Kasper女士，一位刚到中国参加世界校长大会归来的资深名校长。Eira校长的课程改革力度非常大，学校开设了880门课程，除国家课程、专业课程外，还开设校本选修课程，包括100门音乐课程、传媒课程，20门舞蹈课程等。她积极探索学生自主选课制度，每个模块22课时（75分钟/课时），学校协助每位学生完成选课，为每位学生安排个性化课表。该校对安全非常重视，每一个教室的门，都张贴有彩色的安全疏散图，非常醒目和便于识别。

勒耶尔文中学的校长莎杜（Satu Sepänniitty-Valkam）女士，强调了校长领导力在学校管理中的重要角色和作用。她说：高质量的基础教育能够为学生的未来教育奠定坚实的基础，同样也能够培养创造力，激发学生终身学习的乐观态度，由此，整个民族的受教育程度也会得到提升，对国家与民族的发展至关重要。

校长的专业化还在于他们远大的梦想和抱负。我注意到，所有校长都对国家教育政策大力支持，对国家课程改革大力拥护，对芬兰教育引领未来充满自信。

3. 职高普高双轨制

芬兰学校重视开展联盟教育。此次参访的几所学校中，Vammalan高中实际上是一所联盟校，由附近区域三所高中（瓦玛兰高中、莫海耶尔文高中、艾德森-萨拉卡亚高中）组成。该高中联盟在教授基础学科的基础上，还开设艺术、音乐、体育、家政、文学、外语、信息技术等课程，并实现教学资源共享，有效提高了师资和设备的利用率。尤哈努斯古拉（Juhannuskyla）学校是联盟校，华裔芬籍学生梁思琪就是从她就读的联盟学校跑来这里选修美术课的。瓦玛兰职业中学也是联盟校，与另外一所手工学校、一所社区职业学校建立联盟，这种联盟学校的组建，通过学分互认，各显特色，有效实现了资源统整，也打破了传统意义上的学校围墙阻隔。学校开设的课程有美容美发、家政、家具制造、厨师，特别是养老专业更具有前瞻性！同时，我们可以看到芬兰职高与普高的双轨制实现了完美结合。

芬兰人有一个基本共识：芬兰的发展要依靠每一个人的力量，职业教育与普通教育同等重要，可以“学而已则工”，“学而优则农”，这与中国文化传统的“学而优则仕”有一些差异。因此，在芬兰的学校体系中，普通高中教育和职业高中教育是平等的，也可以互通互联。芬兰的学生可以在完成九年基础教育后选择职业高中的课程就读，也可以选择普通高中课程，甚至可以混合选择，最后再决定是要上一般的大学还是要上应用科技大学。

4. 学生学习方式

曼塔地区维普兰中学校长专门安排我们全体学员参与木工课，切身体会“做中学”。对我们来说，这就是一场主题式学习。木工课堂其实就是一个小型木材家具加工厂，设备一应俱全，八个车间密密麻麻堆放着各式各样的机器设备，有木板切割机、机床、打磨机、电脑机房和3D打印机等。教室里还悬挂着学生设计制作的木质装饰品及环保创意作品，非常精致，展现了孩子们丰富的想象力与超强的动手能力。

我们还与芬兰当地优秀中国留学生进行面对面的座谈，座谈的主题为中国留学生回顾从国内高中毕业到芬兰大学学习的过渡、转变和适应过程。留学生们畅所欲言，从国内学习与芬兰留学对接等视角出发，反思和审视国内高中教育的优缺点，并提出了一些建议。这是一次非常有意义的座谈会，有利于我们思考未来高中教育变革和发展方向。学生的自主学习，所激发的潜能是无限的，一位留学生就坦言，来到芬兰之后一年的研究生学习成效，相当于在国内4年的本科。这也体现了芬兰教育在宽松的背景下，原发性学习动力的增强，学生自主探究能力的提升。

另外，我们平常总在议论中国高考指挥棒的影响，其实应试教育和素质教育并不矛盾，芬兰的高三学生照样也有高考的压力，但是由于芬兰基础教育已经把学习的基因埋进学生的大脑里，进行了合理的系统分工，而且芬兰很多学生推迟到20岁上大学，取得学位的时间也相对较长，因此压力相对弱了一些。

5. 信息技术变革

芬兰数字教学系统专家佩卡·佩利宁（Pekka Pellinen）为我们举行了“芬兰数字化教学系统功能特点及教学效用”专题讲座。佩卡认为，在信息时代里，要提倡“技术应该给孩子们用”的理念，鼓励孩子掌握先进技术。佩卡先生展示了芬兰最大教育出版集团SANOMAPRO开发设计的中小学英语数字化教学系统PISARA3，为让我们更好地了解到芬兰数字化教学的发展和应用情况，系统还建有学生成长档案袋，利于检索查阅。应该关注的是，芬兰在推进数字化技术，开发数字化教学系统时，融入了先进的教学理念和方法，实现了先进教学理念与信息技术变革的无缝对接。而且，从考察的学校看，虽然学校规模不大，但通过信息技术网络，构建起一个庞大的交流空间，既可以让教师备课交流，也可以让学生选修网络课程，还可以向成人学生开放等等，构建了一个立体教育网。芬兰2016年的“现象教学”课程改革，其中的一个要义也在于促进学科融合、数字化技术的融入。

三、结语

本次培训，让我们有机会近距离接触先进教育的前沿，让我们看到了与世界顶尖教育的差距，促使我更加理性地思考我们教育的短板。但是，也让我坚守心中的教育自信。如果从芬兰教育的冷思考视角出发，芬兰教育也存在一些值得关注的问题，如芬兰经济随着诺基亚为代表的科技公司被微软收购，对芬兰教育和科研标准带来较大冲击；芬兰人口老龄化压力很大，而且对留学生的接纳远远低于其他先进国，对其劳动力的补充带来一些影响；芬兰教师队伍仍然出现男教师比例较低的状况；芬兰的应用型知识学习比较多，在工业社会当中创新有优势，但基础理论学习比较少，核心素养尚存不足；上述问题都值得思考钻研。

因此，我们将汲取芬兰教育精华，深化教育改革。我们理应自觉践行习近平总书记提出的“四有”要求，以成长为“教育家”型人才为方向，不辜负广东省教育厅、华南师范大学领导的殷切期望，以广东教育的振兴为己任，珍惜每一次学习研修，细心梳理，精心研究，用心创新，致力探索，勤力开拓，发力引领，为谱写广东教育现代化建设新篇章、打造南方教育高地作出新贡献！

借芬兰教育之“玉”，圆中国教育之“梦”

广东省教育研究院　陈式华

作为人口只有500多万的北欧小国，芬兰教育享誉全球。自20世纪90年代以来，在经济合作与发展组织进行的历次国际学生评估项目（PISA）中，不论是阅读素养、数学素养、科学素养还是解决问题能力，芬兰的青少年都名列前茅，而且一直保持全国学生成绩校际差距最小和个体差距最小的纪录。为探究其教育秘密，学习其成功经验，以促进我国教育的发展，经过18天的实地考察，阅读相关资料和文献，我对芬兰教育有以下几点感想。

一、深刻的教育共识

芬兰教育得以成功的第一个秘诀在于，芬兰全社会对于教育有一个共识，即芬兰要为每一个孩子提供优质公平的教育，而教育目的是促进每一个孩子得到全面、丰富、个性的发展。

芬兰与中国一样有着尊师重教的传统，但与我国地大物博不同的是，芬兰是一个领土较小、自然资源相对匮乏的国家。除了森林，芬兰几乎没有其他更为丰富的重要自然资源，所以芬兰要发展唯一能够依靠的就是人。换言之，人，特别是人的创意，对于芬兰经济而言举足轻重。因此，只有实现人的内在价值，芬兰的经济、社会才有可能得到可持续的发展。

然而，人的内在价值必须通过良好的教育才能得以实现，人的潜力也才能挖掘出来。芬兰在 1966 年就立法通过了九年制综合学校法案。该法案不仅改变了芬兰以往分轨的学制结构，更为重要的是，它颠覆了传统教育理念，在全社会形成了一个新的教育共识，即无论家庭背景，无论智力水平，每一个孩子都能在同样的环境下接受教育。经过 40 多年的改革和发展，九年制综合学校不断满足学生多元化的发展需求，努力为每一个孩子提供最适合的教育，并已成为和森林、诺基亚齐名的芬兰第三大品牌。

二、各方的协调合作

芬兰教育是一个高度协调合作的系统。课内与课外协调、校内与校外协调、学校与家庭协调、教师与学生协调，这种协调合作关系将各方教育利益相关者扭成一股力量，共同为促进孩子的发展而努力。

1. 教得少，学得多

芬兰教师投入了大量的时间开发自己的课程，全面评估学生的成长。芬兰教师相信学习并不仅仅发生在教师的正式课堂中，孩子在课外，在与同伴交往的过程中，甚至可以学到更多。因此，芬兰的小学生一般只上半天课，下午半天参加课外活动或各种学习或娱乐俱乐部。据调查，大约 2/3 的 10~14 岁学生至少参加了一个青年运动协会。此外，芬兰学生家庭作业的压力并不大。芬兰大部分中小学生都能在校内完成作业，家庭作业一般不超过半小时。即便是高中生也很少参加课外补习。芬兰教育者认为，重复的、智力上没有挑战的作业并不能带来学业上的进步。

2. 考试少，成绩好

芬兰学生从小到大只有一次最重要的标准化考试，那就是大学入学考试。即便如此，大学入学考试的成绩也并不占100%的比重。对于学生的评价，芬兰还采用以下3类方式：一是教师在课堂上做出的诊断性评估、形成性评估和总结性评估，教师全面负责评估方式的设计和使用，拥有高度的自主权；二是学期结束时的综合评估，每个学校都将根据国家的指导制定各自的评价标准，然后由任课老师共同为每个学生发放一个成绩报告单，其中不仅有各个学科的成绩，而且也有对学生行为、参与度等非学科学习的评价；三是每3~4年举行的全国阅读、数学和科学评估，但并非所有的学生都参加，仅抽取其中10%的样本参与全国评估。事实上，芬兰人并不反对考试，他们只是认为，这种高利益关系的考试只会逼迫教师和学生将教学的重心放在“应试”上，而不是“教”与“学”本身。

3. 投入多、浪费少

在九年一贯制教育中，芬兰学生课本、交通和午餐费用，全由政府负担，经费则由中央政府出资57%，地方政府分摊43%。这个决策延续至今，不因政党轮替而改变。

在过去的20多年里，芬兰教育的发展与芬兰的经济发展密不可分。1991年，每1000名芬兰人只有5人供职于研发部门，到了2003年，这一数字上升到22人。2001年，芬兰在世界经济论坛的全球竞争力排行榜上升至第一。

这些创新和研发对教育产生了深远影响。现实社会需求为学校提供了强烈的信号，即学校应该准备什么样的知识、技能和性格才能在新的经济体制中生存成功。这不但推动了数学、科学和技术这些传统学科的发展，还推动了创造力、问题解决能力、团队合作能力等的发展。

虽然芬兰在教育上投了很多资金，但芬兰不是砸更多钱办教育，而是选择“专注”策略，把资源配置在“最需要的地方”，也就是初级中学和学习迟缓者身上。

在 OECD 国家评比中，芬兰是运用教育资源最有效率的国家之一。在大多数国家，高等教育学生平均分配到的经费最多，反观芬兰，投资在初级中学生的经费，每人平均达 8200 美元，在所有就学年龄中投入最高。

教委会资深顾问劳卡南在瑞士洛桑大学演讲谈到芬兰教改策略时说，之所以作这个策略选择，是因为“这阶段的小孩正发展自己的学习方法，需要最多的资源”。

采用资源专注的策略还有一个好处，那就是芬兰学生的教育资源并没有明显城乡差距。在 PISA 测验中，芬兰校际差距全球第二低，不到 5%。不论是首都赫尔辛基，还是偏远北极圈的中学，测验成绩相差均不大。

三、先进的教育理念

贯穿芬兰改革脉络、促使政策成功实施的教育核心价值，是“不让一个孩子掉队”的平等精神。当其他国家还在施行精英教育时，芬兰却反其道而行。芬兰 60 万中小学学生，分布在 4000 所综合学校，平均每校约 150 人，班级人数 20 人左右，小班小校的制度有利于后进学生的学习。在芬兰的学校，对“好的成绩”定义非常广泛，不局限于在某一门或某几门学科中取得较好的成绩，芬兰人为包括职业高中在内的学生提供了非常广泛和丰富的课程。另外，绝不放弃学习慢的孩子。提升学习迟缓者的学习能力，是芬兰专注策略的另一个重点。教育的目的是让每个小孩都具备基本能力，当学生出现短暂学习困难时，老师会立即提出矫正计划，在课堂上或是放学后进行个别辅导，费用由政府负担。芬兰有将近 20%的中小学生接受额外学习辅导，OECD 国家平均只有 6%。

芬兰反对对学生进行任何形式的“分类”或“排名”，整个社会投巨资于教育，为的是把可能的"差生"降到最低，以避免这些在学校的弱势者最终成为社会上的潜在问题或犯罪制造者。

至于精英教育，不是国家提供基础教育的义务，"学得快的人可以自己学，学得慢的人更需要帮忙"，"宁可让学得快的人等，也不能让不会的人继续不会"。那些拥有特殊才能和兴趣的孩子，普遍可以从初中起，选择去那些额外加重了数学、运动、英文或者其他科目的学校就读。

四、全新的课程改革

芬兰的课程改革是建立在"信任"的基础上，是建立在整个社会对教育、对教师的重视氛围中。信任被称为芬兰整个教育系统的黏合剂，上级信任他们的下级，家长信任学校，校长信任教师，使芬兰有一个良性的教育生态环境。

从课程改革上说，芬兰每十年进行一次大改革，尤其是综合学校的国家核心课程改革。2014 年，芬兰发布了新的国家核心课程标准，新一轮改革确定在 2016 年实施，内容包括融入"主题式教学"打通学科壁垒；用"现象教学"分析现实生活，进一步实现合作学习和个性化学习。但这一要求只是对当地学校起到一定的指导作用，学校完全有自主权，根据自己的发展战略来选择、调整。老师也有权自主选取教学方式、教材、评价方式、课堂组织形式。

芬兰教育改革强调的是个性化教学、创造性学习、信任、责任分享等元素，走的是"自下而上、创新、信任、专业、民主"的发展道路。作为教育专家的教师和校长不再只是政策的被动执行者，相反，他们在包容、信任、尊重的社会环境中尽情发挥教育创造的想象力，自觉地、持续地推动芬兰教育的改革和发展。

五、卓越的教师队伍

1. 地位高

芬兰的教师地位非常高。整个芬兰社会的“尊师重教”不仅是经济文化发展的需求，更与芬兰整个国家的独立和发展有着千丝万缕的联系。

芬兰社会资源有限，教育是开发人力资源的最好途径，因此，芬兰的教育直接关系到国家的整体发展命脉。芬兰教师不仅被赋予民族独立与发展的使命，而且也肩负着国家经济发展的重任，这为芬兰教师的社会地位涂上崇高的色彩。

2. 门槛高

自 1979 年开始，芬兰就定调中小学老师属“研究型”教师，必须具备硕士学历，这几乎是全球最严苛的规定。师资教育从原本的三年，延长为五年，高中生毕业申请师范学校时，除了要看在校成绩，还必须通过层层面试，确认有教学热爱与创新思维，才能挤进录取率仅 10% 的师范窄门。

但这仅是芬兰教师教育四大突出特征中的一个。第二是芬兰强调提升教师的学科教学知识。第三是所有的教师都要接受培训，学习如何诊断学生的学习困难，并根据学生的需求和学习风格进行差异化教学。

第四也是最重要的特点，是芬兰教师非常注重实践教学。老师会参与学生的讨论，问题解决小组是芬兰学校的一个常见组织，它会经历策划、实施和反思评价这样一个循环过程，整个教师教育过程都会不断强化这种做法。

专研师资培育的赫尔辛基大学教授坎萨宁指出，芬兰师范体系的唯一任务，是培育有能力的老师，并发展其必要的专业品质，以确保教师生涯能够持续进步。换句话说，在芬兰，老师必须要有终身学习的能力与意愿。

高社会地位吸引了高素质的人。在上述多种原因下，芬兰的教师成了最理想的职业之一，竞争比较激烈，最终能够顺利成为教师的，都可以算得上芬兰最杰出的一批人才。芬兰几乎拥有全世界最严格的教师选拔要求，全国最优秀的人才从事着教育工作，每一位教师都是研究型教师。在芬兰，教师和医生、律师是排名前三的最受尊敬的职业。芬兰教育人士称：“我们必须选取最有才华的学生，不仅仅是指学生要有能力，还要对教学抱有真切的热忱，这是教学成功的关键因素之一。”教师不仅要掌握教育科学知识和教育研究技能，还要在日常工作中熟练运用这些知识和技能，并不断积极地探索教育教学方法。

3. 能力强

优秀的人才自身就具备了优秀的品质，或者说，芬兰教师在成为杰出人才的过程中，积累了很多宝贵的特质。比如对自我的高要求，可以保证不断充电学习；比如突出的自学能力，可以保证知识的不断更新。而这一系列突出的能力，再加上对教育行业充满热爱和热忱，就从很大程度上保证了他们的自我激励和自我进步。

芬兰教师有两种能力或者说特质比较强：第一种是具备优秀的“诊断学生需求”的能力。他们能够及时准确地了解到学生在不同学习状态下的不同需求，从而巧妙地采取早期干预措施。第二种是杰出的专业素养。我们发现，芬兰的教师具有足够的专业素养去自主进行教材编订，自己进行课程编排和课堂组织。

芬兰教师之所以具备这些特质，与他们的高等教育现状紧密联系。芬兰的大学分两类，一类是学术性大学，一类是技术性大学。芬兰是个小国家，只有 14 所学术性大学，师范类院校都属于学术性大学。芬兰对教师的学历要求很高，小学及以上任课教师必须拥有硕士学历，另外，学术性大学攻读师范专业的学生非常注重教学实习。事实上，他们一进大学就和中小学联系，创造各种机会跟孩子接触，了解中小学学校的发展，了解实际教学。芬兰特别强调教师的研究素养，认为教学活动应该是基于研究的创造和实践，而不是日常程序的重复。各所大学附属学校通常会承担教师专业发展的实践使命，其不仅是学生的实习基地，也是区域教师在职培训中心，这种学校与培训中心一体化的方式有利于教育理论与实践的结合。而在我们国家师范生培养方面，我觉得最主要的一个问题就是理论比较多，联系实际不够，教育实习时间太短，而且与师范专业学生的日常学习没有很好地结合起来。芬兰的师范院校培养学生非常严格，他们把学术和技术分得很清楚，但又把理论和实践联系得很紧密，值得我们学习。

4. 后劲足

芬兰教师成为社会精英的过程，就是实现了职业成长的过程，芬兰教师为了保持社会精英的地位所作的自我提升和自我高要求，就是他们日后的“职业成长阶梯”。

5. 培训长

随着社会的发展，芬兰教师也需要进行在职培训，政府也为教师提供了在职培训和继续教育的机会。对于一名新教师，学校会指派一名老教师进行为期三年的引导，帮助他们尽快进入角色。芬兰的教师培训机构包括重视理论知识培训的教育部门和注重教师实践的教师培训学校。

6. 信任高

芬兰人用信任和支持代替问责与评估，他们不把有限的教育资源用于评估上，而是用于教师教育、早期干预和其他学生支持体系上。芬兰没有教师专业发展资格认证更新制度，地方学校校长就是负责教师专业发展的重要人物，芬兰人始终认为对教师的信任和支持永远高于对教师的监督。在这种信任下芬兰的教师享有高度的专业自主权，可自己选择如何教学和评价，追求教育本质，思考如何让真正的学习发生，减少考试的压力。这样的专业自主权赋予教师很大的价值感和存在感。

对我们国家来说，同样需要教育督导，而且我们国家目前的督导与其他国家还有所不同，我们教育督导的对象不仅包括学校，还包括了政府。国外的督导是不会督导政府的，我们这个督导团已经设在国务院下面了。我们督导政府是否很好地执行一些教育政策，督导内容也包括很多方面，比如说教育经费是不是到位、学校标准建设是不是到位。我国地大物博，国家面积太大，人口众多，地区之间发展不平衡，学校和教师水平参差不齐，如果不建立外部督导的话，就无法保证教育政策的顺利贯彻执行，无法很好地保证教育质量，因此，是否设立督导也要区别对待，不能一刀切。

7. 自主权大

教师拥有最大的教学自主权。芬兰的教师拥有高度自主权，可以选择不同的教学法教育学生。芬兰的国家核心课程大纲每十年修订一次，只是一个框架和引导。教师在框架内有高度的教学自由，可自主设计和定制学习任务和教学方法来完成学生的需求。与此同时，没有人有权去指责教师的教学方法，这是因为没有一种教学方法是适合所有学生的，而教师掌握各种方法可以对学生进行因材施教。如果教师出现疑问，会主动向其他教师求助。选择教师职业的人，内心具有强烈的责任，并且愿意做有意义的工作。他们的教学工作可以分为不同的方面，但是主要目的都是鼓励和帮助学生的学习，而不是为了个人的发展。

8. 工作多

芬兰教师课时量并不比中国教师少，尤其在小学阶段，他们的教师不像我们是分科教学，他们一个老师要教好几门学科，“包班”教学，这样算起来课时量就比较多了。尽管芬兰教师的课时量大，芬兰教师的课后大部分时间仍在用于思考和提高自身素养。他们在学校里受到的教育以及培养出来的专业能力，使他们很擅长学习，并且不断更新自己的知识。芬兰没有像我国中小学那样有固定的集体备课或者教研等制度，首先的一个原因是芬兰教师很多是包班的，不像我们数学是数学老师教、语文是语文老师教，所以芬兰不能按学科集体来备课。其次，芬兰的氛围就是让学生、学校都充分相信老师，让教师自己来负责自己的教学。虽然芬兰没有像我国这样的教研组或者年级组、备课组之类，但是有很多自发的结对和群组讨论，比如一些年轻教师找一些老教师进行指导，它是自然的一种生成活动。也有很多课程是跨学科上课，比如语文课教师讲到与地理有关的知识时，会去请地理老师来作一下演示，这些跨学科教学都是教师之间自发的联系与配合，不是制度化的。

六、结语

芬兰的教育一定还有很多值得我们学习和借鉴的地方，无论是“西学东渐”，还是“洋为中用”，中华民族近百年来，在教育上一直在向西方学习，或美国，或德国，或芬兰……在向西方学习甚至全盘照搬的同时，有时候我们忘记了自己的“根”，我们的教育有时候让人感觉走得太飘，没有根。一方面，有些人在学习西方教育理念教育制度教育方法的时候，总有部分人过分强调国情的差异而故步自封；另一方面，部分人在学习西方教育理念教育制度教育方法的时候，盲目跟风，一时美国，一时芬兰，拿来主义，全盘照抄，忘记我国优秀的教育传统。因此，唯有虚心好学之精神、辩证创新之态度、勇于探索之行动，既根植几千年来我国优秀的教育传统，又博采世界各国教育之众长，才能创造出中华民族教育之辉煌。愿有一天，我们能用中国的语言、中国的自信在世界教育史上再次发出中国教育的好声音、时代最强音。

少即是多——芬兰教育道路探秘

华南师范大学附属中学　李之宁

在芬兰，每个季节都有其鲜明的独特性，令人不由得啧啧称奇。一年中，大自然会先后四次将自己变得焕然一新：色彩、光影、温度、声音和气味迥然不同。每个元素都以特别的方式转化，和你在其他任何地方见到的都不一样。

这样一个神奇的国度，因为它突出的教育成就，成为我首次因公出国学习的目的地。深感荣幸之余，也一路睁大眼睛，不敢懈怠半步，誓将先进的教育理念与实践精髓带回国内。

一、优与劣的芬兰——芬兰命运的逆转

芬兰教育良好的世界声誉早已有闻，尤其是它在国际学生评估项目（PISA）中展现的一直名列前茅的成绩令人称道。在如此广袤、鲜花盛开的世界教育园地上，芬兰教育之花似乎开得格外鲜艳，格外夺目，令人欣赏与关注。

我想，这与它独特的历史、地理、经济、文化条件是分不开的。随着培训参访的日子一天天过去，我的头脑里越来越频繁地蹦出这样几个词："问题解决"、"创新力"、"信任"、"勇气"、"毅力"……一言以蔽之，就是恶劣的条件逼使芬兰人民生出智慧之花，成功实现由劣势到优势的转化。

1. 务实：化问题为进步

通过有效解决安全、福利和经济增长的相关问题，芬兰步入了全球发达国家的行列。

20 世纪初，芬兰曾饱受内战之苦，但随后实现了统一。在第二次世界大战期间，芬兰的独立遭到严重威胁，然而最终仍维护了本国的自由和民主。

1906 年，芬兰成为世界上第一个完全赋予女性平等政治权利的国家，其依据是一个国家无法依赖其一半人口来成功建设社会。

芬兰安然度过 20 世纪的社会动荡期，成为全世界最稳定的国家之一，这一切要归功于具有代表性的民主和高度实用的政治文化。在过去的一个世纪，芬兰几乎无间断地一直由基础广泛的联合政府来执政。与此同时，政府与各利益团体之间已经形成了对各类问题力求达成共识的悠久传统，比如与劳资关系有关的一些问题等。

在各国多项指标的评比中，芬兰的“问题解决能力”获得较高的评分。客观理性的处事智慧、和而不同的对话机制、灵活务实的解决路径，是芬兰解决问题的突出特点。通过那些独具创意、全新的解决方案，芬兰已成功地建立起了稳健、运营良好的社会。

2. 平等：化贫瘠为丰硕

芬兰是一个只有 550 万居民的“小国”。一百多年前，这个北欧小国在人们眼中仍然是个偏远的国度，大体上以农业为生。除了森林和湖泊，芬兰其他的自然资源很少。

然而，芬兰克服了资源的匮乏，致力于将知识技能转化为关键的社会资产，进而发展成一个现代化的福利国家。我们很好奇，芬兰是如何让每一个公民都那么亲近自然、热爱生活、尊重知识的呢？

芬兰崇尚平等主义，重视教育的背后，存在着这样一种理念：所有公民都应当享有发展自身和社会平等机会。芬兰的教育质量在众多国际测评中都名列前茅。在芬兰，最好的学校就是离家最近的那所。从政府官员到学校老师，他们无时无刻不在消除学校之间、教师之间、学生之间的优劣排名。比如，学校不分重点非重点，教师不进行等级考核，学生不进行以排名为目的的考试等等。

从教育推而广之到各行各业，也都主张平等主义。芬兰公民无论从事哪种职业类型、选择哪种生活方式，都被尊重和平等对待。我们经常看到认真专注的建筑工人在一丝不苟地修缮房屋；经常看到愉快和善的大巴司机在温馨提示乘客上下车注意安全；经常看到悠然自得的酒吧老板在夜幕下与食客细声畅谈。人们在这个国家可以自由地选择安身立命的方式。

3. 信任：化隔阂为融洽

芬兰人说话算数守信用，朋友之间相互信赖程度相当高，在口头上达成的君子协议如同正式签订的合同一样有效，使许多事情运作起来既简单又高效。长期生活在这种环境中，无形中会使心灵得到净化与升华。

芬兰的父母信任自己的孩子会做出正确的决定，也信任这个社会会善待他们的孩子。学校也存在着同样的信任。老师布置作业的时候会这样说："你也许会想试着做做这些题目，看看自己究竟是不是都弄明白了。先选几道有意思的题目做，如果觉得太简单的话，那就再做一些比较难的。"老师信任学生会自觉完成那些任务，而学生们也正是这样做的。这样的信任，能够培养出自信的孩子。

4. 忠诚：化困境为转机

长期以来，在北欧严酷自然环境中得以生存的芬兰人形成了特有的民族性格：坚韧不拔、内向自律、善良宽容、忠诚宽厚。至今，芬兰仍保持着纯真古朴的道德准则和良好的社会风气。例如，在芬兰各地超市里购买蔬菜、水果和糖果，普遍保留着自选、自称、自贴价签的自我购物方式，令初来乍到的外国人惊讶不已。人们在公共场所遗失的衣物几乎不会被过路人拿走，而是被放在明显之处等待失主自己来寻认。

良好的教育环境使芬兰公民普遍具有法律常识，知法守法。芬兰儿童在初级学校就学习社会学课程，在高中学习法律知识。这样，青年人在步入社会之前就已具备基本的法律知识和遵纪守法的观念。

基于这样的社会风尚，芬兰成为全球最廉洁的国家。政府官员滥用职权、以权谋私的现象极为少见。全球知名的反腐败机构“透明国际”公布的世界各国清廉指数排行榜上，芬兰一直名列前茅。

5. 开放：化被动为主动

资源不足、地理位置偏远这些不利的发展因素，促成芬兰这个国家生成了不少成长型思维的特质，比如开放。只有从同理心和理解力的角度，开放核心的技术，才能够化被动为主动，吸引更多的资源汇聚芬兰，启动核心经济体的引擎。芬兰通过大力投资国内和国际间的交流网络而成为全球经济不可缺少的一个环节。芬兰高达40%的国民生产总值源自出口。

就解决问题而言，信息的自由化和透明度是芬兰社会和芬兰经济的重要资产。芬兰开发的Linux计算机操作系统就是非常典型的例子。正如开源代码使得所有用户都有机会完善系统的运行方式一样，芬兰社会也秉持开放接纳的态度，使得所有的公民都可以对社会发展尽一己之力。风靡全球的“愤怒的小鸟”游戏则代表了智能手机全新而开放的使用方式——只需花上少许空闲时间，就能帮助小鸟们解决它们的问题。

芬兰的教育也是非常开放的。我们每到一个学校，都受到热情接待和毫无保留的分享。当地教育局非常细心地开放不同学段的学校供我们参观，并协助我们分成异质的交流小组，以利于中芬教育工作者深入探讨一些大家都感兴趣的问题。

6. 创新：化繁琐为简洁

芬兰的创新思维聚焦在发现真正的问题，进而挖掘更精准的解决方案。因此，芬兰的创新常常出人意料，但其主旨始终以功能性为基础，追求简洁而实用。最主要的是，解决方案总能起到作用（图 1）。

坦佩雷大学众多餐厅中的一个

图书馆里收纳方便的椅子

芬兰学校餐厅椅子的 N 种悬挂方法

图 1　创意且实用的设计

芬兰人推崇发明和自己动手的精神，芬兰频频名列全球十大最具创新精神的国度这一事实就是最好的证明。阿尔瓦 · 阿尔诺在 1932 年设计的帕伊米奥扶手椅堪称设计界的经典之作，除了融合高雅简洁的设计风格之外，这把椅子的舒适度也很高。

创新的概念不仅局限于技术，与社会功能相关的一些软创新也受到高度重视。芬兰最重要的社会创新是整个社会和医疗系统，它为每个公民提供了从产妇诊所到老年人服务中心等各类服务。这一安全保障的网络仍然在不断发展中，未来解决方案的走向仍是将设计思维应用在公共服务方面。

芬兰的文化名人们也擅长运用独特的天赋，推动各自相关领域的变革，从而在全世界享有盛誉。芬兰作曲家让·西贝柳斯是古典音乐史上值得一提的人物，其作品至今仍是许多世界著名作曲家、指挥家和歌唱家的创意源泉。芬兰在国际古典音乐领域也占有一席之地，这主要归功于国家在音乐教育方面的大力投资。

芬兰建筑、设计和流行音乐等其他文化领域生机勃勃发展背后的重要推动因素则是教育。文化教育中尤为注重原创和与众不同的方案。

当头脑风暴一般地追溯出这六个要素时，我恍然大悟——为了在逆境中生存下来，芬兰人不断地基于问题的解决，从平等、信任、忠诚的原则出发，以开放、创新的态度，依靠优质的教育达成社会发展的目标。这一共识已经深入到每个芬兰人的骨子里了！

7. 少与精的芬兰——芬兰课程的潜力

从许多角度看，芬兰都是充满奇异悖论的国家。到芬兰之前，我就听说，“极简主义”盛行于芬兰人生活的各个领域，当然也包括教育。芬兰人更倾向于解决问题，而不是“谈论问题”。他们直接处理问题与创新思维方式的背后，往往蕴藏着“小思维带来大不同”的想法。因此，听不少教育同行和朋友们说，芬兰进行教育改革时，也是非常一致地将教育与学习的本质放到最为重要的核心地位。因为，他们不相信，一直重蹈覆辙能带来好处。简即是美！

于是，这又回到了出发前，华南师范大学基础教育培训与研究院的专家与我们分享的观点——著名的三个悖论：教的越少，学得越多；考试越少，学得越多；越多元，越融合。

二、芬兰教育的特质

1. 教的越少，学得越多

如果芬兰学童的上课时间比其他国家还要少，那么学童在课后的活动是什么？原则上，学童下午就可以回家！与此同时，许多由学校提供或协助者组织的课后活动、青年社团、各类协会，也起着相当重要的教育功能。芬兰认为非政府组织构成的社会网络是“第三部门”，不仅为芬兰年轻人的就业、人格发展贡献良多，也对教育体系的发展有所推动。

2. 考试越少，学得越多

到了芬兰，我们问得最多的一个问题就是：“你们真的不考试吗？”尽管芬兰学生不像其他国家的学生一样经常接受测验，但不代表芬兰没有任何学生评估——事实正好相反。原则上，芬兰的学生评估分为三类。

第一类是教师进行的课堂评估，内容包括教育与学习诊断、性格成长与总结评估。

第二类是针对各学期学生进步的综合评估。学生会收到一张报告卡，记录学业表现以及各种非学业表现的项目。由于报告卡并未采用任何标准化的评估方式，所以各校可以制作不同的报告卡，而无须配合全国一致的标准。许多芬兰教师相信，这种评估方法会比任何标准化测验更好，因为后者会伤害各校的独特性，并且让教育沦为“为满足测验成绩而实施教育”。

第三类评估方式是举行常态性的全国抽样评估。这种评估方式的宗旨，在于检验学生的阅读能力、数学、科学以及其他学科在三到四年间的表现与成长。

我亲眼见过芬兰学校地理老师制作的 APP 版本学生评估表，手机登录即可操作，题目设计合理，有效回避学生难以回答的问题，可以又快又准地反馈学习质量。这可以看出老师们较强的教育评估意识和较高的量表设计水平。

3. 越多元，越融合

芬兰地广人稀，但我们却看到，无论到了哪里，学舍一样那么漂亮，老师一样那么富有涵养。在芬兰，为所有人提供平等教育机会就是让所有的社会团体与各地区民众都能享受到公平的教育，融合的校园氛围在这里得到推崇。

一次，我与某学校的校长交流，分享我见到一位生物老师处理两位男孩子上课走神的情况，说这位老师非常关注这类孩子的情绪反映，绝不用警示或严罚的手段，让我感到惊讶和钦佩。这位校长说，这是芬兰老师普遍都能做到的，他们针对不同的学生特质与需求，尽可能地采取包容性的处理方法。教学课堂上是如此，下课辅导时也是如此。

来自不同国家和文化背景的学生，在这里都得到公平的对待。我们还看到，学校特意定制了一些语言与生活的适应性课堂，专门为有难民家庭背景的学生开设。贫困通常是导致学校教学艰难的因素，芬兰大约有 3.4%的孩童符合贫困定义，而美国和加拿大这一数据分别是 21.7%和 13.6%。关注社会公平、早期协助有特殊需求的学童以及让教育部门与其他部门紧密合作这三个因素，是芬兰能够成功打造平等教育体系的原因。

4. 真与实的芬兰——芬兰教师的动力

芬兰的教育体系没有严苛、僵化的评价制度，不适用任何外部的标准化考试，也不会对外公布每一所学校与教师的表现差异。同时，教师也拥有极高的专业自主权，得以创造独特的校本工作计划与课程。

老师认为自己是打造芬兰社会富庶前景的重要角色。当芬兰走入全球世界时，教师摇身变为重要的文化传承者。因此，芬兰的教师与教育变成了非常崇高的职业。

芬兰的教职是如此热门，只有最优秀、全心奉献于教育的人才有可能真正实现成为教师的梦想。

5. 最有才能的学生从事教育

教育吸引力背后有两大原因：第一，要求教师拥有教育学硕士的相关规定，让教职拥有强劲的竞争基础，其范围不仅限于任教，更代表就读师资培育课程的学生一定有能力在其他领域的生涯发展中同样拥有竞争力。第二，许多芬兰年轻学子选择教育作为主要生涯发展，是因为他们认为教育是一份极为自主、独立、高度受推崇的职业。

6. 专业学系与教育学院之间紧密合作

教育学系与其他专业在大学之中的合作，也是影响芬兰教育体系的重要因素。唯有在所有人都付出最佳表现时，才能取得永续的成功。

7. 研究导向型的师资培育

成系统的研究导向型师资培育结构让芬兰师资培育备受重视。根据相关规定，所有的师资培育毕业生，都必须完成硕士学位论文，并应具备严格的理论、方法论水平。

8. 冰与火的芬兰——芬兰人格的魅力

芬兰人踏实、自尊心强，但却总习惯自我挑剔。然而这种挑剔并不是贬义的，实则是芬兰人自我要求严格的一种体现。

在与芬兰的一位哲学老师的交谈中，有句话令我印象深刻。他说，芬兰人的个性，就像芬兰的天气一样，冰火两重天。但是这是一股来自北极的能量，既能够让人的心灵得到温暖，又能给人带来精彩的体验。虽然很多人认为，芬兰人没有丹麦人的乐观、开朗，但他们深知孰轻孰重、自尊自爱。

虽说这次我们是到芬兰学习的，但是每次取经之余，都会听到芬兰学校的校长、老师和孩子们追加一句："那你们中国是怎么做的？""在中国是这样的吗？""我们还有什么可以改进的地方？"谦虚务实之态溢于言表。

三、自信坚毅的芬兰人

近年来，芬兰教育、清廉、国家竞争力等在全球各项评比中成绩实在优异，因而备受世界瞩目。这让芬兰人多少增添了些许自信，也让他们犹如大梦初醒般，逐渐适应来自四方的爱慕及赞许的目光。

但这个国家与民族，一直以来，从来不会以"芬兰人终于站起来了"作为建立与鼓吹自信的诉求，乃至于动辄以国际评比成就为傲。相反，我们却经常听到芬兰人说还要不断地提高与探究，对自己的教育现况存有着许多质疑、诘问、乃至批判。毕竟，其今日的成就，不论是清廉、教育、科技、竞争力等等，一切其实都与芬兰人几百年来，要如何在恶劣气候环境，与恶劣国际处境里"求生存"的务实因素有关。

如果你希望了解芬兰社会和价值观的核心，你就得知道"Sisu"这个芬兰词。它代表了勇气与毅力的结合，表达了一种即使在看似不可能的条件下依然克服万难完成任务的决心。

纵观历史，迫于外界环境，芬兰人一直需要展示出强大的个性化 Sisu。Sisu 也正是解决当今世界面临的种种棘手问题所必需的一种态度。

芬兰教育世界第一探秘

广州市第九十七中学　林黎华

也许由于芬兰日照时间不长，户外活动受到一定限制，因此芬兰人很喜欢阅读，他们不会因为天气的灰暗而抑郁或无所事事。他们还酷爱户外运动，哪怕是在寒冷的冬天，都向往和自然的融合。所以，在芬兰的商店里，户外用品种类繁多，功能多样。人们喜欢在森林里狩猎、在湖边垂钓、在冰雪滑行、在雨中骑车……因为爱运动，他们感受到生命的活力与价值，敬畏大自然的同时也欣然接受大自然给人类的挑战。爱阅读、爱运动，加上芬兰公平、平等的治国理念造就了芬兰人的儒雅平和但却坚毅的品格。

镜头一：芬兰妈妈的福利宝盒。在芬兰，无论贫富，所有孩子都有权利得到这样一个“妈妈宝盒”，它不像电影《大话西游》里的“月光宝盒”能使时光倒流，但却像机器猫的口袋似的，能“变出”婴儿所需的用品。在宝盒里还放了些图画书，是鼓励婴儿去摆弄这些书籍，直到有一天他们学会了阅读。“妈妈宝盒”既给了孩子们人生一个平等的开始，也减轻了家庭养儿育女的负担。这个纸盒已有 75 年历史，不论贫富贵贱，人生都从这个纸盒开始，体现了芬兰的平等精神和对儿童的重视。

镜头二：人性化的芬兰公共交通。芬兰公交车大部分都无台阶，可调节车门与地面的距离，便于老年人、残疾人、孕妇和推婴儿车的乘客上下车。公交车准点运营，每个公交车站牌下均标有运行时刻表，公交车实际到站时间与运行表上的时间误差很小。芬兰的公共交通运行效率高、服务质量好，已得到世界的公认。

镜头三：礼让行人的芬兰司机。目睹芬兰司机的“礼让”，令我想起多年前曾疯传的一个网帖：“一位芬兰洋大叔在斑马线上，用自己学来的中国太极拳动作，提醒司机减速慢行。”过去只是觉得这位“芬兰大叔”的善举很可爱，今日才明白了他为什么会这样做，因为在他看来，“中国现象”是极不可思议的，在芬兰，出租车和公交车一定是礼让行人的。

镜头四：倾听女儿哭诉的爸爸。芬兰人的家庭观念真的很强，在大街上随处可见爸爸带着孩子的身影。我见到的这个爸爸，虽然高大威猛，但在这个哭闹的女儿面前却好像是个“弱者”，只见他俯下身段耐心地倾听着女儿的哭诉，足有5分钟，却一直未见他对女儿的恐吓。

镜头五：静候美味鸡翅的男孩。在餐厅我见到一位小男孩端着一个空盘驻足在自助餐台前等新鲜出炉的烤鸡翅，足足有十分钟之多，却一直未见其闹也不见其家长来找，男孩安静的举止及家长的放心，足见芬兰人的耐心。

镜头六：温暖和谐的芬兰大家庭。每走进一所学校、培训处、博物馆或餐厅，就有回到了温暖的家的感觉。人人顺手把大衣挂在一排排的衣物架上，然后很轻松自由地去做自己该做的事情……尽管芬兰的冬天较长时间是“暗无天日”，阴雨绵绵，但芬兰人善良的举止、平和的语调、微微的笑意、信任的眼神、友好的沟通，配以整个城市暖色调的建筑装饰及神话般的宗教艺术，似乎更反衬凸显了一个温暖和谐的芬兰大家庭在我们眼前。

芬兰民族本着“尊重”与“善意”，从社会到公民、从家长到孩子，他们在享受着恩赐的同时也在用实际行动感恩回报社会、服务他人。这使我想起了老子《道德经》中的话——“上善若水，水善利万物而不争。”我想最好的教育也是如水般的教育。水不分高低贵贱，滋养万物、造福万物却与世无争；水流必向下，谦虚低调；水不倒流，或方或长，遵循自然规律；水包容万物，浩大无尽，水以天下之至柔驰骋天下之至坚。

上善若水，最好的教育应该如水一般滋润万物，不分彼此；谦虚低调，平等对话；遵循规律，耐心等待；海纳百川，有容乃大。

“我们都一样，大家都一样。”作为教师的我们，天天在用自己的言语和孩子们进行沟通，有时我们会因为一个不经意的动作，一句随意的话刺伤学生柔嫩的心灵。让我们像水滋润万物般，平等地看待每一个孩子，发现每一个孩子身上的闪光点。尤其是那些很一般或存在问题的孩子，他们被排除在外围，被视为“异类”或者“多余”，他们更需要我们温柔相待。我们以“善意”传递“善意”，孩子们才会成为一个善良的人。

“俯下身去跟孩子交谈。”当我们滔滔不绝的时候，我们忘记了孩子也需要话语权，他们很多时候是处在失声状态。没有谁天生就是一位演说家，如果孩子害羞或者不愿意说，我们可以尝试一些方法去“撬开”他们灵巧的嘴巴，而不是让他缄口不言，做沉默的大多数。应多给孩子一些说的平台，倾听孩子的内心世界。教育就该如水般，谦虚向下，俯下身去，和孩子们心连着心，情牵着情，孩子们才会在信任的氛围中成长。

“孩子，你慢慢来”，这是一种对生命个体的敬重与信任，相信每一个生命个体都蕴藏着无限的潜能，只是“爆点”因人而异。我们千万不能因为孩子慢了而干着急，也不能因为慢了而责怪，更不能因为慢了而放弃。当然，我们也不是“不作为，放任之”，我们应耐心地陪着那些慢点儿的孩子，用我们的教育智慧领着孩子们一路成长，走向“花开”的烂漫季节。陪着孩子们慢慢地走，领着他们一路欣赏和享受，孩子们才能做快乐的自己！

“海纳百川，有容乃大。”教育是不能用一把尺子来度量每一个孩子的，我们要用欣赏的眼光肯定每一个孩子的优点，用包容的心态容忍每一个孩子的不足，根据孩子的个性给其成长与发展以充分的选择权。

在芬兰，孩子们从小学就开始选择自己的课程，每个孩子都有个性化的课程表，不存在跟哪个孩子竞争高低，这种教育方式看似“无为而治”，却很管用。随着小学生们年级的不断升高，老师就能逐渐掌握每一个学生的兴趣所在，以及他感兴趣的方式，对问题的思考方法等。由此，老师能够在了解学生的基础上有的放矢，培养出更多适应社会需求的创新人才。尊重孩子们的选择权，因材施教，孩子们才能做最好的自己。

可见，“上善若水”不仅是对教育极好状态的向往，也是对教育的一种责任与担当，对教育的一种信念与坚守，更体现了教育的智慧与追求。

（此文发表于《师道·教研》第 260 期）

◎ 参考文献

[1] 萨尔伯格．芬兰道路：世界可以从芬兰教育改革中学到什么？[M]．林晓钦，译．南京：江苏凤凰科学技术出版社，2015.
[2] 黑柳彻子．窗边的小豆豆 [M]．赵玉皎，译．北京：南海出版公司，2012.
[3] 龙应台．孩子，你慢慢来 [M]．长沙：湖南文艺出版社，2005.

成就每一个人的芬兰教育

河源市教育教学研究院　游海燕

2015年11月26日至12月13日，我有幸作为广东省中小学新一轮“百千万人才培养工程”第二批教育家培养对象赴芬兰参加研修，有了一次近距离感知和了解芬兰教育的机会。十几天的芬兰教育考察之旅，感受到了芬兰全纳教育的风采，对我教育观、人才观、质量观产生了积极的影响。

出行芬兰前，我通过相关渠道对芬兰以及芬兰教育进行过了解。芬兰位于北欧，地处北纬60~70度之间，国土有四分之一的面积位于北极圈内，面积为33.8万平方公里，人口仅有550多万。芬兰学生在PISA测试中成绩名列前茅，尤其是在自然科学方面的能力高居榜首，阅读和数学方面的能力名列第一。全球经济论坛每年公布的全球竞争力报告中芬兰都被列为最有竞争力的国家，独特而成功的教育品质和成就无疑为芬兰的辉煌奠定了坚实的基础。对于书中描绘的芬兰教育生态与环境我是心驰神往的，常言道：纸上得来终觉浅，在实际情境中，芬兰教育方式是否真的能取得如此瞩目的教育成效，我对此是带有疑问的。带着一些疑惑，我参加了此次芬兰研修之行，试图亲身感受传说中芬兰教育的各个方面。

一、赴芬学习概况

此次培训整个过程组织周密，设计科学合理，培训形式灵活多样，互动性强，内容点面结合，突出重点。通过专题报告、座谈研讨、观摩学习、课堂参与、同课异构和参观考察等形式对芬兰学校教育有了一定的了解，尤其是听取了相关专家对芬兰教育的介绍及实地参观访问，我对芬兰幼儿教育、义务制阶段教育、高中教育、职业高中教育等现状和管理模式及变革历程等有了比较全面的认识；对芬兰人文社会环境和民情风俗也有了一定的体验和了解。

（一）聆听讲座互动研讨

聆听讲座、座谈研讨是非常重要的学习方式。学习期间，主办方先后安排了芬兰的教育行政官员、大学教授、访问学者、专家型校长、一线教师、著名学者、作家等，分别从芬兰国家文化历史背景、基础教育发展与改革历程、教育理念与实践、教育规划与政策支持、社会福利与保障、课程结构与改革、教师教育与培训、高中教育改革、学科教学与融合、教材使用与信息技术运用以及即将公布实施的最新课程改革背景、目标、理念与实践等内容，从宏观与微观层面向我们进行了较为详细的介绍，使我们对芬兰的教育体系和芬兰教育基本情况，包括学校系统、历史与发展、教育政策、教育理念、全纳教育等有了初步的了解。

为了让我们更具体、更直观地了解芬兰学校管理、教师研修、教师专业生活以及学生课业学习与生活状态等情况，主办方还安排我们与芬兰的校长、教师、高中学生、中国留学生进行座谈交流，同时，还创造机会让我们学员与芬兰的老师就“欧洲地理”进行学科融合式项目教学的同课异构活动，让我们在亲身参与设计、互相讨论研究该教学设计方案的基础上，聆听两位芬兰全科教师讲解他们如何引导学生制订一场虚拟的旅行计划，将该地理课变为一种项目式学习活动，同时融入生物、数学、经济、文化、历史等不同学科知识，让学生在快乐学习中既能掌握知识又能锻炼和提升综合能力。通过观摩反思与对比，我们既找到了差距也看到了自身的优势，对 2016 年芬兰课程改革的热点——学科融合教学与现象（项目式）教学方式，有了直接经验和基本的概念。

（二）学校参访课堂观摩

此次培训非常重要的一项学习活动是走访各种不同类别的学校。我们分别参访了坦佩雷与赫尔辛基两市不同地区的幼儿园、特殊教育、小学、初中、高中和大学共十余所，除了特殊教育与大学教育我们只是参观校园，没有对其课程设置、教学体系以及课堂教学进行比较深入的了解外，我们花了比较多的时间进入中小学校园参观教学设施，进入一线课堂听课，包括中小学阅读、地理、英语、写作、数学、科学、历史、美术、体育、音乐、手工、木工、家政、各种特色校本课程及职业教育课等，了解了芬兰中小学的课程设置、课时安排、知识程度、学校教学体制、课堂教学方式和学习方式等，我们大开眼界并深受触动。

学前教育类学校，我们走访了坦佩雷萨斯塔玛拉地区的英语特色幼儿园、坦佩雷大学教师培训学院附属莫迪兰学校的学前教育实验区，体验芬兰学前儿童教学中的个性化支持、学科融合及“做中学”的理念实施情况；义务教育阶段学校，我们参访了马迪兰小学、许尔凡学校（九年一贯制学校）、娜伊斯坦玛德佳（Naistenmatka）小学、维普兰中学（九年一贯制学校），参观学校教学设备设施配置情况，进入不同年级段的课堂观察语言、地理、历史、艺术、音乐、木工、家政等实际课堂，学习了解芬兰小学及初中课程体系、课堂教学组织形式、教学方法、学习方式，以及师生互动和学习效果评估等；普通高中类学校，我们走访了坦佩雷萨斯塔玛拉地区瓦玛兰高中、萨门高中、塔莫雷高斯格高中（艺术和英语特色高中）以及赫尔辛基维斯基渥兰高中（音乐、传媒和舞蹈特色高中），了解普通高中教育与职业教育的区别，了解芬兰高中教学理念、毕业会考、高中课程体系、教学模式以及不同特色普通高中学校课程结构、课程设置、学科评价的差异等情况；中职类学校，我们走访了瓦玛兰职业学校，了解了瓦玛兰职业学校专业设置、职业教育理念、办学目标以及各专业教学设施设备配置和课程考核等情况。

此外我们还参观了坦佩雷大学、坦佩雷理工大学和赫尔辛基大学的部分校区、教学楼、实验室、图书馆等区域，对大学的校园环境、建筑设计、内部空间布置、课程开设、项目科研以及中国留学生情况有直观的认知。如坦佩雷理工大学，在其貌不扬的建筑外表之下，目及所到之处无论是灯光、色彩、造型还是功能场区如餐厅、衣帽间、过道、会议室、教室、走廊、图书室都非常有设计感和美感，不仅功能齐备还是视觉盛宴，校园的每一个角落都流露着精致、典雅、舒适、安宁、和谐、温暖的气息，每一个功能场室既是功用与功能的合理配置，更是一份激发灵感与激情的艺术殿堂。该校校园规划和景观设计全球排名第二，果然名不虚传啊！在赫尔辛基大学我们参观了全自动化农业实验室，了解其悠久历史、运转机制、实验项目、科技含量、贡献与价值，可以从一个侧面了解赫尔辛基大学的教育和科研水平。在赫尔辛基大学，我们还听取了中国留学生、现任赫尔辛基大学中国留学生学者联合会主席鹿瑶同学讲述自己在国内与芬兰大学学习的体验，让我们从不一样的角度了解到中芬高等教育的差异，进而更好地认识我国中小学教育的不足及优点。

（三）人文走访观察体验

为了对芬兰教育有一个立体的全面考察，此行还安排了参观芬兰古建筑街道，各类博物馆、图书馆、教堂等，以更好地了解芬兰学校教育实施的社会支持系统和历史文化背景，了解芬兰教育的核心价值取向与社会人文环境的关系。

一是各类博物馆的考察。我们先后考察了姆明（moomin）博物馆、坦佩雷艺术博物馆、萨斯塔玛拉地区图书博物馆、坦佩雷博物馆。姆明博物馆形象直观地展示了芬兰儿童文化大师托芙·杨松终其一生，用努力和聪明智慧塑造芬兰儿童最喜欢的卡通人物姆明形象并编织美丽有趣故事的创作过程。通过参观，我们可以更好地理解儿童文学作品所承载的关爱、团结、坚强、包容、善良等积极向上的儿童教育内容；参观坦佩雷艺术博物馆让我们更好地了解芬兰的传统和现代艺术发展过程，对芬兰文化艺术的深层次了解，方便我们更好地认识和理解芬兰教育理念和特点；参观坦佩雷博物馆，可以深入了解芬兰坦佩雷市工业、文化、社会等全方位的改革历程，从侧面理解芬兰基础教育在不同历史时期改革发展所处的环境及所采取改革措施的合理性与必然性，该博物馆还是坦佩雷市中小学第二课堂活动中心，学生可以在博物馆通过自己的方式体验有关军事、历史、机械、生物、社会等各方面知识。

二是各类图书馆考察。我们参观了坦佩雷市图书馆、坦佩雷大学图书馆、坦佩雷理工大学图书馆、赫尔辛基大学图书馆、萨门高中旁边的社区图书馆及各级小学初中高中学校设立的大小图书馆（室）。芬兰各地图书馆设计风格都非常的简约、实用、现代且与人文相融合，藏书都比较丰富和多样，不仅阅读环境优美舒适，管理也很人性化，并向社会开放。通过走访我们深切地感受到图书馆在芬兰社会与教育中扮演的重要角色与作用，也理解了数十年来芬兰中小学生阅读素养在历届 PISA 评估及其他国际性评估中屡屡夺魁的原因。

三是各类古建筑和教堂参观。我们在欣赏坦佩雷市街道、教堂建筑设计的同时，也能从中了解芬兰的历史、文化和传统，了解芬兰民族的发展史和抗争史，感受芬兰人的文化性格，为更好地了解教育类问题提供丰富的感性经验与理性支撑。

二、初步感知与体会

十多天在芬兰的教育考察之旅，我深深体会到“有教无类”“因材施教”的教育理念和思想深深地根植在这个国家每一个公民尤其是政府官员和教育工作者的心中，通过考察学习，我感觉到芬兰教育成功的原因可能在以下几个方面：

（一）教育均衡，机会均等，有基于平等的核心理念支撑

芬兰教育面向全民，人人有免费接受从学前教育到终身教育的平等机会。芬兰法律规定，每一个生活在芬兰的人（包括外国人和难民）都有权接受免费义务教育，政府必须保证为每一个人提供平等接受教育的机会，以满足其能力和发展的需要。坦佩雷市区域教育主管局长Päivi Ikola女士在为我们作《坦佩雷市基础教育管理理念、机制与实践》的专题报告时讲到："教育既是国家的基石，又是国家的长远战略，我们整个国家在倾注全部力量，办惠及全民、公平均衡的人民教育。基于此理念，形成了相应的自上而下统管的教育机制，在芬兰，教育无处不均衡，无校不优秀，选择任何一地，均可作为芬兰基础教育有效实施、举世闻名的优秀代表。"我想这份对自己国家基础教育的自信与自豪，不是一句口头的空话套话，而是基于事实的陈述。

芬兰的国民享受着同等优质、均衡的教育机会，芬兰是全球最均衡、学生成绩落差最小的国家。芬兰教育模式与芬兰的国情相适应，芬兰文化历来有一种重视教育、重视读书的传统。芬兰人历来重视基础教育。早在1917年芬兰独立后，1921年就开始施行九年义务教育。20世纪60年代，芬兰政府讨论了如何保持全民族的知识和技能水平的战略，把普及教育置于国家政策的中心，于1976年开始采取小学基础教育和初中综合教育连贯的九年制义务教育体制，共有4300所基础学校分布在全国各地。学龄儿童一般都是就近入学，学生在16岁之前都在同一所学校接受教育，16岁之后再根据其学习兴趣，决定接受学术教育或是职业教育。多年来芬兰各级政府与学校认真行使管理和教学职能，不断提高办学质量和办学效益，真正做到了使所有居住于不同地区、智力不等的同龄人，都有机会免费接受同样的教育。没有因贫困、交通困难、智力差或身体有残疾而上不了学或辍学的学生。同时，最大限度满足有才华学生的求知欲和个人发展。

在芬兰，国家、地方、学校、教师、社会相互间建立的信任机制、

协同合作机制都指向教育必须惠及每一个学生，必须让每一个孩子都有成功的学习体验。在这一点上我们从参访曼塔市维普兰小学、初中时的所见所闻，均得到了很好的验证。曼塔市地处偏远，但还是享受着国家均衡的免费教育福利，一样齐备的教育设施、共享的网络平台与资源、一样优秀的师资队伍、一样严格并创造性执行的课程、一样免费的午餐。为了切实做到人人有接受免费教育的平等机会，他们不评优质学校、不评优秀教师、不设重点班，不把学校、教师、学生分成三六九等，不把学生分成优生、差生，允许成绩好、学习能力强的学生跳班，不给学校排名次，不办“重点校”，教师无权挑选学生，每个老师有责任和义务教育好不同类型的学生。

因而，我们看到的芬兰教育是：国家、地方政府以及社会机构、家庭、学校、教师都积极参与建构国家、地方与校本课程，并全力以赴为让学生更好地学习与成长提供全方位的服务与诸多保障，做到统筹规划、上下一致、万众齐心、层层落实。从学前教育、义务制教育，到高中及职业高中，再到研究型大学和应用科技大学，都是一个整体规划，各级各类学校按照不同的法律体系运行，既有分工，也有合作，形成了一套成熟和稳定的系统和机制，每一所学校在贯彻落实国家课程的基础上，可以秉承自己的意志运行，进而形成自己的文化传统和办学特色。

十多天下来，芬兰人对本国教育的高度认同、对教育“一个不能放弃”的价值取向以及一以贯之的落实态度给我留下了深刻的印象。在这个国度里无论是政府官员、大学教授、校长还是教师和家长，他们对国家办教育要培养怎样的人有着深刻的领悟与认识，在教育理念与教育思想上有高度的统一和共识，他们深信教育可以让每个人找到适合自己的成长方式和最优的存在状态，能实现民族文化与人民大众的持续与优质发展，教育的责任是提高全民族的知识和技能素质，使每个人都能顺利进入知识信息社会。因而，教育是作为国民的一项基本福利存在，生活在其中的人们对教育有着一种平实本真的追求，每一个人在享受教育而不是在消费教育，教育是公益而不是功利，更不是名利的追逐场。

芬兰教育追求质量、公平和效率三个维度的绩效，是公平基础上的质量、质量基础上的效率。这是芬兰全民族基础教育整体素质高的直接原因。

（二）政府主导，高度自主，有基于信任的教育文化传统

地方政府和教师拥有高度的办学自主权。芬兰国家会制定颁布全国核心课程大纲，规定公共科目和课时分配，至于教什么、何时教、怎么教、采用什么教科书，完全由地方政府、学校董事会和教师自行决定。芬兰课程表的构成基于三项基础：第一，国家决定的课程，也就是国家指导原则大纲课程；第二，地方政府对于课表有着强大影响，它可以自由决定最适合当地情况的教学方式，为这种教学方式提供培训；第三，学校也可以自行决定课程表，比如把学校的一些价值观融入其中。芬兰的教材是由国家先出教学大纲，由出版社进行编写，同一学科有多种版本的教材，学校教师自由选择教材。

如果说平等是芬兰教育的内涵，那么信任就是芬兰教育的核心。在这里，我感受到学校及每一个芬兰教师具有的这种教育思想。社会需要各种不同人才，尊重每一个独立的个体，在孩子学习的过程中，尽可能地不比较，不评分，所有的评估与考试都是为了让学生知道从哪里去改进，考试的目的，不是要给孩子带来挫折和惩罚，而是要让孩子和老师共同了解对于学科的认识到了哪里，最终求得大家共同进步。在芬兰，所有的学习动力来自个人的成就感，包括老师，这种成就感不是简单的赏识，在这个过程中，信任老师、信任学生是芬兰教育的共识，不仅如此，还得到制度层面的保障和文化层面的推崇。如芬兰宪法规定，芬兰的老师可以自由选择上课的方式、内容，有充分的教学自由度和课程自主权，自行决定教材与教学内容和进度。他们认为“赋予自由，就是责任的开始”。

芬兰允许学生按照自己认为合适的进度学习，也允许学生根据自己需要到其他学校选修课程。这种自主灵活的教学安排和自主的课程选

择，提高了学生的自信心，也为学生将来在高中和大学自主制订学习计划做好了心理上和经验上的准备。芬兰教育不靠标准化测验建立竞争淘汰机制来教育学生。芬兰重视师资的培育，充分将“教学”工作专业化，并授权教师主导课程和领导学校，同时增进学生、教师、学校以及家长间的互信关系。芬兰法律规定，学生在六年级之前，都不能以等级或分数来评断他们。进而推之，芬兰对学校和老师也没有教育质量考核，芬兰政府、社会对教师和学校的工作报以完全的信任，相信教师可以提供高质量的教育。

社会及家长也充分信任学校。芬兰教育是让学生立于平等的起跑点，不因家庭所拥有的资源不等而影响学生的学习方向，不过早限制学生的学习范围，限制学生的发展潜力。在学习定向之前，让所有学生接受平等的教育，并有机会接受不同的技能教育，这样的教育制度确保了在确定学习方向之前，所有学生都有权接受相同的基础教育，等方向确定后再从中发掘专长。芬兰教育的宗旨是在不给学生为考好成绩、升年级和获证书的压力下满足孩子们天生的求知欲，循序渐进地教授他们知识和技能，促进学生的自主发展。各类学校不设尖子班，不把学生分成优生、差生，但成绩好的学生允许跳班。有些学生在某些方面能力超强，芬兰的做法是让他们一路“玩”下去，志不在竞争，而是为他们提供继续向前发展的机会。对于那些志不在此或学习效果不佳的学生，学校则有专门的补习教室，由补习教师专门辅导，目的是使这些学生学业达到基本的教学标准，而不是相互比较孰优孰劣，使其感受到竞争压力。同时学校还提倡每个人可依据自己的志趣选出“我最擅长”和“我最不擅长”的科目，人人都可以有自己的发展方向，没有强势引导，没有家长、社会的挤压，学生们始终乐学在其中，以圆自己的梦想。教育系统坚持不给学校排名次，不办“重点学校”。因此，芬兰的教育是一种在平等基础上的以人为本的教育，芬兰教育最大限度地满足了有才华学生的求知欲和个人发展。

（三）课程多样，关注差异，有高素质的教师队伍作为保障

芬兰教育领先全球，原因是它的核心始终没有离开教育的本质，就是服务于学生，培养世界公民，着眼点是学生的主动发展。芬兰学校始终秉持着“以孩子为本、保护学生天性、尊重学生个性”的人性化教学理念；课程改革终极目标是现在的课程设计与课堂模式，是否能支撑起 20 年或 30 年后未来行业变革后所需的技能。从一年级至九年级，芬兰的学校总共设有 222 门课程，社会管理、体能发展以及音乐、艺术方面的课程得到了增加。而在一年级至六年级的课程中新加入了生物、地理、物理、化学和健康课程。同时，课程表上多增加了语言课程。课程开设不单是具体内容的增加，更重要的是课内外如何整合发展学生能力，营造文化与学习氛围，在真实的生活中呈现完整的知识体系，创造多样的学习方式，多种形式呈现学生学习成果。如“欧洲地理”课堂呈现多学科的融合式课内外教学，目的是让学生能深入学习，发现自身兴趣点，发展各种能力，包括生存能力。芬兰课程改革实践背后折射的课程理念，是有效地整合了德国赫尔巴特的以学科为中心的课论与美国杜威的以学生为中心的课程理论，强调以学习者体验为中心；课程设计不要想得太深不可测，生活即课程，可灵活多变创设学习环境，根据需要来改变环境，并将其本土特色化。

芬兰的学校考察中，我们得知高中生涯规划课程是必修的，且有专门的教师指导团队，每周开设课程指导学生进行发展指导；高中生需要考虑职业取向，自己选择相关的课程学习，从中培养未来专业、职业发展所需的能力，这样在选择大学专业时方向就非常明晰了。方向与努力同等重要相信是芬兰职业生涯规划教育的理念。教育应该尊重学生差异和成就每一个学生，芬兰允许有十年级的学生，即让九年级学有困难的学生或没有找到方向的学生，用一年时间思考，在职业生涯规划指导教师帮助下，决定是选择读普通高中还是职业高中；同样允许学生高中毕业不急于上大学，而是外出工作一段时间，发现自己的专业兴趣与能力

特质，然后选择大学专业，真正做到自己人生，自己规划。

芬兰的让教育慢下来，回归以人为本的教育原点，进而成就每一个人，这一使命的达成要归结于其拥有一支均衡的高素质教师队伍。芬兰有全球最严格的师资标准，他们的老师素质全球第一，他们和医生、律师一样享有高工资和高地位。芬兰几乎拥有全世界最严苛的教师选拔制度，这仅从教师学历上就可见一斑。在芬兰，只要你想当小学及以上阶段的教师，首要条件就是拥有硕士学历。芬兰没有独立的师范大学，综合性大学下设教育学院，学生高中毕业申请师范专业时，除了要提供在校成绩，还必须通过层层面试，确认有教学热情与创新思维，才能“挤进”师范专业的大门。而师范专业院校在全国的录取率仅为10%，是所有专业里面录取比例最低的。每个教育学院配备实习教师附属学校，实习教师附属学校不光提供正常的教学，还需要指导从事教师职业的大学生进行实习，师范学生每一年必须有一定的时间进入实习学校进行学习，一边学习理论知识，一边学习实践能力，这样培养出来的教师，知识面宽，知识结构合理，教育创新能力强，实践能力强。芬兰师范专业的教学和实训体系，将使这些未来的教师接受完整的教学能力训练。经过芬兰师范教育体系打磨的教师，几乎个个拥有研究、教学与思考的多轨能力，实现芬兰人所说的“老师一样好”。正是因为有这样严格的选拔和高质量的培养，教师在芬兰成为真正的精英职业。在芬兰，年轻人最向往的职业是教师，社会上最受尊重的职业是教师，使得教育行业能够与其他行业争夺最能干的毕业生，教师也表现出了相当高的职业忠诚度。

芬兰还特别注重对教师的在职培训。法律规定，教师每年有3天的免费培训权利和义务。教师的学习模式正从传统的行为主义模式改变成动态的建构主义模式。为不断提高教师专业素质和更新知识，各大学教育机构鼓励教师开展积极的自主学习探究，并为教师提供终身培训，这在很大程度上保证了教师的终身学习和教育教学研究水平的保持与提升。

(四) 回归生活，注重实践，有完善的社会网络服务体系

芬兰前总理阿赫曾说过：“给孩子最好的教育，就是给他最好的人生。”“Leaning by doing for living”是芬兰实施教育教学的重要指导思想，从幼儿园到大学的各级教育，芬兰一直秉持做中学、学为生活所用的教育思想，致力于培养学生良好的生活和选择的习惯。通过学习使各种知识相互融合和相互应用，尤其是生活自理能力教育贯穿于学校的各方面。比如参观幼儿园时我们发现幼儿园老师正在训练学生穿衣，老师要求孩子们衣服换好以后，要摆放整齐，要在原位摆放，换衣时，不可以讲话，不可以做另外事情。从幼儿园开始就要进行自主选择训练，比如有一个游戏只有四名学生可以参加，达到四个就要选择另外的游戏，从小让学生培养选择的意识。小学、初中阶段也让学生选择自己喜欢的选修课程，比如说木工制作、家政、纺织与服装、烹饪等。我们一般认为文化学科会促进学生学科素养提升，但是在芬兰中学都有家政、木工、机器切割、喷漆、电路设计、缝纫等选修课程的学习，而且这些选修课程的硬件配置、上课的要求、成果展示与文化课一样受到重视。比如我们参观一所初中的木工教室，里面的木工车床、切割机器、喷涂设备都极其先进，每个社团的学生为 12 人左右，由社团教师指导，学生的木工作品精美，不亚于商店里面出售的木工工艺品。其实这些实践活动更能促进学生学科素养的提升，促进学生思维能力的提升。

芬兰学生的体育锻炼时间比较粗放，按年级在操场轮换，没有我们学校的统一出发至操场要求，也不用排队做广播体操，更不用进行体质项目训练，就是让学生在操场自由玩耍，没有什么安排，学生们都在几个区域自由自在地玩，学校的操场都是由小石子铺就，比较原始，操场的一些体育设施在我们看来还有一定的安全隐患，但是学校不担心会发生安全事故，放手让学生在那边玩，只派一名教师穿上安全服进行巡视。这与国内教育大有不同，我们是以安全为第一原则，很多教育活动都不敢放手让学生去尝试，怕出安全事故，这样反倒让学生预防安全事

故的能力降低了。

同时，芬兰对学生免费开放的各类大学图书馆、植物馆、科技馆、博物馆、社区体育馆等功能都十分完善，为学生的学习和社会实践提供了足够的空间和机会。芬兰加强了校对校、区对区、学校与学校和社会的联手合作与资源共享，学生的学习与发展需求得到了最大的满足和帮助。如芬兰中央和城乡政府联合投资建立全国图书馆网络，在全国建立有989个公共图书馆，平均5252人就拥有一个，人均占有图书馆的比例居世界首位，具有丰富的世界一流图书馆资源，为所有人免费提供全国各图书馆的借阅服务。各图书馆还可以根据读者的需要，利用全国的图书管理网络从不同的地区图书馆借调图书。当地图书馆主动为义务教育学校服务，每周还有免费流动图书馆到农村学校服务。如此完善周到的免费图书馆网络服务，既保持了芬兰人爱读书的传统，又能充分满足他们的求知欲望。根据芬兰教育部统计，芬兰人平均每人每年从图书馆借阅20多种图书和音像制品。

三、学习借鉴与思考

通过18天芬兰教育改革专题培训，培训期间我会时不时地对芬兰教育和中国教育进行对比，芬兰的教育有其优势的地方，中国的基础教育也有其亮点的地方，比如近几年中国PISA测试排名第一，英国和美国的教育界都来中国取经。教育模式是由每个国家的国情、历史、目的所影响的，芬兰教育模式在芬兰行得通，有些方面在中国未必行得通。虽然“术”的层面不一定能参照使用，但教育“道”层面的理都是相同的，我想国内教育可以在以下几个方面进行努力。

（一）均衡配置教育资源，实现有教无类

《国家中长期教育改革和发展规划纲要（2010—2020年）》将“教育资源均衡配置”作为推动教育改革和发展的一项重要内容，主要

目的是促使城乡之间、公立学校和私立学校之间、东部地区和西部地区之间、优质学校和薄弱学校之间都享有均等的资源，实现均衡发展。芬兰的做法值得借鉴，芬兰这样一个欧洲小国经济技术发展迅猛，成为西方发达国家后起之秀，一个重要的原因就是将教育置于优先发展的地位并加大教育经费的投入和推动教育改革创新。在芬兰，孩子接受教育不受区域经济状况、家庭富裕与否的影响，全国上下都享受一样的高质量教育与福利。教师工资待遇全国统一，因而他们在什么地方工作都会很安心，将所有的精力都用于教育教学，研究如何促进学生的学习上，不会疲于工作调动和在差异性工资收入的比较中产生挫败和失落感。在芬兰也看不到我们国家特有的择校现象。为此，我们的政府要以教育经费保障机制为基础，继续加大投入，以课程改革为契机，促进城乡教育、区域教育、校际教育之间的均衡发展，使所有受教育者都有机会接受同等高质量的教育。

（二）弱化比较鼓励自主，促使人人成才

芬兰没有采用全球教育改革（GEMN）下的竞争措施，即没有围绕核心科目、标准化、控制和基于测试的问责来进行教育改革，相反是依赖信任、协作、百科全书式的课程、个性化、学校自治和地方分权推进教育改革，相信教师的为人及能力，允许教师在一个不恐惧外部测试或监管的环境中开展他们的教学工作，使得教师不是为测试而教，而为学生的学习而教。芬兰经验证明，通过评估能够有效促进学习的结论是站不住脚的。到目前为止，改进教育通常被认为通过科学的管理方法就可以实现，但是我们不能忘记了教育的特殊性，我们改进措施的对象是人类，是不仅拥有认知，还拥有情感、信念、价值观和个人意志的人类。为此，我们不应该把大量的资源用在教育的评估上，而应应用在教师教育、早期干预和其他学生支持体系上，用在增加正式和非正式学习计划上，为学生创造有助于学习的环境。

教育部门和学校要认真行使教学职能，提高办学效益和办学质量，

不设尖子班，不把学生分成优生、差生，成绩好的学生允许跳班，不给学校排名次，不办“重点学校”，使人人有接受教育的平等机会，开全开足课程，开发地方和选修课程，激发学生兴趣，最大限度满足学生的求知欲和发展。芬兰所取得的举世瞩目的教育成绩，不是靠我们国内教育的勤学苦练、加时加量、不断重复狭隘内容等这样的方式，也没有不断考试并按成绩排名而催人奋力竞争，而是采取体验、兴趣和互动的教学方式，让学生自觉自愿地学习，使知识与能力得到充足的发展，使学生的视野和智慧得到提升。学校教育要着眼于学生的全面发展，包括知识、技能、价值观、创造性及个性的发展，学校应该关心学生个人发展与成长，而不只是关心测试和成绩。教育行政部门也要减少各类名目繁多的评估和对“应试”教育的干预，抓紧落实和出台科学规范的义务教育阶段教育评价体系，在注重质量的同时更关注教育过程的有效和公平性。

此外针对我国现行招生考试制度的问题，也可以借鉴芬兰的一些经验做法，发挥好高考指挥棒对实施素质教育的导向作用。高校要探索并建立有助于反映学生综合素质和个性特长的多元考试评价系统，可将高考成绩作为评价录取的依据之一，同时兼顾考生高中阶段学习情况、校长推荐信、教师评语、个性特长等综合因素进行录取。这样可以避免传统高考一次考试定终身的缺陷，同时也更好地避免了应试教育在各领域的蔓延。

（三）以人为本强化师资，落实因材施教

看上去很美做起来很难的“因材施教”在芬兰却很容易践行。尽管芬兰也有全国性的核心大纲和全国统一的毕业考试，但是学校拥有相当的自由度和自主权，学校和老师可以决定教学进度和教学方法，教师的创造力和教育智慧在教学中得到了充分的施展。芬兰教学不赶进度，不赶任务，不急躁不求快，强调一切以孩子个人的发展为中心。在芬兰，并不强调让学生学习和记忆书本知识，学生在一个公平和谐的环境

中学会学习和学会生活，这种“做而不求、无为而为”的教育境界与效果的达成得益于芬兰拥有一支高素质的教师队伍。

实践证明，教师质量决定着教育改革的成效。芬兰在学生入学条件、培养目标和课程设置上都提出严格的标准，同时对中小学教师的学历提出高质量的要求。而对于我国而言，这种转变的压力较大。尽管目前我国已经做出了不少的改革，但仍然普遍存在着教师专业基础薄弱、专业口径过窄和实践能力不强等问题，在教师继续教育方面则片面追求高学历、重视学科专业而忽视教学实践能力，教师教育很难取得好的成效。为此我们也可以借鉴芬兰的经验，对教师的职前教育，首先是逐步实行严格的招生制度，严把师范生入口关，选拔优秀的人才进入教师队伍进行培养；其次是提升对中小学教师的学历层次要求，芬兰法律规定中小学教师必须有硕士学位，而我国对中小学教师的学历没有明确的要求，因而我们可以根据实际情况对中小学教师的学历提出进一步的要求；最后还要加大对教师专业课程和实际教学能力的培养，芬兰教师的教育非常注重师范生从教技能的培养，其实践环节占教育课程学分的25~35 学分，尽力为师范生提供更多走进课堂的机会，毕业后这些毕业生可以很快地进入教师角色，在这一点上我们国内的做法是只在高年级阶段安排 4~6 周的教育实习，主要进行教学工作和班主任工作的实习，教学工作主要围绕课堂教学、备课、作业批改和辅导答疑等工作，这样的实践很难让师范生将教育教学课程的专业知识运用到实际的教学环境中，毕业后也不容易快速进入并胜任教学工作，借鉴芬兰的做法我们可以在这一方面进行改善，着重培养师范生的实际教学能力。

基于这样的一个教师职前教育现状，教师的在职教育就成了解决高素质教师队伍的重中之重。目前，我国也加大了教师在职教育的投入，大面积推动“强师”工程，各大学、地方教育行政部门也纷纷成立了教师教育与培训中心，为教师的专业发展提供支持和服务。芬兰的在职教师教育主要由各大学教师教育学院承担，我通过为我们授课的赫尔辛基大学教师培训学院 Putkonen 教授了解到，芬兰鼓励教师开展自主学习和研究，并为每一个教师提供终身培训。在芬兰，教师继续教育通常采用项目式学习方法，其目标是将老师培养成为一个教育研究者。每年项目培训的时间大部分集中在8~10月份，3个月时间里进行大概5个轮回的学习与实践反思。具体做法是：①通过问卷了解收集教师实施课程和教学中的问题与需求；②根据需求组织2天集中的相关理论学习；③受训教师根据所学在教学中进行2个星期的实施验证；④两个星期后再进行集中学习2天，主要是总结前一轮学习和实验的结果，提出新问题再进行学习和研讨；⑤接受培训的教师带着新的问题或想法再次进入自己的课堂进行实践验证……如此循环往复，一个项目的学习大概需要持续3个月时间，当然在没有解决的情况下也可以在下一年进行延续学习。

Putkonen教授说对坦佩雷地区教师进行这样的项目式学习已经有20多年的时间了，取得了很好的效果，老师们很喜欢这样的培训方式且很好地解决了以往培训时很兴奋，回到自己教室什么都没有学习到的困境，并且这样的培训是完全免费的。我想芬兰的这种教师在职教育方式很值得我们借鉴。我们在进行职后教师教育与培训时，应该注重教师培训方式的有效性和多样性，一方面致力于探索和建立中小学教师在职教育课程体系，大面积提高在职教师的专业素养、教学能力与研究能力，与此同时，根据教师的实际困难和需求提供跟进式专业的指导和帮助，有效帮助教师实现专业发展。

（四）整合资源注重实践，推动终身学习

在芬兰，我们深深地感受到教育不仅仅是政府、学校与教师的事，而是一个全民参与的事。除了上述的芬兰对学生免费开放的各类大学图书馆、植物馆、科技馆、博物馆、社区体育馆等为学生的学习和社会实践提供足够的空间和机会，注重校与校、区与区、学校与学校和社会的联手合作以实现有效的资源共享外，芬兰的“第三部门”即非营利和非政府机构以及协会等组织，包括公共卫生、教育、住房、体育与娱乐、文化及财政等在创建优质教育体系中发挥着非常重要的作用，尤其

是在20世纪90年代，芬兰教育制度经历了重大转型，青年团体和其他组织在教育政策实施过程中发挥了积极作用，更能满足全民的需求。例如一些青年组织和体育协会关注自身的教育性，因而与学校正规教育目标相一致，这为动员家长和其他成人参与全面培养和教育开辟了一条新途径。

芬兰的这种全民高度参与教育、注重多方资源整合为教育所用的做法很值得我们学习和借鉴。我们一方面要加大投入为学生的社会实践和学习发展提供足够的实践基地，如各类免费的图书馆、植物馆、科技馆、博物馆、体育馆等，可以整合已有的学校公共资源，如各学校的运动场所、图书阅览室等向社会公众开放，这样既可以加大各学校体育场、图书室的使用率而避免资源浪费或空置，又可以集中力量不断完善各校级图书室的建设，在为公众提供阅读与运动场所的同时，也有利于营造一种全民阅读和运动的良好氛围；另一方面要整合各社会组织、协会和社区资源，为学生的第二课堂和社会实践活动提供必要的支撑和帮助。

芬兰被公认为全球基础教育发展最为均衡、不同学生间成绩差异最小的国家，芬兰学生在PISA测试中表现出来的厌学情绪相对于其他国家而言是最低的，他们大多喜爱学习、乐于学习。芬兰学生的阅读、学习兴趣和学习主动性在国际测评中均居发达国家榜首，热爱阅读、终身学习已成为芬兰国民的一种习惯和传统。而在我们的文化中，孩子出人头地常常被看成父母的最大愿望，我们的目的性太强，只要能达到目标，常常是不惜一切代价。在我们平常的教学中，国内不少学校是强调反复练习，考试，最终目的是压倒周边竞争者，这样做抹杀了学生对任何一门课的兴趣与持续学习的动力。而芬兰则是重视人性，希望能启动孩子们学习上的兴趣，以及对整个学科的了解，学习过程强调体验式教学，在做中学，学中用。中国实施课改十多年以来，我们的教育理念也在逐步发生变化，我们也开始探索实践体验式教学、探究式教学、项目式学习、合作式学习，我们也看到我们的课堂生态正在发生令人惊喜的变化，大量研究实践成果表明，我们孩子的先天条件并不比欧美的孩子差，甚至在某些方面我们有自己的优势，因此，我们的教育也是可以做出尝试与改变的，努力让学生对学习产生兴趣，让终身学习成为一种能力和习惯，这对于提高国民素质自然大有益处。

第二章　芬兰教育理念探秘

本章主要关注芬兰基础教育的理念。芬兰教育的成功得益于芬兰教育理念的先进。事实上，教育的改变首先是理念的改变，而理念的改变又是最为困难的。当观念转变过来，剩下的便是行动，整个现状的改变就是时间问题了。然而，如果理念不变，等待理念转变的过程可能就会无限延长。在第一章中几位作者已经提及芬兰教育之所以世界第一，一个很重要的原因就是芬兰有先进的教育理念，但是他们对这一点并没有展开详细论述，因而本章的三位作者将专门细致地研究和讨论芬兰先进的教育理念。这种深入细致的讨论能够给读者带来关于芬兰教育理念更为全面、准确和详实的认识。更为重要的是，对我国教师的教育理念以及家长的家庭教育理念也有启发意义。

《全民教育　全人教育　全程教育——芬兰教育理念的解读与思考》从整体关注了芬兰全民的共同教育理念，这种教育理念奠定了芬兰教育的基本大环境，给芬兰教育的发展提供了良好的发展势头。《大道至简：芬兰的教育理念》则从学校教育的角度关注了芬兰的教育理念，通过观察者的角度发现芬兰的教育回归了教育本真，回归了教育的朴素规律。《芬兰全纳教育理念的实践及启示》则从具体的操作层面关注了芬兰的全纳教育，特别是在数学课堂上芬兰教师是如何践行全纳教育的，通过案例的形式对其进行了系统的论述。

三篇文章的作者分别从教育的整体大环境，到芬兰教育内部环境，再到芬兰教育的具体实践层面关注了芬兰教育的理念。通过这三篇文章，读者虽然未到过芬兰，但是也能立体地感受到芬兰教育。

全民教育　全人教育　全程教育

——芬兰教育理念的解读与思考

东莞市东莞师范学校附属小学　阮美好

在经济合作与发展组织（OECD）每三年举办一次针对15岁国际学生的能力评估测验（PISA）中，芬兰连续几年位居榜首，教育已经成为芬兰成功的代名词。芬兰教育成功的奥秘是什么？这是世界各国都极力探究的问题。2015年11月下旬至12月中上旬，笔者作为广东省中小学新一轮“百千万人才培养工程”第二批教育家培养对象，有机会参加芬兰培训项目，这是继2012年9月后再一次踏上芬兰国土，再度触摸芬兰教育，以期更深入地探寻这个奥秘，汲取芬兰教育的成功经验。

尽管芬兰的学校大多已进入期末测试阶段，他们还是热情地对远道而来的我们敞开了大门。在18天的芬兰教育研修中，我们考察了大学，访问了中小学，参观了博物馆和各级图书馆，聆听了芬兰教育主题讲座和各中小学的学校课程改革讲座，进入课堂听课，与教师、中国留学生座谈，多层面多角度地了解芬兰概况、教育发展与课程改革历程、各学段学校的教育功能和特点。笔者认为，芬兰教育先进源于芬兰教育理念的先进，可以毫不夸张地说芬兰教育的成功基本上是芬兰教育理念的功劳。通过这次研修，我细致观察和认真研究了芬兰的教育理念，将其概括为三个方面。

一、全民教育的理念

芬兰和美国的教育都体现了优质教育和先进教育的特色，但与美国置于国家竞争力的教育不同，芬兰的教育更具公平性。坚持平等、一个都不能少的理念一直贯穿于芬兰政府教育改革脉络当中，这是促使芬兰的教育改革与政策不断走向成功的原因之所在。教育公平，是芬兰优质教育的基石，其教育理念的精髓就是“不让一人落后”（No Child Left Behind）。基于此，芬兰的教育理念具有全民性的特征。

（一）举国重视教育

芬兰有一百多年重视全民教育的历史。在1917年实现国家独立后不久，芬兰政府在1921年就开始施行九年义务教育，并在20世纪60年代确立把普及教育至于国家政策中心的战略，1976年开始采取小学基础教育和初中综合教育连贯的九年制义务教育体制，在1998年颁布《基础教育法》，不遗余力地在全国推行7~16岁义务教育。芬兰教育由教育部整体负责，教育委员会制定教学大纲，地方政府组织实施，教育经费由中央和地方政府分别负担57%和43%。2004年的教育投入占国民生产总值的6.1%，此后逐年提升。芬兰普及教育的宗旨不在于让学生提高竞争意识和考取好成绩，不给学生任何升学和获取证书的压力，而在于满足孩子的求知欲，循序渐进地学会知识和技能，促进自身的发展。

我们的教育访问活动主要集中在坦佩雷市，所参访的学校，除了学前教育有少量收费外，其余各个学段，包括大学，学费都是全部由政府承担，据说在芬兰大学留学的外国学生也获如此待遇。中小学提供免费午餐，小学以就近入学为原则，地方政府还为五公里以外的学生提供免费交通或交通补贴。所不同的是，义务教育阶段的学校（1~9年级）

是真正意义上的全免费，不仅学费全免，还为学生提供所有的学习用具。学校规模不大，全部实行小班化教学，教育资源充足均衡。12 月 3 日我们在 Naistematka 小学一年级一个班听了芬兰语和数学两节课，该班教室里共 20 张课桌，分五组摆放，只 16 名学生在上课，同行翻译告诉我，还有 4 名学生应该是到特殊教室上课去了，因为芬兰学校都设有特殊教室，专门辅导学习困难的孩子。教室如同生活小空间，教学设备和生活设施一应俱全，教室大部分墙面张贴着学生作品，地柜上整齐地摆放着各式文具，学生可随用随取。芬兰小学采用包班制，一位教师任教多门学科，我们听课班级的芬兰语和数学都是同一位老师教，芬兰语课堂上，还有辅助教师配合教师教学，巡视各个小组，学生有不会的，就马上蹲下来指导；做得又快且好的，教师就引导他做更难的，一切都在悄然中进行。尽管是一两节课，我们却看到不同程度的学生都在进步。

（二）全民教育体系

参访的中小学校长都会为我们介绍学校的办学情况，介绍内容除了本校办学规模与特色外，芬兰校长还都会用到一个框架图，这个图是芬兰国家“二元制”教育体系（图 1）。架构图自下而上分三个层面，第一层面是九年义务基础教育，儿童 6 岁接受学前教育，7 岁进入 9 年一贯制综合教育；第二层面是高中教育，初中毕业后学生自主选择分流，或进入普通高中，或进入职业高中，普高和职高也可以实行双向选择，普高的学生可以根据自己的需要选修职高的技术课程，职高的学生也可以选修普高的课程，或者两者都选择；第三层面是大学教育，学生三年高中课程结束后，选择进入学术类综合大学或职业技术类应用科技大学，进入大学后学生也可以像高中一样，在两种大学之间选修课程或转换调整。初中毕业生进入普高和职高的数据一直在变化之中，2003 年以前，53%的学生进入普高，33%的学生进入职高，4%继续第 10 年级学习（补习为主的学习以便次年能升高中），还有 10%的学生不愿意直接升高中，选择休学。2011年的数据显示（图2），进入普高的学生占55%，进入职高的学生占40%。80%的高中生进入大学，部分高中毕业生会暂时就业以获取工作经验。中国在芬兰的留学生普遍反映，芬兰学生有不少是工作了好几年之后才进入大学的，他们阅历丰富，知识全面，动手能力很强，中国留学生无法与之相比。

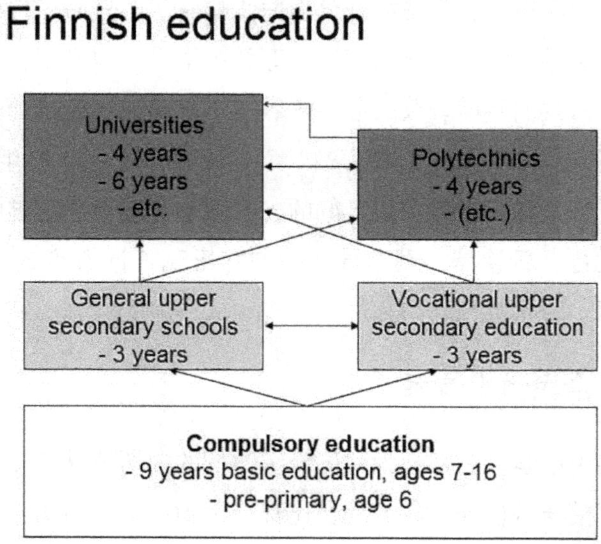

图1　芬兰“二元制”教育体系

从芬兰教育体系可以看出，芬兰教育涉及社会各个年龄段，因为芬兰人认为：“学习无处不在，孩子从出生第一天起学习就开始了。”从芬兰学校校长自觉使用全国教育体系图可以看出，芬兰教育和课程改革早已深入人心，获得学校和教师的广泛认同。当我们问及“芬兰的课程改革遇到了哪些困难”时，得到如此回答：“没有遇到困难，我们对每十年一次的课程改革都充满了期待和热情，甚至感到很兴奋，因为课程改革让我们拥有了不断反思和改进的机会！”

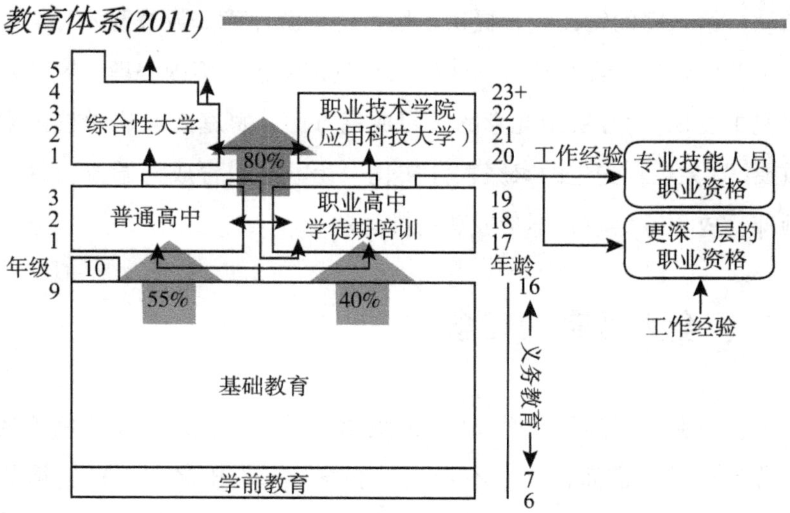

图 2　2011 年芬兰毕业生分流图

（三）全民参与教育

根据 Muotialan 小学莱娜校长的介绍，我们了解到芬兰教育的参与者不仅仅是学生，他们更加强调学习者、家长和社区共同参与。芬兰的家庭教育虽然没有形成完整的体系，但是教育内容很丰富，涉及孩子成长的方方面面，如自然教育、运动教育、礼貌教育、挫折教育、生活技能教育、社会公益教育等等，尤其以阅读教育最为突出。家庭阅读教育至少在四个方面对儿童阅读产生影响：一是家庭所拥有阅读材料的数量；二是父母与孩子一起阅读的次数；三是父母进行阅读指导和鼓励的次数；四是父母作为榜样参与阅读的程度。芬兰女性地位突出，自 1987 年起，女性获得大学学位的比例已超过男性，这使得女性在学术界的表现更为突出。芬兰家庭本来就有阅读的传统，再加上高学历、多学识的母亲，更有耐心和能力指导、鼓励和陪伴孩子阅读，有利于孩子阅读兴趣和良好习惯的形成。芬兰作为世界上拥有图书馆最多的国家，各级图书馆包括学校图书馆都对外开放，且定期开展丰富多彩的阅读分享活动，给家庭的阅读教育提供了极大的资源保障。调查显示，41%以上的芬兰中学生，最常从事的休闲活动就是阅读。美国心理学家科尔曼在研究中发现："在决定儿童的学习成就方面，家庭因素比学校因素更为重要。"无疑，先进的家庭教育文化，让家庭教育成为学校教育的必然延伸，成为芬兰教育不断成功的推动器。

二、全人教育的理念

人，在芬兰得到的是无与伦比的珍视。当不少国家在实行精英教育时，芬兰却反其道而行之，不带头、不鼓劲、不排名、不提倡精英教育，完全尊重孩子的兴趣、个性、天赋才能和选择权。无论是学校还是家庭，无论是教师还是家长，都能做到以人为本，尊重人的天赋和特长，从来不主动强加给孩子各种学习任务，而是千方百计为孩子兴趣的发展创造条件，让孩子有充足的时间和空间去挖掘和发展自己的兴趣。

（一）关注每个孩子的健康成长

芬兰学校从不以办学规模论英雄，全都小而精，无论是小学、初中还是高中，规模都不大，班额小，师生比很高。我们参访的第一所学校为瓦玛兰（Vammalan）高中，它建于1904年，有一百多年的历史，在校学生400名，25名教师，在芬兰属于中等规模的普通高中。"芬兰优秀校长"Satu女士的Ylojarvi Yhtenailkoulu则是一所综合学校，共有750名学生，40个班，在85名教职工当中，有60名任课教师，20名助教，5名行政管理人员，学校还设有4间特殊教室。学生作为社会个体，充分感受到社会和学校的关怀，社会对学校、学生的支持，成为最突出的校园文化之一。芬兰学校和教师都没有选择学生的权利，学生就近入学，都可以接受优质均衡的教育。在PISA测试中，芬兰校际差距不到5%，无论是首都赫尔辛基还是地处偏远北极圈的中学，测验成绩都相差不大。小规模办学，小班化教学，绝不放弃学习慢的学生，想尽一切办法提高学习困难学生的学习能力，教师没有赶进度的压力，芬兰教育真正做到了“有教无类”、“因材施教”，让每一位孩子都从从容容地学习、健健康康地成长。

（二）关注优质教育资源的提供

学生学习的中介主要是教材和教师。芬兰的教材可以说是世界上最合用的，芬兰全国教育委员会不统一审查教材，所有教材都由国有、私有出版社自行组织优秀的学者和教师团队编写，学校和教师有权选择教材版本，有些学校还自己编写教材和教材辅导材料，设计融合式课程，不断丰富教学内容。因为竞争激烈，不同出版社出版的教材使出浑身解数不断改进，芬兰因此出现一种奇特现象，就是优质教材往往成为畅销书。芬方邀请了数学和英语两位教材编者为我们做讲座，数学教材的编写者是一位奶奶级的大学教授，而英语教材的编写者则是一位初中教师，在学校任教德语和英语。他们都带来了纸质教材和配套使用的电子教材，进行实操演练展示。我们发现，芬兰教科书制作精美，音色兼顾，图文并茂，充满艺术美感，难得的是教材与练习本实现了合二为一，教材里的练习设计充满童真童趣，孩子可以在游戏中快乐地开展合作学习。

芬兰教师资源优质丰富，芬兰教师资格准入门槛可以说是世界上最严苛的。自 1979 年起，芬兰教育委员会就将中小学教师定位为“研究型”教师，芬兰《基础教育法》明文规定，所有学前教育、义务教育、高等教育、成人教育的教师，必须具备硕士以上学历，并通过教师资格考试，才能申请教师职位，应用科技大学毕业的学生可以在职业高中任教。在中小学参访过程中，我们进一步了解到，学前教育和小学教师需要获得教育硕士学历，中学教师需要获得专业硕士学历。我们参访的学校校长都认为，芬兰课程改革和教育不断往前推进、芬兰学生不断进步，主要是因为教师具有极高素质和宽广的知识面，运用新教育理论和先进教学手段改进教学的创新能力非常强。

(三) 关注每个孩子的多向发展

我们在 Naistenmatka 学校的介绍中，了解了芬兰学前教育和小学教育阶段的课程与学时。在学习芬兰语、数学、艺术、手工、体育、音乐、宗教等主要课程的基础上，学生还要学习英语、地理、生物、历史、物理、化学和瑞典语。学生一周学时为：0~1 年级 20 小时、1~2 年级 20 小时、3~4 年级 24 小时、5 年级 25 小时、6 年级 26 小时。在 Muotialan 小学，我们深入了解到，芬兰的课程设计基于建构主义理论，强调的是学生学习交往和做中学，培养自我评价、获取信息、判断性思考等能力，三个知识结构图表明他们对知识渐进性建构的重视（图 3）。

(a)　(b)　(c)

图 3　知识结构图

图 a 的四个空心环代表知识状态，四环交织在一起，指的是学前阶段（6 岁前）的知识边界模糊而融合。因此，对孩子灌输识字、抽象计算等知识是无效的。图 b 的四个空心环变成四个实心环，指小学阶段（7~12 岁）的知识已有学科分化，但知识仍处于融合状态，适合开展融合式教学。图 c 指中学阶段（13~16 岁）知识开始明确分科，但又有模块将学科融合起来，知识之间的相互关联和相互作用凸显，适合开展更高层次的融合式教学。由此可见，芬兰的中小学教育基本上采用融合式教学，让学生在跨学科整合、知识与生活整合中体验，做中学，循序渐进地建构起知识能力体系。如小学六年级物理融合式教学：学生到商场看灯，首先探究：哪一种灯更加节能？一度电在每一种灯持续的时间长短差异，原因是什么？其次是学习走向应用：每人得到虚拟货币若干，可以比较选购家用照明：买哪一种会更加合算、更加节能环保。这样，知识、生活和环保意识都融合进来了。我们在维普兰小学的木工课堂里，体验了刺激而好玩的木工课程，尝试使用现代科技与传统技艺相互配合的设备设施；在学校的家政教室里同样大开眼界：厨具设备现代化，学生分组实操，或烤土豆，或切三文鱼，或烘烤爱心饼干、艺术蛋糕。在香气缭绕和欢声笑语中，笔者想起了芬兰校长所言："如果孩子能在玩、动、制作中学习到知识与能力，我们为什么不这样做呢？"

芬兰的学前教育和义务教育阶段实行全科教育，旨在给足学生发掘兴趣和自主选择的时间和空间，为高中的发展取向夯实基础。因此，芬兰的特色教育、技能教育都在高中以上才会得到充分体现。我们在坦佩雷和赫尔辛基参访的 5 所高中（4 所普高、1 所职高）各有特色：Vammalan 高中是体育运动特色，也提供艺术特色课程、网络课程和远程课程，实现跨地教学资源的共享；Sammonkeskus 高中是音乐与舞蹈特色，无论从舞蹈编排，还是技术和力量表现，堪比专业舞蹈演员水平；Tammerkoski 高中是视觉美术特色，学生作品的大胆前卫与技艺超群，让人仿佛置身于艺术高校；赫尔辛基万塔市高中是舞蹈音乐传媒特色，一流的设备，由学生全程负责的歌舞剧吸引全国五六千名观众前来观赏，每年举办的三天两夜"疯狂电脑日"，吸引附近区域的学生前来开发电子项目；Vammalan 职业高中的专业跟社会各行各业完全接轨，学生在课堂上的练习作品成为市场畅销商品，他们甚至参与各国高科技研发项目……学生何以能够多向发展，是因为教育给予了他们自主选择的机会，也给予了跟他们的需要相契合的学习资源。

三、全程教育的理念

芬兰有着非常完善的早教系统（0~6 岁），政府提供托儿所的目的也是为了让年轻的父母可以返回全天工作的岗位。我们在 12 月 9 日考察的坦佩雷大学教师培训学院附属学校 Muotialan 小学兼做芬兰教师专业培训基地，作为芬兰课程改革的排头兵，这所小学幼小衔接教育特色显著，年级包括早教（0~3 岁）、幼儿园（3~5 岁）、学前教育（6 岁）和小学一二年级（7~8 岁）。学校的幼儿部按照儿童年龄进行分区域培育，设有专门服务 0~1 岁的育婴室，孩子或抱在老师怀里，或自己在木地板上爬行，或自己玩玩具，都很乖，很安静。在这所小学的更衣室里，笔者目睹了震撼的一幕：六位 1 岁多的小孩各自坐在一堆衣服上面，一件一件有条不紊地往身上套，从连体冲锋衣到雨衣，从双重帽子到雨鞋……两位保姆式教师，也只有在孩子无法做到的时候才出手相助。穿好衣服的小孩陆续走到出口前的衣柜脚下有序坐好，耐心等待尚未穿戴完毕的同伴，才一岁多的小孩子呵！待同伴都穿戴整齐，老师便领着孩子一个跟一个走出室外，到储备室取玩具，如小推车、小塑料桶和小铲子等，到露天校沙地上玩耍，走在最后的那位小孩不断地回头看我，我朝她摆手道别，她也向我招手道别，因为光线很弱，我不知道她是否看到我充满赞许的目光……一不留神，我撞到了雨棚的铁柱子上，左侧眉骨、颧骨和嘴唇马上受伤！要知道，天阴沉沉的，寒风刺骨，正下着冷雨！据了解，这里的孩子每天上下午都有一个小时的户外活动时间，无论下雨还是下雪，照玩不误，这在国内是不可思议也是无法做到的！

此外，“活到老学到老”的哲学理念在芬兰人心中扎根已久，并深深融入每个人的生活中。芬兰的成年教育系统非常完善。2012 年 9 月，我在赫尔辛基的高中数学课堂上，遇到了奶奶级高中女生；在 2015 年 12 月 3 日参访的 Sammonkeskus 高中，该校除了 800 名在校学生外，还有1500名的成人学生，分别在白天和晚上学习。12月10日参访的Tammerkoski特色高中也有成人学校，我们目睹了带着孩子前来上课的爸爸妈妈们。

在芬兰短短18天的参访，给我们带来的震撼与启示是巨大的。根据马克思主义理论，学校教育应该以“现实的人”为出发点，主张从现实的、具体的个人去理解人，以尊重和发展“人的需要”为主题，以实现“人的自由全面发展”为归宿点，确定育人愿景、办学目标和教育内容，促进“现实的人”在物与物的关系、人与物的关系、人与人的关系、人与世界的关系、人与历史的关系中生存和发展。芬兰教育最突出的特点是“机会均等，老师自主，学生为中心，实践中学习”，其实质就是“有教无类”、“因材施教”。人的差异是客观存在的，学生的差异也正体现出人的独特性。教育需要尊重每一位学生，以博大的胸怀接纳每一个孩子；潜心研究，帮助学生找到行之有效的学习方法，帮助每个孩子找到成长自信，成为更好的自己。当前中国特色社会主义已经进入新时代，我国现阶段社会的主要矛盾已经转化为人民日益增长的美好生活需要和不平衡不充分的发展之间的矛盾，在基础教育阶段，“有学上”不再是突出的问题，而“上好学”、接受更加优质的教育则已成为人们美好生活需要的重要内容。十八大和十八届三中全会提出把立德树人落到实处的要求，2014年教育部研制印发的《关于全面深化课程改革 落实立德树人根本任务的意见》提出：“教育部将组织研究提出各学段学生发展核心素养体系，明确学生应具备的适应终身发展和社会发展需要的必备品格和关键能力。”核心素养体系的提出，一方面引领教师并促进教师专业发展，促进师与生的真正交往、教与学的真正发生，以改变教学长期以来存在的有所“教”而无所“学”的“教学本位”、“学科、知识本位”的现象；另一方面可帮助学生明确自己未来的发展方向，明确自身成长与社会发展的相互促进关系，激励学生朝着这一目标不断努力。我们更加明确，教育重点不是教，而是学；学习是孩子的天性，应该得到激发与引领；教师本身就是具有创造力的个体，我们不能让其变成工业化教书匠；教育需要社会各界共同参与，共担责任。愿我们也如芬兰一样，专心、专业、专注地，共同培育每一个孩子。

大道至简：芬兰的教育理念

中山市教育教学研究室　梁剑玲

芬兰在2000年、2003年、2006年全球PISA测试中均为第一而让世界瞩目，与此同时，芬兰的教育制度也是全世界最均衡的，芬兰中学生被“世界经济合作与发展组织”评价为整体表现全球第一，芬兰的高等教育几乎被每一届世界经济论坛评为最佳。美国、加拿大、瑞典、韩国、日本等国教育机构竞相来到芬兰，为的就是汲取“教育第一”的经验。芬兰教育让人瞩目的成绩可以用两个关键词来描述：“均衡”和“优质”。

笔者有幸参加了由广东省教育厅举办的广东省中小学新一轮“百千万人才培养工程”第二批教育家培养对象赴芬兰教育培训项目。我们在芬兰不同层次、不同类别学校进行学习交流，涵盖了从幼儿教育、学前教育到九年基础教育、高中教育和高等教育；听了15场学术报告，报告者包括了政府官员、教育专家、校长、教师、企业家、作家；培训学习前后我阅读了帕思·萨尔伯格（Pasi Sahlberg）的《芬兰道路：世界可以从芬兰教育改革中学到什么?》等书籍以及一些介绍芬兰教育的文章。透过芬兰教育，我深切感受到：面向所有人的教育才是教育，教育的目的是学习而非竞争，教育是改进人生的活动，教育是“先见林再见树”，教育是生命照亮生命。大道至简，这就是芬兰之行给我们的教育启示。雅斯贝尔斯在《什么是教育》中指出，教育是人的灵魂的教育，教育即生成，教育的使命在于成为“全人”：自由的生成与精神的唤醒。

那么，我们来看芬兰教育是如何达成以上目标的？

一、面向所有人的教育

第一个给我们作报告的是坦佩雷市基础教育局局长巴依娃（Paivi）。

她在 *Leading in Future* 的报告中强调，教育改革中不管是国家政府层面还是地方政府层面都要囊括所有儿童，确保每个孩子接受基础教育。芬兰杰出教育体系的发展，奠基于长期蕴含于社会之中的这种理念：所有孩子都应该得到良好的教育，包括早期孩子教育到最高级的学位教育。二战后的芬兰面临政治动荡与经济转型，如果芬兰想成为西方民主与市场经济团体中的一员，就必须拥有教育程度更佳的人民。这种教育模式的基础就是对所有人开放，并且拥有统一而完整的课程。1968 年芬兰议会提出口号：“无论你在哪里，都可以接受到相同质量的教育。”新的综合学校体系在 1972 年顺利实行，1979 年芬兰南部最后一所私立学校成功转型为新兴的综合学校，1985 年芬兰全国学校都废除了按能力分班。自此以后，所有的学生都依据同一份课程与教学大纲来学习。

芬兰是一个人口分布极不平衡的国家，北部地广人稀，但政府并没有减少对这些地区的教育投入，就算受益的人员不多，目的就是确保学校硬件配置相当、教师水平相当（图 1），从而保证为每一个人提供平等接受教育的机会。芬兰法律规定，每一个生活在芬兰的人（包括外国人和难民）都有权接受免费的义务教育（图 2）。

如果说教育是芬兰国力的基石的话，我以为“公平”应是“芬兰奇迹”的基石，只有起点的公平才能有结果的公平，教育应是全体公民的基本权利之一，面向所有人的教育才是教育。我国是一个拥有 13 亿多人口的大国，国家幅员辽阔，各地区发展不均衡，中国要走向教育

图 1　班级设施配置齐全

图 2　学校提供的免费午餐

现代化，实现人力资源强国的目标，如何保证向所有人提供公平的教育，实现真正意义的教育均衡化，仍是当今中国教育面临的最大的挑战。

二、为了学习而非竞争的教育

赫尔辛基大学教师培训学院的 Hellevi Putkonen 女士向我们展示了芬兰小学 1~6 年级的数学能力要求，这些要求是所有孩子都要达到的最低标准但无上限，要尽可能帮助孩子往上发展。她还说：教学中提倡团队学习，基本是2个人的效果最好，多于2个人的话有些孩子就不干活了（这一理论已经被科学证实，当然仅指是数学学习）。她现场要求我们2人合作，向同桌说说“48+24”自己是怎样计算的，然后在全班交流。这个过程不是要说明某个孩子计算有多快有多棒而是让学生通过交流发现可能有多个解决办法，从而找到自己的解决方法。在学习的过程中如果发现某些学生确实是比较突出、有潜力的，老师会走过去悄悄地布置新的更难的任务，而不会大声地对全班孩子说：“看呐，他们多棒啊，多向他们学习!”以避免打击其他同学的学习信心和热情。

芬兰老师没有赶进度的压力，老师总是要等全体学生都学会，才继续教新的课程。有困难的学生会得到老师和社会更多的支持，老师发现学生在学习中出现问题会及时与家长沟通，与学生积极对话，给学生进行辅导以帮助学生跟上全班学习的进程。在Naistematka小学3年级课室，我们发现有两张课程表（图3），同一时间有些课程一样，那表示全班24个学生都在同样时间上同样的课；同一时间有些课程不一样，那是因为不同的学生在不同的学科需要的帮助不同，这组学生上数学课，那组学生就上英语或是在家自习。芬兰反对对学生进行任何形式的“分类”或“排名”，家长永远不知道自己的孩子在班上排第几名，老师也不知道。在老师眼里，所有孩子都是“好孩子”。他们这样做，为的是避免人为制造出“差生”，使之最终成为社会的包袱。他们认为：每一位学生都是国家宝贵的财富，不能让一位学生掉队。

芬兰学校低年级（1~6年级）阶段就有语言类选修课，高年级（7~9年级）阶段开设的选修课比例占总课时的22%。学校允许学生按照自己认为合适的进度学习，也允许学生根据自己需要到其他学校选修课程。这种自主灵活的教学安排和自主的课程选择，提高了学生的自信心，也为学生将来在高中和大学自主制订学习计划作好心理上和经验上的准备。芬兰学制系统有很大的弹性，学生9年级毕业可以选择上普通高中或职业高中，其间可以调整和双选。如果没有想好是上普通高中或

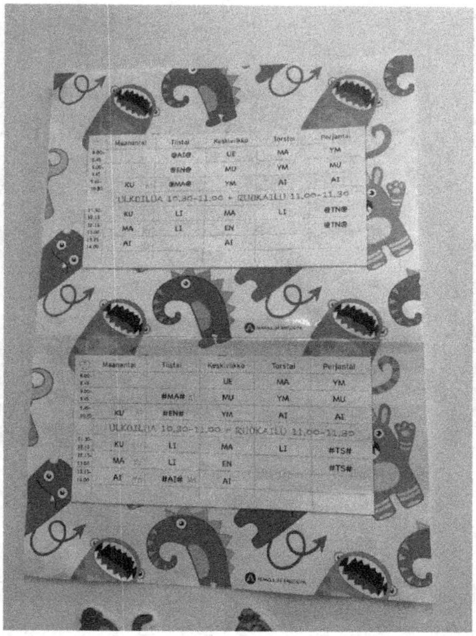

图 3　同一班级的两张课程表

职业高中的话，可以到 10 年级就读一年后再选择。只要愿意，成人可以免费进入到高中或职高就读。

三、改进人生活动的教育

我们的培训中有一个项目是课程设计，以小组为单位（图 4），以“欧洲地理”为例进行课程设计，要求课程设计富有创造力。这样的任务驱使我们在基于原有课程知识设计的同时，又必须打破原来的框框，让我们脑洞大开，在“分享—讨论—整合”中顺利完成了任务。为了检验课程设计的完成质量，在 Naistematka 小学，我们专门听了两位老师是如何设计与实施“欧洲地理”这个主题的，以便与我们的课程设计进行比较，取长补短。

图4　小组进行课程设计

这节课由两位老师一起备课，授课的对象是5年级学生，使用iPad授课，准备的材料是书和纸笔。课程设计意图是：学生通过制订详细的旅游计划开展学习，把书本知识整合后分解成不同的任务，关注学生学习的过程。学习分四个阶段：第一阶段，了解欧洲概况，了解当地森林平原地貌，完成地图册国名和城市填写后，初步了解决定去哪国旅游。老师除给每组1200欧元外（虚拟货币），还通过投骰子的点数决定额外获得的经费，每一点得100欧元。第二阶段，目的地确定后，学生需要了解天气情况确定什么时候出行合适，根据经费确定交通方式、住宿和餐饮，还要了解目的地的历史、文化、艺术等特色，由此制定详细旅行安排。每一个部分都需要陈述理由，数学、地理、历史、艺术、芬兰语等多学科知识得到了融合。第三阶段，开展评价，互评、自评和老师评，通过扫描二维码打开评价表进行评价，有自我满意度评价（1~5分）、有对自己总体表现的评价（6~10分）、对制订计划的评价（6~10分），还有同学间互评（6~10分）。第四阶段，通过填图考试考核学生是否看过书本知识，20分钟的开卷考试，只有熟悉课本才能完成。整个主题教学用了17个课时。这样的教学，不仅把学什么、怎么学的决定权更多地交于学生手中，充分发挥学生学习的主动性和创造性，还从“知识至上”转移到以知识为基础、能力为本，注重学习者能力全面发展而非单纯的学科知识掌握，在教学过程中让学生学会思考、学会学习，注重认知能力、自我管理能力、参与能力、建构能力的培养。这些能力不仅是当下问题的解决，更是学生未来生活所必需的。

我们在芬兰 18 天只有两天见过阳光，其他的时间都是阴天或雨天。在这寒冷的冬天，街上的婴儿车大部分是敞开的，虽然也有个别的婴儿车拉上了塑料帘子，毕竟封闭着的空间显得更暖和。当我们问婴儿车这么好为什么不用时，回应我们的是父母在给孩子呼吸新鲜空气，以适应季节的变化。我们在街心公园见到一位老婆婆，带着四五岁的孙子和孙女，任由他们自己在攀爬网内爬上爬下，自由探索，中间没有一句我们惯常的“小心”之类的叮嘱。芬兰教育注重从娃娃抓起，着眼的是学生一生的发展。无怪乎坦佩雷教师培训学院附属小学莫迪兰学校校长莱娜女士这样说：国家课程改革着眼于未来，未来就在这儿！2012 年 PISA 测试中，芬兰学生的阅读和科学两项成绩分别排在第 6 名和第 5 名，数学下滑至第 12 名。成绩变化后，芬兰一些学者有些质疑的声音，但更多人认为培养未来所需要的人比眼前的考试成绩更重要。

我国 20 世纪二三十年代的教育学家舒新城这样定义教育：教育是改进人生的活动，其目的在于为社会创造独立的个人，创造互助的社会，其方法是利用环境（自然的、社会的）的刺激，使受教育者能自动解决问题，创造生活。我们课改的方向是从知识本位走向学生核心素养的培养，核心素养是学生成功且有责任地生活于现代社会所必需的。因此，教育是改进人生的活动，是为了学生完整而幸福的生活。

四、先见林再见树的教育

坦佩雷教师培训学院附属小学莫迪兰学校校长莱娜女士告诉我们，芬兰教育是“先见林再见树”，让孩子先了解整体课程概念与学习目标的全貌，在了解学科特点后再进行具体的、有方向的学习。学前班幼儿接触的知识是整合和模糊的，是教孩子如何学习，包括语言、交往、运动感觉、艺术文化，都是简单而基础的。小学时依然是学科融合但相对有学科概念，到中学后逐步有学科分化，大学时就是深入对某个领域的研究学习。芬兰义务教育阶段的目标是教授儿童生活所需的基本知识和技能，培养其自主学习的能力，使儿童成长为热爱生活、乐于探索、有基本知识和技能、有道德的社会成员。赫尔辛基大学教师培训学院的 Hellevi Putkonen 老师在讲座中带来了很多教具，她在展示如何教授孩子学习“8+7”时出示了一串由 10 颗红色、5 颗绿色珠子的珠链，这些珠链是学生的手工作品。教学中学生从数 8 个、7 颗珠子中对“8+7”有了一个实体认知；然后进行心算，直观地知道 10 颗红色的珠子和 5 颗绿色的珠子，最后是脱口而出“15”形成的自然记忆。她非常强调运算过程中的实体认知，1 个方块、10 个连线、100 个成面、1000 个就是正方体（图 5），从点到线到面到体，从这个实体推算到其他实体，这样的教学方式，基于学生认知的规律，从具体到抽象，从简单到复杂，学生一步一个脚印地往上走。

在帕斯·萨尔伯格的《芬兰道路：世界可以从芬兰教育改革中学到什么?》一书中，有两句话我印象深刻：“少就是多”和“慢就是快”。“少就是多”，基础教育阶段教给孩子的东西越少越好，内容不多，但吸收充分自然就变得多了；给予孩子充分玩耍和游戏的时间，让孩子保持学习的浓厚兴趣，为未来的学习准备。“慢就快”，学习始终不求快只求实。每一个学生在学习过程中如果遇到困难，将会得到及时的帮助，“每一个学童都有权利在早期学习阶段获得专业的个人协助，这是芬兰教育的常规机制”。“在完成义务教育的 16 岁学生里面，大约有一半的人曾在求学期间参与特殊教育。”芬兰小学教育的低年级特教学生人数相对较高，在小学毕业时锐减，初中阶段因为相同的学习目标又会略微增加。在学生的小学学习阶段能够考虑学生的学习能力与优先

图 5　Hellevi Putkonen 老师的教具

学习顺序，适时为学生缩小差距，不进行学业成绩排名，尽可能废除导致学生失败的因素，保证每个学生都有一个扎实的学习基础，这样的“预防性”策略是值得我们借鉴的。我们的中小学学科课程系统性强、内容丰富，好像学得很多，却学得不彻底；有些内容小学就开始学习，到了中学继续学习，甚至是大学，但由于基础没打好，学生在学习过程中因为接触多感到乏味而失去学习兴趣。我们的家长对孩子往往寄予过多的期望，什么事情都希望孩子能超水准地完成，总是担心孩子“输在起跑线上”，孩子就像是一台上了发条的“学习机器”，装了知识却没有对学习的热爱。我们的课程改革，不仅需要重新考虑课程内容，也需要考虑教学方式，为培养终身学习者而努力。

五、用生命照亮生命的教育

许多人认为，芬兰教育奇迹实现的关键是有一支高素质的、稳定的教师队伍。芬兰的教师水平高、教学质量高，他们是“重奖之下有勇夫”，是金钱使然吗？答案并不是。在芬兰，要想当教师必须先申请成为师范生，但要想成为师范生却很不容易，只有10%的申请者能够成为师范生，教师招聘也往往仅限于这10%中的佼佼者。这样的限制，使得政府和教育组织发现了最优秀、最具前途的青年人，选择最适合的人终身从事教育。入了师范专业的门并不意味着这些幸运的学生能立即走上讲台——他们必须经过五到六年的专业学习，拿到硕士学位才能当教师。芬兰的教师队伍吸引了最优秀的年轻人加入，但芬兰教师的工资却并不高，仅仅略高于社会平均收入。

坦佩雷大学教师培训学院 Vesa 院长非常自豪地告诉我们，在芬兰，除医生和律师外，教师是最好的职业，特别是基础教育教师，教师的工资收入不高但社会地位高。坦佩雷基础教育局 Paivi 局长告诉我们，芬兰教师的专业水平高，教师用什么课本教和如何教，完全由老师决定，由此可看到芬兰教师的专业水平得到了政府的认同。萨斯塔玛拉市瓦玛兰高中的 Anni 校长介绍说，在国家层面上没有要求对教师进行评估，学校层面会面向学生发放教师悦纳度调查，有些学校会做但不普遍，教师的工作付出普遍得到学校的认同。

高度的职业认同使芬兰的教师有发自内心的教育意愿，安教、乐教、善教，学生想学、乐学、善学。雅斯贝尔斯敏锐而睿智地指出：“教育活动关注的是，人的潜力如何最大限度地调动起来并加以实现，以及人的内部灵性与可能性如何充分生成，换言之，教育是人的灵魂的教育，而非理智知识和认识的堆集。通过教育使具有天资的人，自己选择决定成为什么样的人以及自己把握安身立命之根。”芬兰教育中对教师的尊重、认同与信任，激发了教师生命的内在动力——价值感与使命感，自觉、持续地推动芬兰教育的改革与发展。学生在老师平等、信任与关爱下共同参与、共同创造、共同分享，尽情地成长。

“教育是什么”蕴含着人们对理想教育的追寻。芬兰教育成绩斐然，是全球最均衡、学生成绩落差最小的国度；是全球课时最少、课后复习时间最短和假期最长的国家。芬兰教育追求的是质量、公平、效率三位一体，是公平基础之上的质量，质量基础之上的效率。这样的教育是我们追求的好的教育。透过芬兰教育，引起我们对教育本质的探求，使教育实践向“本真意义上的教育”逼近。有很多考察过芬兰教育的中国同行惊奇地发现，芬兰教育的奇迹就在于他们实现了孔子所倡导的“有教无类”与“因材施教”。大道至简，这就是芬兰给我的教育启示。

（此文发表于《新课程评论》2017 年第 9 期）

◎ 参考文献

[1] 帕思·萨尔伯格．芬兰道路：世界可以从芬兰教育改革中学到什么？[M]．林晓钦，译．南京：江苏凤凰科学技术出版社，2015.

[2] 梁珊珊．国际教育测评视野下的芬兰教育成功特点探析 [J]．唐山师范学院学报，2010（9）.

[3] 雅斯贝尔斯．什么是教育 [M]．邹进，译．上海：生活·读书·新知三联书店，1991.

芬兰全纳教育理念的实践及启示

深圳市龙岗区五和小学　杨新梅

一、前言

2015年11月26日至12月13日，我有幸跟随团队在芬兰培训学习，参访了10多所学校，聆听了15场专题讲座。结合文献研究和思考分析，我对芬兰教育有了更多的认识。

联合国教科文组织基于对所有学生生命的尊重，包括人口中约5%的身心有障碍特殊的儿童享有平等的教育权利，于1994年提出了全纳教育理念，主张普通学校要接纳所有学生，不排斥、不歧视任何人，教育要满足不同学生的需求。自全纳教育正式提出以来，芬兰积极响应全纳教育且卓有成效。

OECD组织的2000年、2003年、2006年的PISA教育评估中，芬兰学生成绩均居于首位，最重要的是不同学校学生之间差异最小，且无论学生性别、家庭背景和经济状况如何，都不构成对学生成绩的影响。

全纳意味着所有学生均享有受教育的权利，且基础教育阶段全免费，课本免费，学习用品及午餐等免费（图1、图2），甚至高中与大学，学生也只需花费极少量的学习资料自行购买费用（他国在读学生同享此项待遇）。芬兰教育政策规定，不管年龄、居住地、经济状况、性别和母语，基础教育法案保证居住在芬兰的每一个人都有免费接受学前教育和基础教育的权利，旨在为每个人提供一个富于支持性的学习环境。

图 1　教室里的公共资源

图 2　学校提供的学生免费午餐

二、全纳教育的芬兰实践

芬兰全纳教育观原来认为各种处境不利的儿童都有学习的权利，现在的全纳教育观则是帮助所有学习者都学习成功，获得幸福的生活。由此看出，芬兰教育旨在对学生进行全人教育，除了获得知识、培养能力、解决问题的能力，同时教会学生体验、享受生活，从学校教育实际场景出发，联系生活实际，将学校教育与实际生活进行高度融合，施行无性别区分的教育，便于全体学生获得带得走、用一生的能力。为此，芬兰在学校建筑设计、校园文化建设、环境空间利用、教学课程设计等方面，均充分考虑人性化因素，努力为师生提供更方便、舒适、科学的工作与学习环境和氛围。

无性别区分的教育，指在芬兰教育活动中，所有学习项目对男女生无差别对待，不设限制区分，面向所有学生。比如男女生同上木工课、家政课等。很多国家，在公共事务管理部门、事业机构重要位置等岗位任职人的性别，往往呈现男多女少局面，但在芬兰，则呈现出了极好的男女平等现象。

1. 超过半边天的芬兰女性

在芬兰 10 多天，我参访了 11 所基础教育学校和坦佩雷大学、坦佩雷理工大学、赫尔辛基大学三所大学，共 14 所学校。统计 11 所基础教育学校，收集校长（或接待负责人）的性别，女性所占百分比为 63.6%。除此，再统计应邀讲座专家或接待官员性别，女性所占百分比为 70%（表 1、表 2）。

表 1　　**基础教育学校负责人性别信息统计**

序号	日期	校名	学段	校长姓名	性别	备注
1	11 月 30 日	瓦玛兰高中	高中	Anni Virnes	女	
2	11 月 30 日	马迪兰小学	小学	未知	未知	当做男性计算
3	11 月 30 日	英文幼儿园	学前教育	未知	女	
4	12 月 2 日	维普兰学校	九年一贯制	未知	男	
5	12 月 3 日	娜伊斯坦玛德佳小学	小学	Nina	女	副校长

续表

序号	日期	校名	学段	校长姓名	性别	备注
6	12月3日	萨门高中	高中	未知	女	
7	12月8日	瓦玛兰职业学校	职业高中	未知	女	
8	12月8日	许尔凡学校	初中	Jari Andersson	男	
9	12月9日	莫迪兰学校	小学、幼儿园	Leena Laine	女	
10	12月10日	尤哈努斯古拉学校	高中	未知	男	
11	12月11日	维斯基渥兰高中	高中	Eira Kasper	女	

表2　芬兰讲座专家或嘉宾性别信息统计（上表已统计学校除外）

序号	日期	活动内容	职务与姓名	性别	备注
1	11月27日	开班仪式	坦佩雷市分管教育副市长 Leena lostiainen	女	
2	11月27日	讲座《坦佩雷市基础教育管理理念、机制与实践》	Päivi kola	女	
3	12月1日	讲座《芬兰中小学教师教育课程体系与坦佩雷大学教师培训学校运行机制》	坦佩雷大学教师培训学校校长 Vesa Toivonen	男	
4	12月1日	讲座《芬兰基础教育成功原因及校长领导力——以勒耶尔文中学为案例》	勒耶尔文中学校长 Satu Sepänniitly-Valkam	女	
5	12月2日	讲座《芬兰基础课程改革历程与2016年新课程改革的核心观点》	曼塔地区教育文化局长 Taina Peloen	女	
6	12月4日	讲座《数学学习中的主动性与创造性》	数学教材编写者、赫尔辛基大学教师培训学院教师 Hellevi Putkonen	女	

续表

序号	日期	活动内容	职务与姓名	性别	备注
7	12月4日	讲座《芬兰基础教育英语教材编写理念和教学融入》	英语教学专家、英语教材编写者 Mika Haapala	女	
8	12月7日	讲座《芬兰数字化教学系统功能特点及教学效用》	芬兰数字教学系统专家 Pekka Pellinen	男	
9	12月8日	讲座《圣诞老人梦的教育意义与启示》	芬兰畅销书作家、著名演讲家 Andre	男	
10	12月10日	结业仪式	芬兰外专局领导	女	

从表1、表2可看出，芬兰女性参与社会活动所占百分率为66.7%。虽收集的数据极少，但管中窥豹，仍可见一斑。在芬兰，在劳动就业方面，目前欧洲各国平均女性就业率为75.5%，芬兰最高达到85.5%。在全国就业人口中妇女占47%，而在全天工作的120万领薪者中，妇女则占51.6%，在世界上名列前茅。在芬兰医疗行业三分之二的医生是女性，在教育部门女教师占90%以上。女性人口对于芬兰的经济发展实有着不可忽视的影响力。芬兰女性在高等教育领域所取得的成绩更是令人瞩目。2000年，芬兰有6714名女性获得了硕士学位，占据学位授予总数的58%。同年在1156位博士学位获得者中有45%是女性。

芬兰女性的社会地位高，除了拥有足够多的平台展现自身才华，体现人生价值外，在家庭教育方面，同样起着重要作用。因女性就业参加工作，与社会和世界接轨，其知识、能力、视野、思想等就可得到持续提升，良好的家庭教育，对儿童进入学校接受更系统的教育打下了良好的基础，并形成良性循环，这也是芬兰教育取得世界第一的重要因素。

2. 人人平等的全人教育

芬兰的学校课程一旦开设，均对男女生全员开放，不区分课堂、社区内外，不区分柔韧与力量、简单与繁杂等，男女生均可参与。

如文化课程外的家政课、木工课、野外徒步、盛装舞会等，均纳入学校课程，面向所有学生开放，芬兰不但重视文化教育，同时重视“做中学”实践操作和享受生活能力的培养。可全员参与的家政课，包括餐食烹饪、房间整理、插花艺术、清洁卫生、垃圾分类等。生活气息浓郁的学习活动，可激发学生对学习和生活的热爱，调剂因严谨的文化学习或思维训练课程而产生的紧张情绪，保证学生学习的可持续性。

无性别倾向的全人教育，给予学生更多的发展空间与平台，更多维度地挖掘学生的潜能，如男生与女生一样，应善于餐食烹饪和料理家务，制作蛋糕或烘焙点心，平等地获得必备的生存技能。女生在木工课上也展示其操作能力和技能水平。在参访瓦玛兰职业学校时，好几位女生正为圣诞节布景板上涂油漆。不为学生设限的全人教育，着力培养学生的综合能力，为芬兰的未来发展储备了更多元的人才。

3. 宽松包容的教育评价

(1) 对男生的包容与尊重

在 Naistenmatkan 学校一年级数学课上，我感受到了对男生更多的信任和包容的教育评价。课堂上一位男生，在课堂上多次爬到桌面，并与同学有肢体接触的玩闹动作，但并无同学投诉，教师也没有进行干预。后来了解到，并非教师失职，也非同学胆怯，而是信任与尊重。因为信任，教师与同学都认为应尊重该男生的选择，相信其并无恶意，只因男生天性好动。

国内的相关评价与芬兰有一定差距，国内课堂多为整齐划一地列坐，学生两手平放桌面，挺直腰板听课与书写。在芬兰教育者看来，觉得我们不够尊重学生的天性。芬兰教育者认为，人的学习非常自然，贴近生活，与吃喝玩乐一样平常，不需要在处于象牙塔式的空间里进行集训，不要求长时间保持整齐划一的姿势。对于荷尔蒙天生超多的男生，芬兰教育者认为好动打闹是男生的天性，应该尊重与疏导而非堵截和指责，给予了男生更多的理解包容与宽松评价。

在国内，一直有拯救男生的说法，因为现行的教育评价制度，如排队“快静齐”，作业“工整美观”，学习“自觉安静”等，这些标准明显有利于女生，因此心理成长速度慢于女生的男生，得到了更多的批评教育，在一定程度上影响了个别男生在班级中的形象，甚至影响了学习资源与成长空间的公平分配，因此进入青春叛逆期后，有了独立思想与行动能力的男生，叛逆程度常甚于女生，很大原因是压力越大叛逆越甚。为此，教师需要有清楚的认知，细心区分男生的思想与行为，再作出相应的评价，多进行疏导与指引，以免给予男生过多的负面评价。

（2）学校教育是试错场所

芬兰学生的穿着与发饰没有统一要求，可依据个人所好进行穿着打扮。这同样源于芬兰对于每个人的信任和尊重。芬兰社会之所以建立起信任的正面评价，基于所有民众均认为“每个人都是好的”，相信每个人都能对自己的人生负责。因此芬兰极个别学生穿着和打扮再怪异，都不会受到老师的批评与学校的管制，因为老师和学校均认为应给予学生更多的自由，认可学校是个可以低成本试错的合适场所，让个性得到展现，进行尝试与体验，才能慢慢找得到最适合自己的学习与生活方式。

芬兰教育基于同理心，较为宽松的教育评价取向，对我们的启发是，发现学生有争议性的表现时，切莫急于下定论和围追堵截，要进行换位思考，更多地进行沟通和交流，给予理解和引导，因为学生异于他人的行为表现，实际上也是好奇心和求知欲所致，学校和教师要在一定程度上提供容错机会，而非急于将其归结为品行不端而扩大事态。

三、人性化教育氛围的打造

芬兰有1/4地区位于北极圈内，冬季达6~7个月之久，夏季却十分短暂。在黑暗的寒冬，最北部地区约有50天为见不到日出的极夜。为克服环境对人类生活和学习的影响，芬兰建筑设计非常有特点，如双层大门、连排衣帽间等，尽可能提供更人性化的舒适体验。

1. 连成一体的校园建筑

在参访的14所大中小学校中，大多数学校主要建筑均不止一栋，但均有采光合理、舒适科学的或空口或地下的连廊设计，将各处的建筑连成一体，既可将建筑整合提高空间使用率，又便于师生穿行节能高效，冬天能免受北极寒流的侵扰。

坦佩雷大学近80米的空中走廊（图3），浅蓝主调与天空呼应，平坦、透亮、结实、美观。走在上面，可俯瞰校园美景，冬天可免于风雪吹袭，其他时间便是一处绝佳的悠闲散步、静思生慧的好去处。同在坦佩雷大学，经过地下通道时，除了日光灯，还有地面上数量较多的透明玻璃窗户采集的阳光。除此，在坦佩雷理工大学及其他中小学校，建筑物均有宽敞的走廊（图4），小区中建筑容积率低，保证师生享有空间的舒适度。

2. 学习空间的有效利用

在坦佩雷理工大学，校内有安装了3D电视的学习室与藏书丰富的图书馆。场馆设计独特，装修人性化，空间、摆设、采光、通风、功能均非常出色，朴素美观、实用性强。舒适的校园细节设计，随时可坐下阅读或思考，摆在走廊上的电脑、打印机一体机，为学生随时闪现的灵感提供固化的条件与设备，考虑周到、设计巧妙、美观实用。

其他学校的楼道或较大空间的一角，多数在旁边放置了图书供随时

图 3 坦佩雷大学空中走廊

图 4 宽敞的走廊

阅读，或有舒适的桌椅可召开小型会议（图 5），能让学习随时自然地发生。这很值得教育工作者思考和学习，若将学习限于教室，就限制了学生学习的时间与空间。

在芬兰，学生席地而坐的学习场景很普遍，如坐在地上等待参加室外活动的幼儿园小朋友，或是课间坐在地上进行作业的小学生，再或者坐在体育馆中进行体能测试记录的师生。若学生参加野外徒步研学，更将学习场地从教室座位延伸到地板、过道和社区等，不局限学习发生的

图 5 可供召开小型会议的学习室

区域，让学习如呼吸般自然进行，将生活场景变成生动的课程，是对学习时空的有效延伸和利用，也是对学生学习欲望的尊重和保护。

芬兰学校校园公共区域与教室的布置和利用，均极大地凸显了学生的主体地位，或展示学生的艺术作品，或放置学习的必需用品，或摆放桌椅供学生小憩等，并得到持续更新和妥善管理，绝无陈旧和散乱之象。芬兰人的细致、严谨，追求完美的性格得到了很好的诠释和传承。

3. 舒适温馨的阅读空间创设

阅读在芬兰文化建设中占据着重要位置，所有图书馆不但对外开放，还布置得舒适、温馨、科学，彰显人性化。很多图书馆专门设立儿童阅读区和活动区，便于家长带小朋友一同前来进行亲子阅读，或参加各种活动。

如坦佩雷大学图书馆便位于学校对面而非校内，图书种类齐全、布置温馨舒适。刚飞达赫尔辛基机场，在机场休息区，我已感受到了芬兰独特的阅读文化，因为除了桌椅摆设，还有放置在地板上的各种松软可变型的大布袋，便于等车的乘客躺着专注地看书。

赫尔辛基图书馆建筑设计独特、创新，位于不同楼屋的阅读空间，或配有电脑，或放有纸张，或可坐于窗前疲倦时放眼远眺，也可依在设计别致的楼道或排排书架前安静阅读。

阅读是实现终身学习的有效途径，从小养成良好的阅读习惯，有利于知识积累和开阔眼界，能有效地构建科学的知识网络，不断更新理念积淀思想，厚实人文底蕴，对人实现可持续发展影响甚大。如同芬兰一样，建造足够多的图书馆，进行科学布置和管理，提高其使用率，更好地进行便民服务，营造全民阅读的良好氛围，对国民整体素养的提高，打造学习型国家形象意义重大。

四、“做中学”在小学数学中的重要地位

全纳教育理念影响下的芬兰，努力帮助所有学习者都学习成功。在学习方式方法上，芬兰选择“做中学”并将其落实到每一个学科教学当中，这种体验式学习深受学生喜爱，“少即是多”的理念更让人欣喜。芬兰强调经得起验证的信息才是真正的数学知识，因此在教师培训与一线课堂上，均要求通过简单明了的事实证明复杂抽象的数学知识，而非只重视逻辑推理与论证，注重培养学生的学习兴趣，教给学生喜爱的数学知识。笔者作为一线小学数学教师，在芬兰坦佩雷市娜伊斯坦玛德佳小学，亲历了芬兰小学全科教师在小学数学课堂上践行的“做中学”。

1. “少即是多”的小学数学课堂

学生在课堂上使用简单的学具——珠子分装盒，两人一组，进行了10分钟的玩分装珠子游戏（图6），并依据结果写数学算式。观察9颗珠子随意落入盒子的结果，写出等于9的加法算式，如8+1，7+2……有的学生在课堂上，发现分装结果一样时，如出现两次1+8时，会旋转分装器再行观察，得到算式8+1，不知不觉中便将小学中高年级的加

法交换律，在现实的学习中体现了出来，得到了最真实的模型与场景。但在国内，很少有教师能够做到用10分钟去完成此类活动。

本课的另一个活动，是教师安排10分钟让学生将9个圆涂上颜色后，再写算式（图7）。在国内，常见的处理方式是教师进行示范操作，学生共同观察、思考与交流得出结论。国内的教材有类似设计，但因时间、空间等限制，很难让所有学生都在课堂上一一完成，往往会让学生依据迁移或想象，共同推导写出全部算式，而让出更多课堂时间去做与考测相关的，看起来更重要的练习题。

图6　珠子分装器

而芬兰学生正因长期经历“少即是多”的慢学过程，体验了知识在生活中的自然呈现，在看似玩乐与自然的讨论交流中，学生通过操作、观察、交流，亲历知识的发生、发展、结论与应用，多感官参与学习，大脑对知识的输入与输出实现了完整对接，如：我看到了什么（珠子自然分装情况，信息输入），我应该怎么做（写什么算式，出现过相同时如何处理），我知道要怎么做（写出算式，知识输出），贯通了思维的全过程，真正体现“做中学”——“听过，我会忘记；看过，我记住了；做过，我理解了。”

在芬兰小学数学教学极具冲击力的众多印象中，“做中学”教学理念的渗透与执行，作为一条主线，贯穿起教与学的全程，形成芬兰让人

图 7　涂色并写算式

耳目一新的小学数学课堂教学。

2. 学具使用与“做中学”实践

Hellevi Putkonen 教授在讲座中，讲述了芬兰教师用红珠子和绿珠子各 10 颗串在一起，作为一年级常用教具（师生每人一串）的故事。

计算 8+7，先数 8 颗红珠拨到最左边，再数出 2 红 5 绿共 7 颗珠子，向左边靠拢，得数立显，并巧妙地运用了国内常用教法的“先凑十，再加几”技巧。珠串也可做减法，先数出被减数的珠子向左拨，再从右边减去，能巧妙地出现先减个位，不够时再从剩下的十位上减去，顺利呈现“破十法”。学习过程中，通过珠串的操作与使用，二十以内的加减法学完，学生能深刻地理解加减法意义，记忆能力强的学生可直接记住公式，能力一般的不能一下子记住，但多感官参与学习，动手做过后能记住操作过程。

返回国内后，在 2017 年至 2018 学年度进行一年级数学上册教学时，我为全班 49 位学生准备了珠串并在课堂或课后坚持使用，较好地激发了学生的学习兴趣，学生操作与表达能力得到了提升。

得益于芬兰“做中学”教学实例的启发，我开发的属于教学方法创新的五年级《倍数和因数》体验式学习，也受到了学生的认可与欢迎。在本单元中，需理解倍数和因数的意义，找出 2、3、5 倍数的特征，区分奇偶数和质合数。此单元为《数论》的一部分，乃出于数学学科发展的需要，属纯粹数学的分支之一，与平时数学的所学所用距离较远，要激发学生的兴趣，浸润其中，促进思维发展，完成学习任务，需要花功夫。

经过思考与偶然发现，我发现学习此单元时可与学生学号关联，学生每人依据学号得到各自一个数字，再按照大小搭配得到另一个数字，1 至 100 数字已对号入座。为了更具仪式感与体验价值，可由教师制作统一大小的白纸圆片，每位学生对两个数字进行个性化设计，完成美术与数学跨学科的融合（图 8）。

图 8　制作数字卡片

课堂教学中，出现了以下片段。

第一课时《倍数和因数》

师：6 号在哪里？

生 1：6 号在这里（起立）。我的 1 倍是我本身，我的 2 倍在哪里？……

生 2：6 的 2 倍在这里。6 的 2 倍是 12，12 是 6 的倍数，6 是 12 的因数。

第二课时《2、5 的倍数的特征》

师：2 的倍数请起立。

生 2、4、6 等：我是 2 的倍数 4……我们都是 2 的倍数，我们都是偶数。

师：不是 2 的倍数请起立。

生 1、3、5 等：我是 5，不是 2 的倍数，我是奇数。

师：5 的倍数请起立。

生 1、2、3 等：我的个位是 0（或 5），我是 5 的倍数。

第三课时《3 的倍数的特征》

师：3 的倍数请起立。

生 1、2、3 等：我们都是 3 的倍数，因为各个数位上的数字之和都是 3 的倍数。

第四课时《找因数》

师：14 号请找出你的所有因数，其他数字听到请起立。

生 1：14 的因数有 1，2，7，14。

……

大家看到每次都起来的 1 号同学正无奈地笑着。

师：来，1 号同学请说说你为什么有一些无奈？

1 号同学：因为我是所有数字的最小因数 1，站了许多次。

师：是的，你最受欢迎，朋友也最多，所以站一下非常值得（师生大笑）。

第五课时《找质数》

师：100 以内质数请起立，谁先来说说为什么是质数？

生 1：我是 37，因为我只有因数 1 和 37，所以我是质数。

师：100 以内合数请起来。谁先来说说你为什么是合数？

生 2：我是 28，因为我除了因数 1 和 28，还有因数 4 和 7。我除了

1 和本身，还有第 3 个因数，所以我是合数。

体验式学习，将知识与角色合二为一，全程参与，多感官全身心浸润式学习，有利于提高学生的专注度，积累丰富的数学教学活动经验。

3. 抽象知识具象化助力理解记忆

国内小学数学教材，学习 2、3、5 等数的倍数的特征，方法是先在百数表中寻找倍数，再通过不完全归纳法进行归纳与小结，将猜测结果在更大的范围内进行验证，从而得到结论。芬兰的小学数学教材编写与教法指引，与国内有本质上的区别。

如：2564，因不管几个千，几个百和几个十都能被 2（或 5）整除，因此判断某数能否被 2（或 5）整除，只需看个位。几个千和几个百都能被 4 整除，看这个数能否被 4 整除，只需看十位和个位数能否被 4 整除即可。

判断某数能否被 3 整除（图 9），国内教材编写与学法指引，让人感觉生硬与抽象。只简单地引导学生观察列举的一组数据，计算各个数位上的数字之和，若为 3 的倍数则这个数是 3 的倍数，能被 3 整除。但为什么呢？恐怕中国教师只能够说，我们可以验证，结论没有问题。但芬兰的教法给出的理由和答案，更为具体与浅显，易于理解与记忆。

芬兰教师对此的解答，认为一个千用 3 去除余 1，有几个千就余几个 1，其他数位同理，个位数暂时不动。此时，2564 分成两大部分，已被 3 整除的部分和余数部分，要看最后能否被 3 整除，就要看千位、百位和十位余下的数，加上个位的数，和能否被 3 整除。恰好变成了各个数位上的数相加，和若是 3 的倍数，这个数就能被 3 整除。这种从抽象到具象的演绎，比国内看各个数位的数字进行相加求和，只在表面层次上进行了简单计算，未对其内在的深层次算理进行探索，而芬兰教法更为透彻和浅显，便于学生进行理解、记忆和应用。

图9　图说2564不是3的倍数

4. 计数单位立体化体现知识条理性

喜欢思考的人，能发现工作与生活中的小细节，从中感悟大智慧。芬兰数学的设计与教法，让人茅塞顿开。

如：教学个、十、百、千和十分之一、百分之一等计数单位时，先出现一个小正方体的表示个位的“一”（点），10个一拼成“十”（线），10个“十”表示一百（面），10个“百”组成一个大正方体表示一千（体）。而十分之一，就是一个小正方体的十分之一，表示成一小片，百分之一就是这一片当中再平均分成十份。

教学设计立体易懂，结合物体在三维空间中出现的点、线、面、体的表达形式，条理清晰，可观可感，从具象到抽象，让学生能对计数单位在理解的基础上，留下深刻的印象，有利于培养学生的抽象思维。

芬兰小学数学教材编写生动、具体、有趣，教学方法浅显易懂，便于操作，秉承“做中学”和“少即是多”的教学理念，用简单的方法去解释深奥的算理，愿意花费时间了解数学中的每个步骤与过程，创设有效情境引导学生，在理解的前提下进行思维训练，而不是一味追求完成习题的多寡与成绩的高低，努力培养学生综合的学习能力，值得我们参考与借鉴。

五、小结

芬兰在全纳教育的影响下，为更好地服务于学生的终生发展和幸福生活，根据世界未来的发展趋势，在学生的角色、世界外围国际形势、教育本身方式、教育的理念等四方面长期进行变革。在正在进行的教育改革中，芬兰更为关注学生的安全和幸福感、提升教师的人文素养，教学信息化工具应用、师生互动方式、关于学生的知能背景、心理感受、信息交换、学习动机等将得到进一步的强调和关注。

芬兰教改依然推崇建构主义理念在教育教学中的应用，强调“做中学”，让学生变成学习者，具备主动性，教会学生在社会交往中学习，能够进行自我评价，注重学生批判、辩证思维的培养。教师要做学生学习过程的设计者、学习机会的创造者，给予学生更多的指导和鼓励。

芬兰全纳教育认为学习可以发生在任何地方，课程不应仅局限于课堂，学生的学习体验应该是快乐、愉悦的。2016 年新课改强调学生、家长和社会的参与性，更多考虑利益相关者共同参与教育的途径。更好地开展融合式教学，教师更关注学生兴趣，学科教育应教育人、培养人、发展学生的人文素养。强调学生的主动性，明确教学评价标准，给予学生更好的帮助。芬兰教育以知识学习为载体，以培养学生的学习技能为目标而非知识的叠加。依据世界人才理念，芬兰认为学生的创业素养、社会参与和懂得建构未来等能力非常重要。

全纳教育理念深刻影响着芬兰的教育发展，并使芬兰教育领先于世界大多数国家，这既有国家、社会构建起基于尊重和信任的良好公共关系，更有“做中学”理念的践行，“少即是多”的认知，还有全科教育先见森林、再见大树的慢学和等待。先进的教育理念，高素养的教师队伍，全民支持的民众基础，国家大力投入的保证等，均是芬兰教育成功的重要因素。

◎ 参考文献

[1] 石春生. 芬兰的教育成功之路对我国教育改革的启示 [D]. 济南：山东师范大学，2005.

[2] 裴巧灵. 芬兰的全纳教育研究——历史、现状及启示 [D]. 山东：曲阜师范大学，2011.

[3] 杨佳莉. 从社会性别视角看芬兰女性政治家对公共政策制定的影响——以职业培训政策为例 [D]. 上海：复旦大学，2011.

[4] 王洁. 教师教育是芬兰教育成功的基石 [J]. 上海教育，2012 (35)：58-61.

[5] 刘佐阳. 芬兰管窥：平等化进程中的女性与高等教育 [J]. 理工高教研究，2005 (1)：20-22.

[6] 陈之华. 芬兰教育全球第一的秘密 [M]. 北京：中国青年出版社，2009.

第三章　芬兰最新课程改革

本章主要关注芬兰最新一轮的课程改革。2015年圣诞节之后芬兰进行新一轮大型课程改革，因此，我们在芬兰参观学习的时候芬兰新课程改革这个关键词就经常从学校的教师和校长那里听到。

当然，本章虽然关注芬兰的新课程改革，但是并非照本宣科，而是通过实地学习和交流，认真领悟芬兰课程改革的理念和精髓，然后汲取精华，再结合我国教育的实际情况，认真思考如何更好地将其运用到现实具体的教育教学活动中。因此，本章内容将着眼于宏观的改革理念，并落实于细微的教学活动。应该说，一线教师的观察和行动思考，对其他同行的课堂教学可以起到很好的帮助和指引作用。

《芬兰基础教育改革经验及其启示》主要关注了国内外对芬兰基础教育改革的研究，找到芬兰基础教育改革的主要方向和指引，把其中最为重要的核心价值和理念提炼出来，完全真实地呈现给读者；同时，作者还结合自己的教育教学提出了未来改革的几个重要方向。《"现象教学"——芬兰2016教改新模式探析》主要介绍了芬兰基础教育改革中的一种重要教学形式——"现象教学"；作者详细介绍了现象教学的内涵、理论依据、程序和价值意义等。这些详细的介绍对我们一线教师使用现象教学有很好的指引作用。《主题意义探究下的小学英语课堂教学实践》同样关注了芬兰基于"主题教学"在小学英语课堂中的实践。作者选取了一节小学五年级的英语课，根据主题教学的理念和依据重新设计了这堂课，从深入解读语篇、整合目标内容、设计真实任务、实践运用体验四个方面进行了该课的课堂教学设计，并以此课为例详细剖析了“主题教学”在小学英语课堂教学中的教学设计和实施策略，对一线的小学英语教师具有很强的实践启发意义。

芬兰基础教育改革经验及其启示

韶关市田家炳中学　李达均

2015 年 11 月 26 日至 12 月 13 日我们在芬兰进行了为期 18 天的培训学习。作为一线教师，能有机会走进并深入芬兰学习来之不易，因此，我特别珍惜这次机会，希望通过自己的观察与思考，试图去解读有“全球第一”美誉的芬兰教育的秘密，分析芬兰基础教育改革的成功经验，探寻对我国基础教育改革的启示，尤为重要的是希望对我本人的教育教学改革有所帮助。

带着这样的目的和问题，我出发芬兰之前认真研究了芬兰的基础教育改革，到了芬兰之后仔细观察芬兰的基础教育改革，回来之后认真比较了中芬基础教育改革异同。特别是回来之后，结合自己的教育教学实际提出了一些改进的方案。下面我将心得体会分享出来，以给读者一些启迪。

1. 国内外学者对芬兰基础教育改革的研究

课程改革历来是教育改革的重中之重，课程内容直接影响学生的学习效果。自 1968 年以来，芬兰基础教育改革的实施经历了从中央到地方，再到以地方和学校课程改革为中心的过程。张德启、汪霞在《芬兰基础教育课程改革的整体设计与实施浅析》中对芬兰 1990 年代到新世纪的芬兰基础教育改革的教育法案和核心课程的内容进行了研究。他们认为：“芬兰基础教育课程改革以学生为本，注重全面发展；颁布了一系列教育法案、国家核心课程和教育发展战略，以保障学生受教育的权利；在课程实施上，贯彻‘因材施教’的原则。”同时总结芬兰基础教育课程改革的成功经验，得到三个方面的启示：“规范化的课程改革框架；以学生为本的课程改革价值取向；重构作为课程创生者的教师角色。”①

任乐腾也研究了芬兰基础教育中灵活的课程教学，多样的学生评价，分析了芬兰基础教育课程改革的新动向，如芬兰逐渐确立的以知识经济为导向的课程改革观；进入21世纪国际间的教育交流更多，所以芬兰课程改革愈加重视外语学习；最后总结出课程设置应该能够体现因材施教的思想，力争为每一个学生找到成长的最佳课程模式；我国课程设置应该向芬兰学习多样化的选课制度并加强对学生选课的指导；教育发展日趋国际化，掌握更多的外语有利于利用全球资源，我国课程设置应该更加注重外语的学习。②

艾米·麦克拉（Armi Mikkola）在其文章《芬兰的教师教育与研究》中用表格的形式介绍了芬兰教师教育的课程内容和结构，芬兰教师需要具备的资格，芬兰教师教育的研究情况，进而分析了芬兰教师教育所面临的挑战。凯莉（Katri Jokikokko）在其论文《跨文化能力和多样化的芬兰教师》中通过分析芬兰学校变得愈加多元化，总结出教师在识别不同和跨文化能力方面需要有特殊的敏感度，芬兰未来的教师需要具备跨文化教学能力，并且根据数据将多样化的概念划分为三个维度：对待不同民族学生的不同价值取向；在不同角色之间转换的能力；跨文化教学能力。海伦·妮米（Hanele Niemi）研究了芬兰在19世纪70年代到80年代之间的课程改革，如从对学生分流到混合能力分班的

① 张德启，汪霞．芬兰基础教育课程改革的整体设计与实施浅析［J］．外国教育研究，2009（5）：61-65.

② 任乐腾．芬兰基础教育课程改革及启示［J］．读与写（教育教学刊），2009（6）：160-161.

改革，从对教育中央集权管理到地方分权制，以及教师作为课程的发展者角色的转变等等改革的内容和过程。

学者们对芬兰基础教育改革的研究，使我在出发前对芬兰的基础教育有了一个初步的了解与认识。

2. 芬兰基础教育课程改革的发展历程与高中课程体系

在为期18天的研修过程中，我们聆听芬兰教育专家的讲座，参访基础教育阶段的各类型学校（从幼儿园到高中，从职业学校到综合学校）与芬兰知名高等教育学校，对坦佩雷市、赫尔辛基市的多处活动课堂进行调研学习，我们对芬兰的教育理念、教育特色、管理体制、课程体系、教师的专业发展、校长的领导力，尤其是对芬兰基础教育的课程改革有了一个更全面而深入的了解。

下面重点介绍芬兰基础教育改革发展历程及高中课程体系的相关情况。

芬兰教育被公认为全世界最优质的教育之一，其在OECD组织的PISA测试中整体表现一直名列前茅。从课程改革上说，芬兰每20年有一个大改革，尤其是综合学校的国家核心课程改革。芬兰已于2014年发布了新一轮基础教育核心课程改革，并于2016年8月开始在全国实施新的《国家核心课程大纲》，其中一项非常重要的内容是融入“主题式教学”的跨学科教学，用“现象教学”分析现实生活，以进一步实现合作学习和个性化学习。

芬兰位于欧洲北部，是一个高度发达的资本主义国家，也是一个高度工业化、自由化的市场经济体。早在13世纪时就融入了中世纪的文化圈，但直到16世纪初才由图尔库主教麦卡尔·阿格里科拉（Mikael Agricola）创立了芬兰语的书面语，1543年麦卡尔编写了第一本芬兰语教科书，1858年第一所用芬兰语授课的文法学校得以创立。回溯芬兰教育发展史，可以看出芬兰基础教育改革发展历程大体经历了四个发展阶段①：

第一阶段（二战后初期）：保守落后的教育体系开始向教育公平化改革迈进。芬兰历史上长期存在双轨制的教育体系，战后不同党派都注重教育公平化改革，成立专门教育委员会推动改革。芬兰第一个教育改革委员会成立于1945年，主要关注初等学校课程和教学改革。第二个教育改革委员会成立于1946年，主要关注教育组织体系改革。虽然此时大的教育结构变革还未获得普遍支持，但教育改革动向已经非常明显，教育公平性明显增加。1955—1956年，就读文法学校的学生只有3.4万名，而5年之后，人数飙升至21.5名，1965年达到27万名，1970年已高达32.4万名。

第二阶段（20世纪60年代初期到80年代中期）：教育进行大刀阔斧的公平与质量改革。一是建立公平统一的综合学校体系，进一步取消综合学校内部存在的双轨制；二是更加注重学生全面发展，尤其关注激发儿童学习兴趣，发展儿童个性；三是课程内容更加注重学生身心发展规律，由教学材料向课程标准转变，强调课程内容与形式要以学生为中心，并且充分发挥教育专家及广大教师的作用；四是教师教育与培训转型升级——国家层面和省级层面都成立了专门的教师培训讲师团，学校层面也配有专门的教师培训人员，自20世纪80年代中期开始，硕士学位成为中小学教师入职的必备条件。

第三阶段（20世纪80年代中期到2010年）：教育在“第三条道路”影响下沿着“第四条道路”改革。改革的主要内容：一是学校体系开始追求规模效益和个性化；二是行政权限下放；三是拨款方式改变，更加强调地方责任，更加注重绩效；四是课程放权，高中不分年级制课程体系正式建立（表1）。

① 引自芬中教育协会访问学者、中国教育科学研究院康建朝博士2015年12月1日的讲座内容。

表1　芬兰基础教育模式的“第四条道路”与全球教育变革运动对比表

全球教育变革运动	芬兰教育发展道路
教学与学习标准化	教学和学习个性化
注重学生对基本知识的学习	鼓励学生创造性的学习
课程标准化	课程灵活化
根据商业化思维或模式来改革教育	根据经验和人才成长规律来改革教育
以标准化测试作为问责和控制手段	倡导责任共担和信任文化

第四阶段（2010年后）：教育改革再起航。主要内容有四项：一是新规划：2020年教育与文化发展愿景规划；二是新课改：2012年发起新一轮基础教育课程改革；三是新技术：2013年启动教育云服务项目；四是新标准：2012年颁布新的基础教育质量标准。

芬兰基础教育新一轮课程改革中普通高中课程体系显现出以下几个鲜明特点：

一是地方政府和学校拥有较大课程自主权，课程开发和设计尊重多方利益相关者意见，国家教育委员会负责制定国家课程标准，地方政府和学校自主开发和设计具体课程内容。

二是国家课程标准的制定，是教育行政人员、协会组织、学校管理人员、教师、家长等广泛参与及建言献策的结果，其中校长负责整体课程设计，教师则负责自己相应部分的课程设计，校长还会充分考虑学校学生，让学生真正参与到自身课程的设计和开发中来，从而让最终制定的学校课程能够真正满足学生需要。

三是地方和学校的课程方案注重通盘考虑，比如包含课程设计价值与原则、教育教学总体目标、学校文化和学习环境创建及教学方式方法选择、学习与职业指导与咨询、教学的融合性与跨学科主题的实施安排、具体课时分配、不同学科和课程模块的教育教学目标与内容安排、独立自主学习原则的体现、信息交流沟通策略、对学习困难学生的教学支持、针对不同文化和语言群体的学生个性化的教学安排、学生评价方式方法、学校教育教学评估与可持续发展措施等诸多要素。

四是课程内容模块化，即一门学科按内容与难度可分为数量不等的若干课程模块，比如按难易程度将数学分为几何、解析几何、三角与向量等，形成10多个课程模块。一个课程模块包括38个课时，每个课时一般45分钟（表2）。

表2　　芬兰基础教育课程模块学程一览表（单位：门）

学科或学科群		必修学程数	最低限度专业学程数
母语及文学	芬兰语/瑞典语/萨米语	6	3
语言	第一外语（一般从小学3年级开始学起）	6	2
	第二外语（一般从初中1年级开始学起）	5	2
	其他语言	—	16
语言	基本学程	6	2
	高级学程	10	3
环境与自然科学	生物	2	3
	地理	2	2
	物理	1	7
	化学	1	4
	宗教/伦理	3	2
	哲学	1	3
	心理学	1	4
	历史	4	2
	社会学	2	2
艺术与体育	体育	2	3
	音乐	1~2	3
	视觉艺术	1~2	3
	健康教育	1	2
	教育与职业指导	1	1

续表

学科或学科群		必修学程数	最低限度专业学程数
必修学程	47~51		
最少专业学程	10		
最少总学程	75		

五是课程类型多样化，为学生提供了充足的选择机会。芬兰普通高中课程分必修学程、专业学程和应用学程三种类型，其中必修学程面向所有学生，以保证每个学生都能达到国家规定的最基本的要求；专业学程是对必修学程的拓展和延伸，地方和学校可根据国家指导和本地实际情况设立，每个学生除了必须完成必修学程以外，还须完成一定量的专业学程；应用学程则为学生提供一些专门的知识，注重不同学科内容的交叉性、融合性、应用性，主要由各学校根据学生的兴趣而开。一般每所高中开设必修课、专业课和应用课都在 300 个学程以上。芬兰政府规定，一名普通高中学生毕业至少需要完成 75 个学程的学习，其中包括 47~51 个必修学程和 10 个专业学程，余下的学程学生可以选修专业学程，也可以选修应用学程。图 1 展示的是芬兰赫尔辛基万塔高中 2015 学年学校课程模块安排表，全校开设有大约 950 个模块，其中 63%~68%的课程是必修学程。芬兰每所学校每一学年（一学年分五个学期，有五个不同的时间安排表，每学期 7 周，安排有四至七个科目）都有这样一个课程模块安排表，表中包含有科目名称、课程编号、若干学习小组、教室编号、授课老师姓名等大量信息。

六是个性化的选课制度，即学生可以根据个人的兴趣、爱好和志向，制定整个高中阶段适合于自己发展的课程学习计划。芬兰普通高中的每个学生都有属于自己的课日表，从而最大限度地满足了学生个体不同倾向、爱好和发展要求的需要，实现了“因材施教”的个别化学习

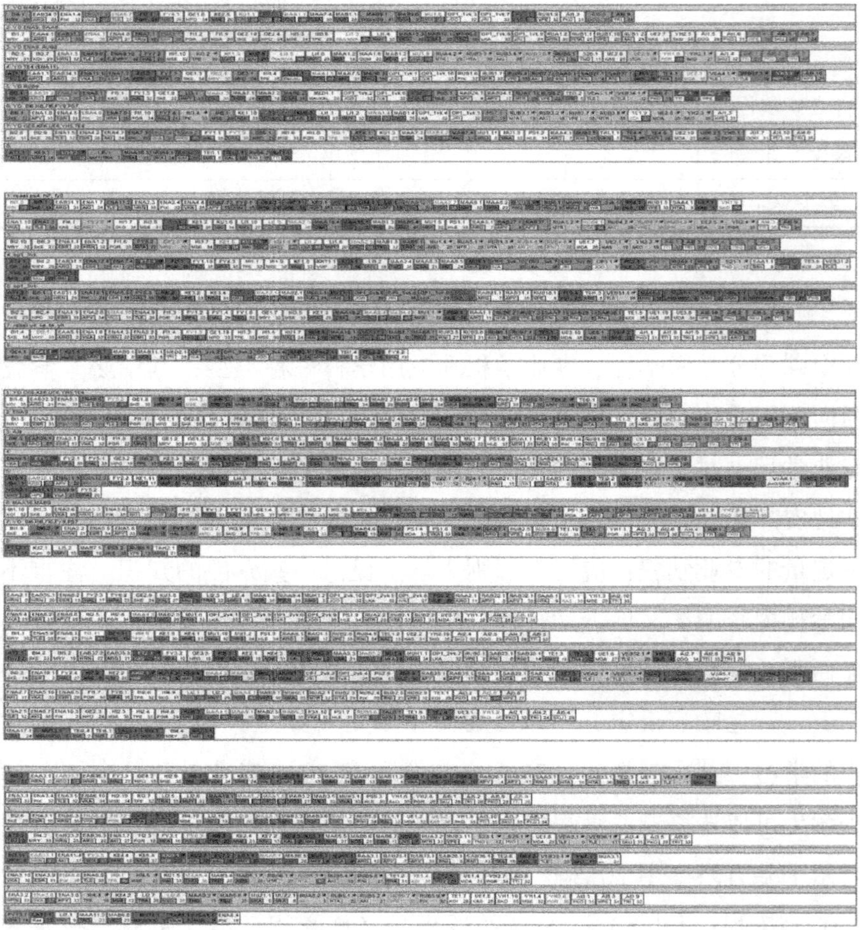

图 1　赫尔辛基万塔高中 2015 学年学校课程表

原则。下面是我随机拍摄的一张学生的课日表（图 2）。

芬兰国家教育委员会指出，芬兰课程改革要实现从“教什么”到“怎么教”“怎么学”的转变，所以，在新一轮基础教育改革中，“现象教学”被视为新核心课程改革的主导思想，学校特别重视合作学习环境的创设以及学习趣味的培养。“现象教学”是相对分科教学而言的，并非将传统学科打破，数学、芬兰语（母语）、瑞典语（母语）、英语

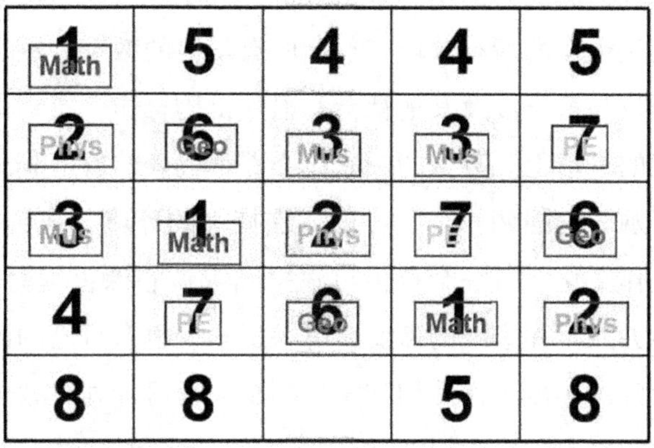

图 2　芬兰赫尔辛基万塔高中 2015 学年某学生课日表

(外语)、历史、美术、音乐、体育等科目照常开设，只是在“现象教学”时，基于生活中的真实现象或话题，将不同主题涉及的学科知识融合在一起，以跨学科模块的方式教授。即“现象教学”是融合各学科知识为学生准备的跨学科课堂教学模式。

总之，芬兰实施新的国家核心课程的中心目标是发展学校文化，促进教学整合，让学生能够了解不同学习内容之间的相互依存关系；能够结合不同学科的知识和技能形成有意义的认知体系；能够在协作学习中采用和使用这些能力。“现象教学”属于多学科学习模块，是整合学习、增加不同学科之间对话的工具，是学校与地方政府根据当地学生需要和兴趣自由规划的单元和模块，也是学生、教师、家长、学校共同合作，在不同科目之间相互融合，帮助学生掌握未来社会生活技能的通道。

3. 芬兰基础教育改革对新世纪中国教育改革的启示

芬兰全国教育委员会与教师教育机构、学习材料出版商、研究人员、自治市教育当局、校长和教师、社会服务和全国保健机构合作，制定了核心课程。这种广泛的合作保证了教师可以获得其他方面的广泛支持。核心课程为所有自治市和学校的工作规定了共同的指导方针。它的内容覆盖学校运作的所有领域，包括所有学生的教育。核心课程还要求自治市和学校与家长以及其他社会和卫生机构合作，特别是在事关学生发展和福利的事情上。芬兰的国家核心课程代表的价值观是全纳教育所依据的价值观。它强调一个友好的、支持性的环境，强调一个开放的、鼓励性的运作文化。每一个自治市根据国家核心课程编写自治市课程，同时考虑地方儿童和家庭的需要。每一所学校也有自己的课程，用于制订学校和教师的年度工作计划和学生的个人学习计划。教师和其他学校工作人员都积极参与课程规划，在讨论课程问题时，都必须思考对自身教学和学生学习的影响。学校还要制订计划，确保一个安全的学习环境，监督学生的出勤，保护学生免受欺侮、暴力和骚扰。通过这个过程，教师学会将学校的运作视为一个整体，而不只是狭隘地专注于自己的班级和课程。而这又有助于他们发展各种专业知识和能力，为全纳教育实践创造一个更好的基础。与此同时，学生和家长也越来越多地参与学校课程制定，他们的需求和观点影响着学校的实践。

于 2016 年 8 月开始在全国实施的基础教育国家课程大纲更是强调基础教育对于实现平等的重要意义，它是这样描述教学任务的："教学的基础是芬兰的文化，芬兰的文化是在本土文化、北欧文化和欧洲文化相互作用中得以发展的。在教学中，必须考虑特殊的民族、民族语言、两种民族教会和作为土著居民和少数族群的萨米人。教学必须同时考虑芬兰文化因为移民的到来而产生的多样性。教学有助于支持学生自身文化认同的形成，以及对自身在芬兰社会以及全球化世界中的角色的认同。教学也有助于促进宽容和跨文化理解。基础教育有助于增进地区平等和个人之间的平等。教学必须考虑学习者的多样性，通过赋予女孩和男孩基于平等权利和平等社会、工作和家庭责任的行动能力，推进性别平等。基础教育必须为多样化成长、学习和一个健康自尊心的发展提供机会，以便学生可以获得生活中所需的知识和技能，为继续学习作好准备，同时作为一名有密切关系的公民，努力推进民主社会的发展。基础教育还必须支持所有学生的语言和文化认同，发展他们的母语。一个更远的目标是唤醒终身学习的欲望。”① 在综合学校中，课程和跨文化主题教学的目标提倡着眼于一般的能力，强调知识的获取、沟通与合作、积极参与、问题解决和掌握学习技能。

此次芬兰课程改革将跨学科主题引入学科课程教学当中，说明课程的转型已经从基于知识转向基于技能。芬兰课程改革一向敢为人先，此次课程改革的成效如何，尚未完全显现，如何在基于知识和技能的课程中找到一个平衡点，虽仍需拭目以待，但对于新时期的我国基础教育改革来说，我们还是能从中得到有益的启示。

2010 年岁末，世界经济合作与发展组织（OECD）在多哈宣布，上海参加了以考查义务教育阶段学生学习能力为宗旨的国际学生评估项目（PISA）测试，在全球 65 个国家和地区中，上海学生在阅读、数学和科学三项指标得分中均名列第一。同时，PISA 测试结果也显示，上海学生的卓越是公平的卓越。在 PISA 测试中，将父母受教育程度、职业、家庭财富、家庭教育资源、家庭文化资源等综合为家庭经济文化地位指数，与学生阅读成绩结合起来分析发现，上海属于“成绩高于 OECD 国平均值，家庭经济社会背景对成绩的影响低于 OECD 国平均值”行列，说明上海质量高且均衡，总体上教育公平状况优于大部分 PISA 参与国家和地区。

那么，该如何看待上海在 PISA 测试中夺冠呢？一方面，不应该对中国的基础教育和中国的学生妄自菲薄。上海在 PISA 测试中夺冠，说明即使是按照国际的标准，中国也是能办好基础教育的，上海过去在基础教育改革中所付出的努力是卓有成效的，中国学生的刻苦精神和聪明才智并不比其他国家的学生逊色，甚至可以说更出色。但是另一方面，

① 洪健峰．芬兰基础教育改革研究——从兼顾公平和卓越的视角［D］．浙江师范大学，2012.

上海夺冠并不代表目前的中国基础教育是成功的，是世界上最好的。这是因为，上海的教育不能代表中国的教育；上海的PISA成绩也不能简单地拿来和美国的PISA成绩相比较，因为一个发达城市的教育成就毕竟不能和一个国家整体的教育水平相提并论。再者，正如北京大学教育学院教授、北京大学附中原校长康健所认为的那样，在PISA的测试中，并没有计算中国学生为取得现有成绩所付出的巨大代价：譬如课堂教学所花费的时间，家庭作业所付出的时间，课外培训补课所付出的时间。①

中华人民共和国成立70年，特别是改革开放40多年，中国的基础教育取得了巨大的成就，但是我们决不能就此停住前进的步伐，因为我国教育还存在很多教育公平的问题，在通向教育公平这条路上我们还有很长的路要走，而芬兰在这方面无疑给我们提供了良好的学习方向。

首先，为所有学生提供平等的入学机会。让不同学习基础的学生都达到同样的学习目标确实不容易，但我们应该尽力建立一个更为灵活的教育体系，比如灵活的课程设置，学生学完一个年级的课程可以直接进入下一个年级学习，而不被别人拖后腿。除此之外还应该为学生提供各种教育支持，以便及时发现学生学习过程中的问题并帮助其及时解决，从而有效地防止学生掉队，甚至是辍学现象的发生，最终增加每个学生学习成功的机会。因为芬兰式的教育公平就意味着让每个学生最大限度地实现自身的发展，所以这种灵活的教育体系是实现教育公平的有效途径。当然，若想让这些计划有效地实施并保证教育成功，一支高水平的师资队伍是必不可少的。芬兰不断提升教师的入职门槛，做到优中选优，并且不断提高教师的能力，希望教师有足够能力应对不同的学生并与灵活的教育体系相适应。目前我国教师的入职门槛也在不断提高，但我国目前现有的教师队伍总体上很难适应普通高中新课程的要求，因此在课程改革中加大对教师的培训力度以及师资队伍的建设应当成为新一

① 谢湘．PISA测试上海夺冠回答了什么［N］．中国青年报，2011-03-04(08)．

轮课程改革的重中之重。

其次，让每一名学生的学习机会最大化。这既是教育公平的体现，又是通向教育卓越的路径。为此，应保证所有学生都有接受教育的机会，在此基础上设置灵活的课程体系、及时的学习支持和配备高素质的教师，实现芬兰式的教育公平，而做到芬兰式的教育公平后教育卓越也就是水到渠成的事了，也许这就是芬兰基础教育公平而卓越的秘密。21世纪中国基础教育改革既要及时总结本国的成功经验，又要积极吸收像芬兰这样的成功国家的经验，只有这样才能尽快地实现基础教育公平而又卓越这一理想。

再次，注重课程设置的公平性。贯穿芬兰基础教育课程改革的核心价值，是“不让一个孩子掉队”的平等精神，体现在课程设置上是注重公平与平等的原则。芬兰的课程绝非只是满足一部分学习成绩好的学生，同时也考虑到成绩一般或者学习起来十分吃力的学生。芬兰课程设置的多样化就是为了保证满足不同学生的兴趣需要，力争为每一个学生找到成长的最佳课程模式，学校通过开设相应的课程来引导、促进不同学生在不同方面的发展，以保证学生多方面才能得到充分的发挥。而在我国，课程设置却只是尽量满足一部分学习积极与自觉性较好的学生的需要，这些学生往往在学习过程中能轻松理解不同课程中的知识，取得较好的学习成绩，从而赢得老师的青睐；而部分在学习方面表现不是很出色的学生往往容易被老师忽视，对课程内容缺乏兴趣，考试成绩不理想，使之更容易被忽视，形成一种恶性循环。因此，在我国今后的课程设置中，“应当设置不同的课程内容满足不同学生的需要，让每一个学生都能在学习中找到自己感兴趣的课程内容”。课程和教材不是只为部分成绩好的学生设置的，而应该满足不同群体学生的需要，“让每一个学生都能得到发展，落实教育的公平政策”。①

① 和学新，杨静．新世纪以来芬兰基础教育课程改革及其启示［J］．当代教育与文化，2014（2）：41-49.

最后，为学生提供多样化的选课方案。芬兰学生可以根据个人的兴趣、爱好和志向，制订整个高中阶段适合于自己发展的课程学习计划。个性化的选课制度，最大限度地满足了学生个体的不同倾向、爱好和发展要求的需要，实现了“因材施教”的个别化学习原则。芬兰普通高中学制富有弹性，多数学生一般3年即可修完规定的总学程，但有些学习进度快、成绩优异的学生2年就可以毕业，也有些学习进度较慢或学习兴趣较广的学生4年才毕业，不同的学生“可以根据自身条件、学习计划和安排等情况，自行决定完成高中教育的年限”。① 芬兰普通高中还将一些兴趣性与实践性的东西形成课程模块，特别是选修性课程，如汽车修理、汽车驾驶、摄影、舞蹈等，学生选修这些课程都计算学分。开设这些课程模块，可以是学生所在学校，也可以是别的学校，还可以是社会培训机构，只要事先经过校长认同就行。芬兰人如此开设课程，既充分利用了社会教育资源，解决了学校资源不足的问题，又很好地满足了学生的多样性爱好和能力培养的需求，比较好地做到了学习与兴趣、知识与能力培养的有机统一。对我国来说，在今后的课程改革中，为学生提供丰富的课程以及适切的选课指导以适应迅速变革的世界，对保证学生多方面才能的发展，满足人才多样化即受教育者成长的规格、层次、职业取向多元化的需要具有十分重要的意义。课程选择不仅关系着学生当下的学习，从长远来看，对其今后的人生选择也会产生潜移默化的影响。

4. 结语

芬兰基础教育课程改革的成功吸引了全世界的目光，各国纷纷对芬兰课程改革进行研究。认真研究新世纪芬兰课程改革的经验得失，对我国正在推进的课程改革无疑具有重要的借鉴意义。

---

① 李勇，李俊杰．芬兰高中“不分年级制”教学模式及启示［J］．世界教育信息，2008（4）：55-57.

我们既要理性对待芬兰课程改革的经验，不能全盘照搬，处处说好；更要考虑到我们与芬兰有着截然不同的文化背景、教育制度，特别是庞大的受教育人数。对待“芬兰模式”，我们必须立足我国现实的基础，有选择地改进我国的课程，有步骤地推进我国的课程改革，从而走出一条符合中国特色的“本土化”教育改革成功之路。

◎ 参考文献

[1] 洪健峰．芬兰基础教育改革研究——从兼顾公平和卓越的视角［D］．浙江师范大学，2012．

[2] 张晓露．芬兰基础教育阶段的跨学科主题课程［J］．中国教师，2015（03）．

[3] 王光明，康玥媛，曹一鸣．芬兰独特而平稳的教育改革及启示［J］．天津师范大学学报（社会科学版），2015（05）．

[4] 丁瑞常，刘强．芬兰教育质量监测体系探析［J］．比较教育研究，2014（09）．

[5] 田腾飞．芬兰基础教育的质量标准及其评估机制探析［J］．比较教育研究，2013（04）．

[6] 刘涛，陶媛．芬兰中小学教师教育硕士化制度探析［J］．教育探索，2012（12）．

[7] 王悦芳．芬兰基础教育改革的逻辑与理念［J］．外国中小学教育，2009（06）．

[8] 原青林．芬兰基础教育成功因素新探［J］．外国中小学教育，2007（12）．

[9] 陈之华．芬兰教育全球第一的秘密［M］．中国青年出版社，2009．

[10] 康建朝．芬兰基础教育［M］．同济大学出版社，2015．

[11] 张晓光．走进芬兰基础教育［M］．西南师范大学出版社，2016．

“现象教学”
——芬兰 2016 教改新模式探析

广东省教育研究院　陈式华

被誉为世界教育水平第一的芬兰于 2016 年 8 月实施了《国家课程框架》，提出：“从 2016 年秋季起，面向 7～16 岁学生的所有学校必须在课程大纲中留出一段时间（每年至少一次，持续数周）用于跨学科的现象教学，具体时间长短由学校自行决定。”《国家课程框架》明确提出“现象教学”这一核心新概念。了解其基本内涵、明晰其理论依据、掌握其主要流程、探讨其价值意义、正视其问题困惑，为的就是借他山之“玉”，创中华民族教育新辉煌。

一、现象教学的基本内涵及理论依据

现象教学也叫话题教学或融合式教学，它围绕学生感兴趣的现象或话题来进行跨领域、多学科的融合教学，强调通用能力和各学科之间的协作（图 1），是一种将能力培养和科目教学相结合的“既见森林，又见树木”的新型教学法。

在教学时空方面，在以现象（话题）而非学科为基础的教学中，学生可以同时与若干个学科教师在同一学习空间（教室、实验室、图书馆、校内外实践基地等场地）进行教学互动。

在教学内容方面，现象教学不再以学科概念、原理、逻辑、体系进

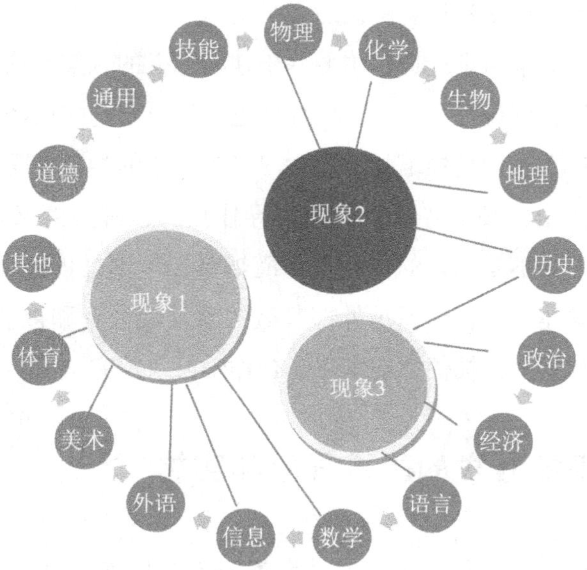

图1　现象教学图示

行分科教学，而是按照"基于生活、基于现象、基于项目"来选择取材广泛的现象（话题）。现象（话题）最大的特点是"基于生活需要、涵括多科元素、剖析生活现象、回归生活应用"。例如，小学阶段"综合环境"的现象教学就包括生物、地理、物理、化学和健康研究等内容；中学阶段"联合国"的现象教学就涵盖地理、历史、语言、宗教、政治、经济等多个方面内容；中职教育的"模拟银行"教学内容，涉及数学、外语、电脑操作、人际沟通等技能。

现象教学的教学理论依据主要来自美国著名教育家杜威。杜威从经验自然主义对"科目中心"进行解剖批判，他坚持用联系的、整体的、变化发展的观点来看待课程，认为"学校科目相互联系的真正中心，不是科学、不是文学、不是历史、不是地理，而是儿童本身的社会活动"。他创造出了新的"社会活动中心"课程模式。现象（话题）教学传承了其"以学生为中心、以生活为中心、教育即生活、做中学"的核心理念；同时，它又传承了德国赫尔巴特学科教学重视知识培养的理念，是两种课程教学论思想的调适和平衡。

现象教学的学习理论依据主要基于建构主义的认知理论，充分发挥学生的主体性，创设民主环境，引导学生利用自己的先前经验对问题进行解释。提倡在教师指导下的、以学习者为中心的学习，既强调学习者的认知主体作用，又不忽视教师的指导作用，教师是意义建构的帮助者、促进者，而不是知识的传授者与灌输者；学生是信息加工的主体，是意义的主动建构者，而不是外部刺激的被动接受者和被灌输的对象，因而在学习方式上，提倡主动学习、合作学习、探究学习。

二、现象教学的基本程序和实施

现象教学的基本程序是：展示现象→描述现象，解释现象形成原因、影响→现象的结果分析→解决方法分析。

从教学实施环节看，现象教学主要包括“现象（话题）选择与学时规划、教师备课与教学、学生学习与效果评估”三部分。在实施过程中，教师要调动学生的思维，让学生通过现象去发现现象背后的本质和规律。

1. 现象（话题）选择与学时规划

现象的选择。现象（话题）设计必须基于生活现象、基于现实需要、基于学生特点去选择，而不能选择虚拟的、幻想的、不真实的生活现象。各年级的话题由教师自主选择，但选取的现象要具有一定的典型性，能揭示背后的规律，同时，学生必须参与选择。例如，12 月 6 日是芬兰独立日，教师就可以选择“独立日”进行教学；国际恐怖分子频频在世界各地制造恐怖事件，教师可以进行有关“恐怖组织”的现象教学……总之，一切生活真实现象都可以作为教学的主题，教学的目的是让学生更好地回归生活。

学时的规划。一个现象（话题）的学时根据教学需要确定，由于涉及的是多学科内容，所以学时一般是2学时以上，多的甚至可以达到16学时。

芬兰2016年新的《国家课程框架》并没有规定学校现象教学的具体内容和话题，而是由各学校先自行试点和决定，然后再在全国挑选优秀的现象（话题）进行推广。

2. 教师备课与教学

小学阶段的现象教学一般由一个教师进行全科教学，该教师对现象（话题）涉及的所有知识进行综合教学，在教学中教师不会人为地把知识刻意划分为各学科知识，强调的是知识的融合式教学。

例如小学三年级烹饪课，教师需要教会学生怎样做菜，要分析为什么要这样做？要讲解烹饪温度、食物储藏与发酵所涉及的物理、化学、生物知识，食材搭配所涉及的营养学、色彩学知识，食材购买价格、时机、地点所涉及的经济学、地理学、交通、语言沟通等知识，涉及的所有知识都由一个教师在一定的时间段内完成（图2）。

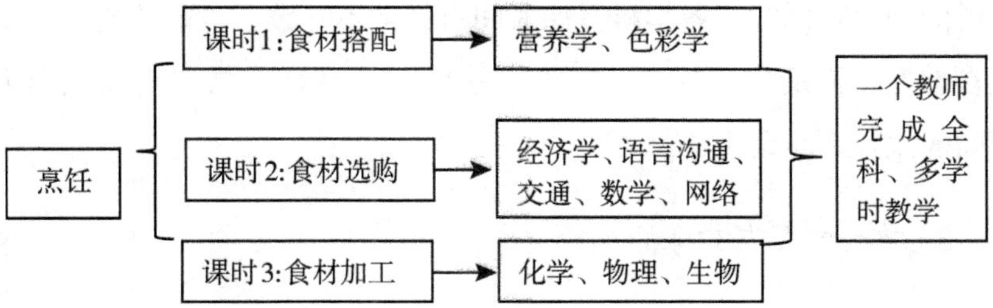

图2　烹饪现象教学图示

再如小学有关"天气"的现象教学，教师可以从教室外的即时天气状况进行教学，让学生了解本地的、本国各地的、世界主要城市的天气，了解天气对人们生活的影响。涉及"地理、生物、物理、化学、经济、政治"等学科知识，需要教师进行融合式教学。

中学阶段的现象教学需要若干个相关学科教师围绕“现象（话题）”进行充分沟通、协调分工、协同备课，既各尽其职，又相互协调。在备课阶段，各相关学科教师在统一目标、同一现象（话题）的背景下进行个体个性化备课；在课堂教学阶段进行“合作教学”，也就是一堂课可能有2~3个甚至更多相关学科教师共同围绕现象（话题）或分别或协作进行教学，使学生对现象（话题）的认识是一个系统的整体，而非“只见树木，不见森林”的孤立的单科知识。

例如：围绕“欧盟”这一现象（话题）进行教学，涉及经济学、政治学、历史、地理、语言表达、人际交往、交通知识、生活常识（预订酒店、机票、饮食）等多学科知识。各相关学科教师需要在一起商讨备课，然后在某一时间段，相关的若干个老师共同进入班级授课，既分工又合作，进行学科融合式合作教学（简要流程见图3）。而在以往单学科教学中，虽然历史、地理、经济学、政治学都有涉及欧盟内容，但都是分散在不同时间、不同学科所进行的零散教学，各学科教师只教授自己学科知识，在涉及其他学科知识时，学科教师由于知识储备或者其他原因往往不能胜任，单学科教学方式使知识被人为地分学科割裂，因而，经常出现某些知识在多学科重复讲，某些知识在各学科都没有讲的现象；同时，各学科授课时间点经常不一致，可能欧盟这一知识点在地理学科是3月，在历史学科是12月，从而常常出现知识因为时间间隔太长而忘记现象。

3. 学生学习与效果评估

现象教学的学习方式不再仅仅是传统的学生被动坐在教室里面听课或者等待被提问，而是有更多自主学习、合作教学、研究性学习、社会实践的机会。

学习效果的评估主要包括自评、小组内部互评、师评三部分，既有细化的量化评价，也有描述性的质化评价，既有过程评价，也有结果评价，力求做到客观、公正、全面。

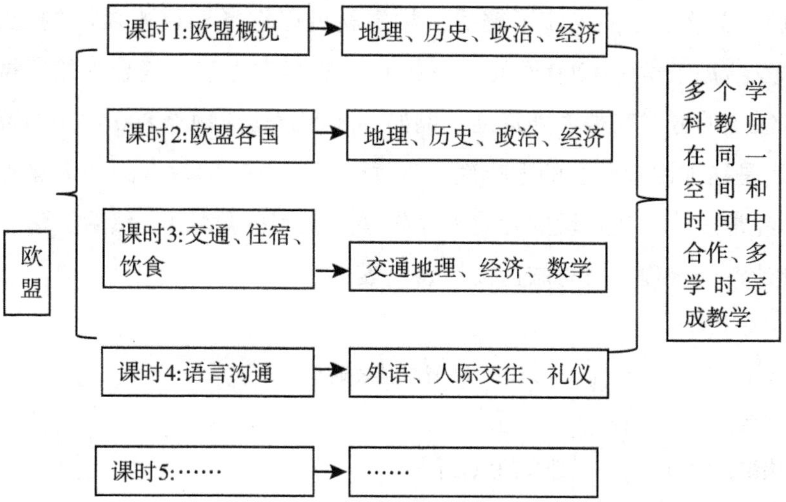

图3 "欧盟"现象教学图示

教师教学效果的评估主要包括"学生对教师的评价，授课教师之间的互评"，目的是促进教师的教学发展。

下面以芬兰Naistematka学校的"欧盟"现象教学为例具体加以说明。该现象教学主要由两个教师进行协作教学，共有16学时，通过让学生设计欧盟旅游方案的形式进行。各学科教师是通过iTunese U软件（一种网络公开课软件，教师可以把自己的音视频、文字、作业等放到软件中，实现教师之间备课的交互、师生之间教学的交互、学生之间交流的互动）进行集体备课、师师互动，进行师生教学互动、评价互动。整个教学借助IPAD硬件设备进行授课。学生通过小组合作、自主探究的方式进行学习。

整个课程的设计方案包括：欧盟概况、欧洲各国概况、选择旅游目的地、目的地的天气气候地貌、出游方式（火车、飞机）、住宿（旅店、青年旅社、居民家里）、饮食、整个的旅游计划等。现象教学并不是抛弃学科知识，而是把学生应该掌握的知识进行重新组合。首先，为让学生了解欧洲地图，教师发给学生一张空白的欧洲地图，让学生能填写出相关的信息（例如各国在欧洲位置、首都、人口、主要的生态、河流）；其次，学生初步了解后，学生就可以选择期待去旅游的地方，老师发给每个学生 1200 欧元（虚拟）的资金作为基础资金，然后再通过掷骰子的方式获得额外资助，例如掷 8 点就获得额外 800 欧元的资助（作用是增加课堂教学的趣味性、生动性。芬兰基础教育的一大亮点是老师经常设计一些好玩的游戏来激发学生学习的热情），然后，学生规划设计整个旅程，填写旅途设计表（表 1）。

表 1　　**欧盟旅游攻略**

姓名：

旅游目的国：　　　选择的原因：

资金预算：

1. 收入：________

2. 各项资金开支预算

出行时间：________________，原因（气候、价格等原因）______________

出行方式：________________，原因________________________________

住宿：____________________，原因________________________________

饮食：____________________，原因________________________________

景点：____________________，原因（历史、艺术、文化因素）__________

其他：____

具体行程安排：

第一天：

第二天：

……

最后，是评价环节，包括自评、互评、教师评价，既有分数的量化评价，也有描述性语言的质化评价，学生可通过扫描二维码打开评价表。

从该校“欧盟”现象教学的案例中，我们可以看到现象教学方法是一种将“能力培养和科目教学相结合”的新式教学法，它既践行了杜威“做中学”的理论，也有德国赫尔巴特学科教学重视知识培养的理念，是两种教学理论的调适和平衡。

三、现象教学的意义

现象教学基于生活现象和话题，回应了“为什么要学”“学了有什么用”“学了怎么用”等学习价值和功能问题，促进了学生主动学习、创造性学习；促使学生关注生活，勤于思考，学以致用，有利于培养学生交流表达与合作沟通的交际能力、多元化的“听、说、读、写、思、用”综合能力、信息技术处理能力、个人规划能力、日常生活应对技能等；有利于让学生掌握生活所需知识和能力来应对工作和生活中的现实社会挑战，让知识回归生活，让学习融入社会。

现象（话题）教学打破了传统学科教学知识孤立化、碎片化的藩篱，克服了传统分学科教学“去生活化”的弊病，使教学能完整、系统、全面、真实地反映生活、贴近生活、回归生活、贴近学生、贴近实际、贴近真实，有利于培养学生的分析能力、综合能力。

现象（话题）教学有利于克服学科教学课程体系臃肿的顽疾，有效减轻了学生的学习负担。在现象教学方式中，教师和学生一起探索现象（话题）所涉及的生活知识、专业知识、相关学科知识、教育学、心理学等各方面知识，实现师生教学相长；教师之间一起备课、一起学习、相互交流、相互评价，实现共同发展。

虽然在现象教学的试点实践中，芬兰也遇见了各种问题与困惑，例如“教师教学观念更新、教学水平、教学能力、综合学科素养提升问题；现象（话题）的科学界定问题；如何评价现象教学的学习效果？如何评价各学科教师在现象教学中的表现和效率”等等，但该国认为只要尊重了教育的本质、符合了教育的发展趋势、遵循了教育的发展规律、着眼于学生真实的需求、关注了未来社会发展要求的改革，就应该勇于实践，不断创新，只有这样才能推动该国教育始终走在世界的前面。

四、现象教育的中国之鉴

当前，我国基础教育尤其是小学阶段“课程上的分科设置、课堂中的讲授式教学、内容上的去生活化”的教育教学模式已经不能完全满足学生发展的需要，也不符合当今以及未来社会发展的期待。我们必须直面并解决好当前基础教育发展面临的以下四个选择。

1. 在课程设置方面，义务教育阶段尤其是小学阶段的课程设置是综合课程好还是分科课程好，是学科融合课程好还是单科专科课程好

毫无疑问，小学阶段尤其是低年级阶段应该是综合课程、学科融合课程；小学高年级应该是以学科融合课程为主，语文、数学、英语分科实施；初中既有分科课程，也有学科融合课程，语文、数学、英语分科开设，政治、历史、地理融合为社会科，物理、化学、生物融合为科学科，美术、音乐、舞蹈综合为艺术科；高中阶段也必须开设一些物理、化学、生物、信息技术、人文科学、艺术、综合实践融合的课程。

2. 在教学目标上，知识目标和能力目标哪个更重要

毫无疑问，两者都重要，但能力比知识更重要，而学生核心素养比知识、能力更重要。教育培养目标必须着眼学生的核心素养，立德树人，培养当前和未来社会发展所需要的人。

3. 在教学方法上，哪种教学方式是当前和未来的应然选择

各种教学方法都有一定的优点和缺点，方法的选择关键是取决于教育目标的设定，当前以及今后我们的教育任务都是立德树人，教学目标

都是立足于学科核心素养。因此，基于自主探究、小组合作、生活实践的各种教学方法，如现象教学法都是我们必须去勇于探究和实践的。而远离生活、空谈理论、漠视生命的讲授法不应是课堂教学的主流。

4. 在教师培养方面，应该培养全科教师还是专科教师

当前，我国的中等师范学校基本消失，师范大学基本上是按专科教师要求培养师范生的，结果是基础教育阶段专科教师无法胜任全科教学，也不能完全胜任专科教学。为此，我们必须培养一定数量的全科教师以适应全科教学的需要。对于专科教师，我们必须加大培养力度，未来中学阶段的专科教师要求必须有研究生以上学历。

面对世界发达国家不断推进教育教学改革，我们唯有虚心好学之精神、辩证创新之态度、勇于探索之行动，既根植于几千年来我国优秀的教育传统，又博采世界各国教育之众长，借鉴芬兰“现象教学”、美国“活动教学”等先进经验，坚定推进我国教育教学改革，才能创造中华民族教育新辉煌。坐而言，不如起而行；路虽远，行则将至；事虽难，做则必成。教育亦如此。

（此文于2016年11月发表于《教育与教学研究》杂志）

主题意义探究下的小学英语课堂教学实践

河源市教育教学研究院　游海燕

英语课程应该把对主题意义的探究视为教与学的核心任务，并以此整合学习内容，引领学生语言能力、文化意识、思维品质和学习能力的融合发展。这一以核心素养的培养与发展为目标的课堂教学理念，对小学英语课堂教学的设计与实施具有重要的理论与实践指导意义。然而，要将这一理念落实到具体教学实践中，还需要教师们不断地去探索。本文将结合教学案例，探讨在小学英语课堂教学中设计与实施基于主题意义探究的教学活动的可行性及其操作策略。

一、教学内容与目标分析

1. 教学内容分析

本节课的教学内容为人教版《英语》五年级上册 Unit 4 “What can you do? ” 中的 Part A（教学内容见图 1）。该部分有三项内容：

（1）Let's Try 板块呈现了 Mike 画画与跳舞的图片，要求学生听对话录音并勾选出 Mike 能做的事情的图片。听力对话的内容是 Chen Jie 与 Mike 谈论下周二将要举办英语晚会，Chen Jie 问 Mike 能为晚会做什么，Mike 说他能画画。

（2）Let's Talk 板块呈现一幅 Zhang Peng 在唱歌、John 在练武术的

图片，还呈现了 Miss White 与他们俩对话的语篇文本。对话的内容为 Miss White 询问学生能为下周二举办的英语晚会做些什么，Zhang Peng 和 John 分别回应说自己能唱英文歌和表演武术，Miss White 对此表示感谢。

（3）Part A 还呈现了 Lisa 与 Wu Yifan 图片以及他们的对话文本，同时还附有一些与晚会活动相关的词组。

该单元的主情境图（图 2）呈现了 Miss White 与 Chen Jie 在办公室的对话，Miss White 告知 Chen Jie 将在下周二举办英语晚会，询问她能为晚会做些什么，Chen Jie 说她能弹琵琶，Miss White 表示赞赏。

图 1

图 2

本单元主情境图中的语篇文本与 Part A 中 Let's Try 和 Let's Talk 语篇中人物的交际话语在话题和语境方面一致，为此，笔者在教学设计时将此部分一并纳入本课时的语篇学习范畴。教材提供的语篇话题清晰（谈论能为班级英语晚会做什么），交际语境清晰（在举办班级英语晚会前夕进行的谈话)，但是语篇中人物交际的目的是什么，并没有清晰地展现出来，需要学生去分析、判断，通过深层次挖掘语篇文本才能得出结论。

2. 学生分析

本课时教学对象为小学五年级学生。他们从三年级开始学习英语，经过两年的英语学习后，具备了一定的语言交际和运用能力。对于本课时出现的核心句式“What can you do for…? /I can…”及关于能为晚会做些什么的话题语境，虽然学生是第一次接触，但他们之前学过“How many… can you see? / What can you see at …? 及其回答 I can see…”等句式，并且在真实校园生活中对筹备晚会的话题也不陌生，因此本课的语篇内容对学生而言难度不大。

3. 设计思路

基于主题意义探究的课堂教学就是围绕一定的主题设计教学目标、教学内容和教学活动，其基本思路是：在真实情境中围绕主题开展教学；根据主题设计教学目标和具体教学要求；根据教学目标和教学要求设计教学活动，帮助学生实现认知和非认知学习目标。笔者在分析教材与学情的基础上，以教材语篇的内容和主题为中轴，结合即将到来的元旦，设计举办一场班级英语晚会的真实活动，将英语课堂学习与真实生活联结起来，围绕如何举办班级英语晚会去整合学习内容，开展相应的学习活动，将知识、技能等语言学习目标的达成整合在同一主题的意义探究与实践体验中，实现语言能力与非语言认知能力的融合发展。

4. 教学目标

教学目标应当是可操作、可检测、可达成的。经过本节课的学习，学生能够：

(1) 初步感知并掌握将来时态“will do something”和“next +时间

词”的表达，能在真实的情境中运用核心句式“What can you do for…？/I can…”进行表达，完成真实交际任务。

（2）辨析不同语境下人物交际的目的，并能从教材语篇、图片等资料中提取主要信息和观点，通过分析与综合梳理出文本中英语晚会的节目单，体会多元文化的融合。

（3）学习并借鉴教材语篇中 Miss White 与学生举办英语晚会的做法，初步拟定出本班英语晚会的节目单，在进行现场交际活动的基础上，初步确定表演人员的名单，以及落实活动筹备的人员分工（如主持人、会场布置人员等）。

（4）认识到举办集体活动的意义，学会通过协商、合作完成任务，发展语言交际的灵活性与思维的创造性。

二、教学过程及分析

本课例的教学过程分课前（活动感知与预习）、课中（活动探究与意义建构）、课后（活动延伸与实施）三个阶段。课堂教学活动过程包括活动引入与呈现、活动探究与尝试、任务达成与反思、课后作业布置等环节。

1. 课前——活动感知与预习

进入本单元学习前，教师要求学生通读单元教材内容，并告知学生将在元旦举办班级英语晚会，请每个学生思考自己要在英语晚会中表演什么节目。以真实任务引领学生的预习行为，使教材语篇与学生自身需要建立起意义联系，聚焦于相关话题下的语言学习。

2. 课中——活动探究与意义建构

（1）活动引入与呈现

承接课前任务情境话题，课堂伊始师生问好后，教师播放一段不同主题晚会的微课视频，如：Birthday Party、New Year Party、Children's Party 等，开阔学生视野，丰富他们对晚会的感性认识。接着，教师用课件展示不同主题晚会的图片，引导学生看图，并指着图提问：What do they do for the New Year party/birthday party/...? What can he/she do for the party? 甲学生回答后，教师追问：What would you like to do best for the party? Why do people hold parties? 以此加深学生对 Party 概念的理解，同时检测学生的预习情况，了解学生在主题语境下的相应语言知识储备与语言水平现状，以便根据学生实际调整教学内容与形式。

（2）活动探究与尝试

①主题感知

教师借助教材单元主情境图（图 2）引导学生了解会话发生的地点及主要人物，并询问学生：Who can you see in the picture? Where are they? 以此引导学生感知文本会话交际的背景。学生回答问题后，教师接着询问：What are they talking about? 并用课件出示三个选项：

A. They are talking about how to hold an English party.

B. They are talking about when to hold an English party.

C. They are talking about what they can do at an English party.

教师要求学生阅读语篇后进行选择并说明选择的理由，借此帮助学生理清语篇中人物交际的目的与内容，并在与学生交流的过程中，随着课堂生成的话题语境讲解一些新词句。比如，当探讨选项 B 的话题时，教师出示日历帮助学生理解 next Tuesday 及"next+时间词"的表达，并用"We have an English party. We'll have an English party. We will have an English party"三个句子，帮助学生理解 Miss White 所说话语的意思，同时让学生初步感知将来时态句型"will do"的用法。

②探究体会

在学生理解和感知语篇人物交际的目的及内容后，教师继续提问：Who will attend this English party，以此引导学生从教材主情境图及 Let's

Talk 板块的图片或文本中寻找答案并说明理由，让学生学会有理有据地陈述观点，培养学生获取、分析、判断信息的能力。之后教师继续提问：What can they do for the English party？也可以问语篇中的某人能做什么，如：What can John/Mike do for the English party？让学生在动态生成的语境中完成 Let's Try 板块的听音选图练习。在此环节，教师一方面引导学生通过看图了解 Mike 会做的事，即 Mike 既会画画也会跳舞；另一方面借助 Mike 与 Chen Jie 的对话录音，使学生理解 Mike 是有选择地在英语晚会中展示自己的某一特长，由此引导学生体会到每个人的特长或能够做的事很多，但会有所选择地在某一主题活动中进行展示。同时，教师还可以提问：What can you do？/What will you do at the English party in our class？使学生在感知句型"What can you do?"的同时，在表达意愿的过程中体会班级英语晚会的形式与内容。

③意义建构

教师从以下两方面引发学生探究英语晚会的意义：一是基于语篇活动的意义探究，二是基于真实活动的意义探究。教师提问：Why does Miss White ask the students what they can do? Do all the students enjoy the English party? How do you know that? What's the English party like? 以此引导学生与语篇进行深入的互动；同时借助板书梳理出 Miss White 及其学生组织班级英语晚会的概况，并将之以思维导图的形式展现（图 3）。

借助此思维导图，教师引导学生了解举办一场英语晚会需要解决 Why、When、Where、Who、How 等问题，将知识结构化。接着，教师与学生探讨筹办本班英语晚会的具体事宜，如活动时间、地点、人员分工等，从而将语言知识的学习与真实生活相连接，使学生在意义探究中实现知识的内化。

④任务尝试

教师要求学生之间相互交流，了解对方的特长及其在本班英语晚会中将展示什么特长或才艺，从而确定自己是以什么方式参与本班的英语

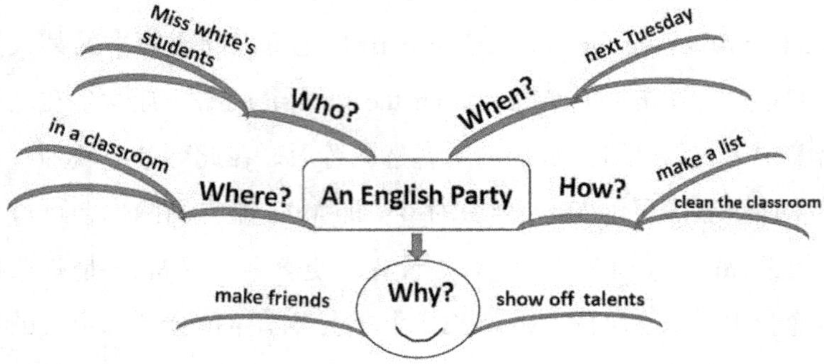

图 3

晚会，如个人独演或组队集体表演，并在规定时间内完成节目单的填写。同时，为了帮助学生在与同伴交流时能顺畅表达，教师给学生提供了该情境下相应的交际语言内容，如：

——What can you do for the English party?

——I can…

——What do you want to do for the party?

——I want to…

——What will you do for the party?

——I will…

之后，教师将一张空白节目表（图 4）张贴在黑板上，让学生相互交流后写下自己或小组参与英语晚会活动的信息，包括参与人姓名、表演节目的名称或内容等。学生在真实的任务中进行有目的的交际，真实表达个人的意图、观点和态度，体会语言运用的意义，获得积极的情感体验，促进知识向能力和素养的有效转化。

（3）任务达成与反思

教师梳理和总结学生完成活动任务的情况，整理节目单，形成本班举行英语晚会的初步方案，对课堂阶段性任务完成情况进行小结。

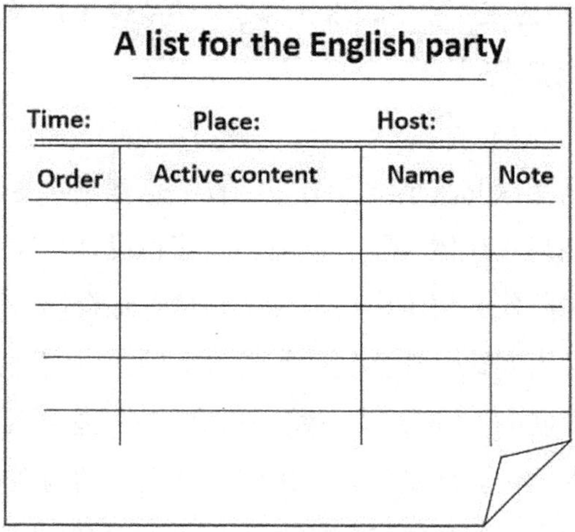

A list for the English party

Time: Place: Host:

Order	Active content	Name	Note

图 4

（4）课后作业布置

教师让学生通过完成课后作业对课堂学习效果加以巩固，引起学生重视，为后续的活动实施奠定基础。本节课的课后作业有两项：

①模仿朗读 Part A Let’s Talk 板块的对话，注意模仿录音中的语音、语调，并将朗读录音文件发给老师。

②继续完善班级英语晚会方案，并按照节目单进行节目的排练。

3. 课后——活动延伸与实施

教师要求学生利用课余时间按既定节目单准备与排练节目，按照分工做好英语晚会的各项准备工作。教师在课后持续关注并跟进课堂活动实施的进程，确保活动顺利实施。这既能让学生获得一段完整的学习经历与实践体验，也有利于师生间、生生间建立起互尊互信的融洽关系，形成言行一致、精诚合作的良好行为风尚，彰显课堂教学的育人价值。

三、基于主题意义探究的小学英语课堂教学设计与实施策略探析

基于主题意义探究的小学英语课堂教学是基于学生学习视角与真实语言运用，围绕某一具体主题、语境、语篇，设计相应的真实任务与情境，引导学生在此任务情境中参与一系列具有综合性、实践性和关联性的学习理解、运用实践、迁移创新等学习活动，以实现知识、技能、能力与素养融合发展的一种整合性教学方式。主题是主题意义的探究教学活动设计的基本单位，课堂上师生围绕教学主题的内在逻辑展开交互活动，这要求教师合理安排语言知识的学习活动和主题意义的探究活动。基于主题意义探究的小学课堂教学设计与实施可以从以下几个方面进行操作：

1. 通过深入解读语篇提炼主题

教材是实现学科课程育人目标的重要载体，教材中的语篇是开展主题意义探究活动的重要依据。教师在备课时首先要读透教材，做到科学把握课时目标、教学重难点、前后教学内容之间的关系以及各部分在整册教材中的地位和作用。在了解教材中每个单元与之前学过的单元在话题、词汇、句型、语法等方面联系的基础上，教师还要对每一课时的语篇进行深入的剖析和解读，既要看到语篇文本中包含的语言知识和语言技能训练点，又要看到语篇所承载的主题意义和深层文化含义，还要找到语篇内容与学生自身经验、知识和认知的结合点。教师在对教材内容与学生情况进行细致分析的基础上，从真实语言运用的视角，确定与学生认知特点、知识储备、自身经历相适切的意义探究活动主题。

比如，本课例中确定以“组织筹办一场班级英语晚会”为主题，该主题既是教材语篇中人物交际的目的，也为相应的语言知识学习与

运用提供了适切的语境，同时也是学生熟知并喜闻乐见的活动形式，更是课堂师生、生生开展交际互动的真实情境，故该主题的确立能将主题意义探究活动和语言知识学习活动串联在一起。

2. 通过整合目标内容深化主题

指向核心素养发展的英语课程目标不仅包括学生的语言知识、技能，还包括作为价值取向的文化品格、作为心智特征的思维品质以及作为发展条件的学习能力等跨学科要素，这就意味着语言教育不能停留在语言教学的层面，而应达到教书育人的层面。如何整合指向核心素养发展的多层次目标，并使之落实在英语课堂中，这在实践操作上无疑极具挑战性。为此，教师一方面应对英语教育的目标有清晰的认识；另一方面要对如何在实践中实现多层次目标有清晰的认识，即对达成目标的可能路径和方法有清晰的认识，并能正确把握和使用。

本课例中，笔者将语篇、语境、语用三者有机整合，把学生的知识学习、技能提升、素养发展整合到基于真实任务的主题情境中，围绕“组织筹办一场班级英语晚会”这一主题而展开。这样的教学设计一方面为学生提供了可理解语言输入的情境，提供了进行意义协商的互动机会，使学生在整体上关注语言形式，有利于学生深层次理解语篇内容，发展系统思维能力；另一方面学生通过真实的语言运用来学习英语，不仅有利于其正确、流畅、得体地使用语言，熟练掌握相应的语言知识和技能，而且在其他方面的认知、知识和经验（比如，如何组织和筹办班级晚会、如何与同伴合作表演节目等）也得到了丰富和发展；同时，学生在后续参与跨文化主题的晚会展演中也获得丰富的情感体验，感受文化的多元与美好。

3. 通过设计真实任务活化主题

语言的学习与运用要基于真实的语境才能被学生真切感知。从某种意义而言，语言学习就是通过在真实语境中学习有主题意义的语篇来实现的。教师要秉持真实语言运用的教学理念，围绕主题语境，依托语篇，联结英语课堂与真实生活，设计语言、思维、文化相融合的层次性学习活动，使学生在追求达成真实任务成果的过程中，学习和尝试运用语言或非语言手段理解与表达意义，培养文化意识，发展多元思维，形成学习能力。

在设计任务时，教师要对一节英语课堂涉及的具体内容加以分析，结合学生情况和真实背景因素，将特定主题与学生的经历与生活建立密切联系，调动学生已有的基于该主题的经验，设计一系列具有综合性、关联性特点的真实活动，激起学生参与活动的兴趣，引导学生在参与主题意义探究活动的过程中建构和完善新的知识结构，同时在深化主题理解和认识的基础上，提升语言理解和表达能力，丰富人生阅历和思维方式，树立正确的世界观、人生观和价值观。

真实任务要求学习者在真实生活情境中为达成非语言的交际性成果而运用语言去做事情。本课例中所设计的系列学习活动就具有现实意义和可操作性，符合学生的真实生活与学习需求。“组织筹办一场班级英语晚会”这一真实任务不仅能很好地融入学生的生活，还能引领学生深化对教材语篇内容的理解，并在掌握事实性知识的基础上学习程序性、策略性、实践性知识，促使语言知识的内化、运用与生成。

4. 通过实践运用体验升华主题

基于主题意义探究的课堂教学以素养发展为目标框架，关注真实语言运用，聚焦主题意义探究过程，并通过学生的语言实践取得真实任务成果，教师要为学生的探究学习任务和素养发展提供支持和引导，确保学生在真实的、有意义的主题背景下，对主题意义、相关语言及文化内涵有深切的感知和辨析，实现对主题意义的深刻理解与升华。

本课例的学习活动安排采用“任务语境感知——文本语境学

习——任务语境运用”的方式，是一个输入主题、语境、语篇到迁移、再构并创新语境、语篇和深化主题的过程，能将综合语言运用能力与核心素养的发展渗透其中。

（此文发表于《中小学外语教学》2019 年 8 月）

◎ 参考文献

[1] 程晓堂．基于主题意义探究的英语教学理念与实践［J］．中小学外语教学（中学篇），2018（10）：1-7.

[2] 教育部．普通高中英语课程标准（2017 年版）［M］．北京：人民教育出版社，2018.

[3] 尤聪杰，陈雪琴．小学英语教材研读策略探究［J］．英语教师，2016（6）：98-101.

[4] 张荣干．基于真实任务的英语整合学习路径探究［J］．兴义民族师范学院学报，2017（6）：95-101.

第四章　芬兰基础教育如何做到世界第一

本章主要关注芬兰基础教育是如何做到世界第一的。芬兰的基础教育世界第一已经获得了举世的公认，但是芬兰教育为什么能成为世界第一，如何成为世界第一的？不同的研究者有不同的解读。本章将从一线教师的视角对芬兰教育世界第一背后的秘密进行解析。一线教育工作者从实践视角的解读可能没有高校研究者那么深刻，但应该会更加有实际意义。

《为什么是芬兰》这篇文章通过对有关文献资料的阅读和芬兰教育的实地考察，认为芬兰基础教育之所以世界第一主要有五个方面的原因：第一，源于高信任的管理文化；第二，源于高素质的一线教师；第三，源于高标准的学生发展；第四，源于高参与的教育氛围；第五，源于做中学的教学理念。《芬兰教育正向发展结构链的分析和思考》则从教育发展结构链的每一个环节解读了为什么芬兰的基础教育世界第一：第一，在教育理念上，基于教育规律注重均衡发展；第二，在课程设置上，基于学生需要满足个性发展；第三，在课堂教学上，基于学生成长，关爱每个个体；第四，在环境营造上，基于历史文化崇尚全民阅读；第五，在家校合作上，基于团结协作增强教育合力。《格局成就未来》则看到了芬兰基础教育的大格局，不局限于眼前每次考试的分数，从不提不让孩子输在起跑线上，而是从长远的眼光来看孩子的未来。芬兰基础教育的这种大格局体现在学生学习时间少假期多，教育系统热衷于改革反思，国家让一流的人才成为教师，学校注重孩子自理能力等方面。这些不功利的大格局的教育思想成就了芬兰基础教育世界第一。

为什么是芬兰

深圳市罗湖外语学校　宁　革

芬兰教育引起世界关注源自其成绩斐然的 PISA 测试。PISA 测试每 3 年举行一次，评估考核主要分为 3 个领域：阅读素养、数学素养及科学素养。芬兰学生参加多次 PISA 测试，在阅读素养、数学素养、科学素养方面都处于世界领先地位。

慕名前往芬兰学习，其间先后在学前教育、综合学校、普通高中、职业高中和大学校园等地进行实地考察，经过校园参观、专家报告、学生答问、课堂观摩和教师互动等环节，我对芬兰教育成为世界第一的奥秘有了初步的了解。

一、源于高信任的管理文化

在芬兰研修期间，我非常欣喜地看到芬兰人的“基于信任的教育管理”的做法。据了解，20 世纪 90 年代，芬兰正式进入了一个基于信任文化的时代，诚信与信任被视为这个社会最基本的价值观。在教育界，信任文化意味着教育部门对教育管理者和从教人员有着充分的信任。

交流时候，听到这一点，我们很是好奇，针对这种“无为而治”的管理方式，我们向芬兰教育主管官员提问：在芬兰如何评价一所学校的好与坏？如果一所学校办学质量不高，如何改进？

面对我们的提问，芬兰教育主管官员平静地回答：在芬兰，学校不存在好与坏之分，芬兰的教育是均衡发展，教育的均衡发展保证了学校的办学质量。我们的信任是办学的保证，我们有充分的理由相信办学者的能力和办学思想。

一番互动，我们对芬兰的办学体系和思想有了初步的了解。芬兰教育主管部门对学校的管理方式不同于国内，“用人不疑，疑人不用”，这一点在芬兰教育界体现得淋漓尽致。他们相信校长的办学思想和管理能力，最为明显的一点就在于对学校和校长不作重复的评价（评估）。芬兰的教育主管部门不会对学校进行很正式的大型评估。他们认为，过多的评估会占用校长办学的时间，比如校长需要准备评估报告等材料，导致他无法安心管理学校。

2014 年 1 月 7 日芬兰教育科技部长克丽斯塔·基乌鲁在接受《中国教育报》采访时就“基于信任的教育管理”也作了一番阐述：在芬兰教育中，所有事情都建立在信任的基础上。优质的教育，就应该给教育者充分的信任与自由。如果一个工作设定了各种条条框框并加以限制，就打击了人们工作的积极性，工作者们的创造和探索激情也就随之受挫。高度的教育自主权使教师在芬兰成为一个有魅力的、受尊敬、受欢迎的职业，每年吸引着全国最优秀的人才投身教育事业。

事实也是如此，在芬兰研修期间，确实看到不同学校的环境、教室、师生面貌、教学状态等等都具有很高的相似性。譬如择校现象至少在小学和初中阶段是很稀有的现象，家长对公立学校充满信任；在高中阶段有个别择校现象，这是学生根据自己的兴趣爱好作出的选择。信任是芬兰教育乃至整个芬兰社会很重要的文化元素，家长对学校信任，校长对教师信任，教师对学生信任。

话说回来，教育主管部门对学校的质量管理和评估尽管没有很正式的大型评估，但是在日常工作中又有如观察、问卷等方式的质量保证和评估，和国内的质量保证与质量评估截然不同的是，国内的教学质量管理以分数排名为主要依据，以控制为主要特征，是筛选和淘汰式的教育，而芬兰的教学质量保证和评估旨在提高帮助教育教学质量。

信任是整个芬兰教育系统向同一个方向有效运行的润滑剂，社会和家长相信校长、教师能够为学生提供最好的教育，校长也相信教师能够为学生提供最好的帮助和指导。

信任是芬兰教育公平和高质量的基础。信任成就了芬兰世界一流教育。

二、源于高素质的一线教师

教师素质是保证教育质量提升的关键。芬兰师资队伍素质高是有目共睹的。20 世纪 80 年代，硕士学位成为进入教育行业的基本条件之一。这一高门槛准入制度从根本上影响了芬兰教师队伍的素质和质量。这些人选择成为教师不仅仅是有能力保障，更在于他们对教师这个职业的热爱。在芬兰，教师、医生和律师很受社会欢迎，也很受社会尊重。

芬兰对教师的培养非常严格，芬兰的中小学教师分为两类：一类是班级教师（class teacher），一般为小学（1~6 年级）阶段的教师，承担班级全部科目的教学；另一类是学科教师（subject teacher），是中学阶段的教师，包括初中（7~9 年级）、高中（10~12 年级），一般学科教师人均承担 2 门以上学科的教学。

另外，通过和中国留学生座谈，我们获得了不少的信息。来自上海师大的一位女同学说：她在这里学习一年比在国内读四年大学的收获还要多。该学生说，在国内，教授从头讲到底，讲完就走人，学生做笔记背笔记，考试验收时教授圈一批重点，学生顺利过关是没有问题的，回过头一想除了得到了学分其他一无所获。在芬兰，教授给学生抛出问题并提供大量的资料和书目，由学生自己阅读思考、整理脉络、与同伴分享，一段时间后进行汇报，学生在实际实践中迅速提升职业素养和解决实际问题的能力。芬兰的老师教学不是用一桶水来浇灌学生，而是把学生引到了江河湖海，让学生慢慢地遨游。

机制不同，教学结构不同，结果自然就不同。芬兰教育特别重视实践，师范类教师的素质在实践中得到了大幅提升。

三、源于高标准的学生发展

我们曾经向芬兰同行问过这样一个问题：如果学生在学习中跟不上进度或者掉队怎么办？她告诉我，在课堂教学中教师会对每个学生的学习情况通过各种测试方式进行诊断评估，通过测试发现问题是教师的基本能力，教师都必须具备这个能力，一旦发现学生学习掉队，他们当天就及时采取干预措施，并因材施教，保证每个孩子不会掉队。学校管理者不会给教师分配需要补救和学习干预的学生名单，一切都是教师的自觉行为。通过面对面的交流沟通，我们发现芬兰的教育不是把力量和资源用在监督、评估和考试评价，而是用在教师素质提升，用在帮助学生发展，用在类似于提供免费午餐等学生支持系统上。

在芬兰，我们听到最多的一句话就是：基于学生发展的设计才能够把教育办好。如从国家层面的教育制度设计到各个学校的资源分配，处处都从围绕学生身心发展和个性发展出发。以接待我们参观团为例：学校安排了几个学生为我们做向导，校长知道我们会赠送一些具有中国特色的小礼物给学生以表示感谢，芬兰校长通过翻译向我们一再强调：不能忽视每一个孩子，分发礼物要一视同仁，要见者有份，目的就是要考虑学生的身心发展和情感滋润。

萨多女士是坦佩雷市一所九年一贯制综合学校的校长。关于教师赞赏学生方面，萨多校长举了一个例子，有些学生，在各方面表现都非常出色，可能刚上学一两个星期就找到了自己的学习方法，老师会赞赏这样的学生。但另一个学生花了两三年才找到自己的学习方法，老师不会因此而责备他，而是更加替他感到高兴。因为他没有放弃学习这门课程，而是通过一定时间的探索，找到了突破口。老师衷心赞赏每个学生的每个成就，而不是用同一个标准去衡量不同的学生。通过这个例子，我想强调的是每个孩子都是平等的，每个学生的发展能力也是不同的，但是他们在每个学校里享受着同样的权利，每个孩子都是一朵等候绽放的花朵。面对绽放的花朵，我们除了静待花开就是要细心呵护。

免费接受教育是芬兰的国家福利，福利分配的基本原则就是公平与平等，要面对所有学生，即使是居住在不同地区、智力不等的同龄人，都有一样的机会免费接受一样的教育，不会因为家庭贫困、交通困难、智力差异、身体残疾等各种因素而辍学。

人的个性差异是一种客观存在，每个学生都有各种不同的风格和优势，如果让所有人选择同一个领域或方向，显然对于不适合这个领域或方向的学生就是一场灾难，因此教育走向个性化和多样化就是一个必然的结果。我们在芬兰万塔高中学校见到了学生课程设置和时间安排，在课程设置上充分尊重学生的意愿，开设必修课和选修课，学生可根据个人的兴趣爱好来选择；在课程时间安排上体现着宽松和灵活的选择，学生都有充分的自由来安排自己的学习计划。通过走班制在内容、时间、学习方式等方面实现课程选择，既尊重了学生个性差异的客观现实，也遵守着教育公平的原则。

进入高中阶段的芬兰学生有很多的选择，例如我们参观的三所普通高中：萨门高中、萨泊拉高中和维斯基沃兰高中都是普通高中，学生毕业后要参加相当于中国高考的水平考试然后进入大学。萨门高中以体育、舞蹈为特色，学生自己编排的舞蹈令人赞不绝口。萨泊拉高中以工艺和美术为特色，这所高中学生的雕塑、设计、绘画令人惊叹不已，其高中生在某些专业的创作水准甚至超过中央美院的大学生，我们看到一个学生手艺娴熟地在短短几分钟之内就通过加热、捶打等流程打造了一个铁艺作品。维斯基沃兰高中则具有音乐、舞蹈、传媒、理科等优势，学生自己组织文艺演出，理科教学的课时安排一般是两节课连在一起，第一节课进行实验研究，第二节课再进行理论学习。芬兰学校非常重视实践活动，包括学科实践和综合性实践。总的来说，芬兰高中学校各具特色，学生有不同的选择。

另外，在维斯基沃兰高中我们还看到学校为学生提供咨询、支持服务的学生顾问咨询室。这样的咨询服务有点类似于国内各学校的心理室，但又有所不同，芬兰的学生顾问咨询室不仅仅提供学生心理问题咨询，还帮助学生制订适合自己的学习计划，克服学习中的困难，学生有任何学习上的疑问和困难在这里都可以及时得到解决。这对学生的自我认识、未来规划都有很大的帮助。

四、源于高参与的教育氛围

对教育方向一致的坚持是芬兰教育取得成功的又一个关键词。从1944 年到 1948 年，芬兰虽然处于政治动荡时期，但是芬兰各党派（社会民主党、农民中央党和共产党）抱着对国家和人民负责的态度，党派之争放弃偏见，形成共识，将教育纳入主要政策。

从 1968 年开始的芬兰教育改革经历了 50 多年，不论社会怎么变迁，无论左翼政府还是右翼政府当政，都非常重视教育这一面向全体公民的主要公共服务，都是坚持教育公平、坚持面向全体学生的公平。在坦佩雷市的考察中我听到这样一句话："我们本来人口就少，不能让一个孩子掉队，我们浪费不起。"因此，不放弃学习缓慢的孩子，提升学习迟缓者的学习能力，是芬兰人固执坚持的一项原则。当学生出现学习困难时，教师会在当天有针对性地进行辅导与补救，在课堂上或是放学后进行个别辅导，这种坚持使得芬兰教育的整体水平得到了有效提升。

芬兰社会崇尚教育，甚至将是否接受教育和自己的荣誉关联在一起，这在很大程度上促使整个社会认识到教育的重要性，促进了对家庭教育重要性的认识，促使家长愿意花更多的时间陪伴孩子。在培训中我们听到了芬兰历史上的这样一个传说：在 19 世纪的芬兰，年轻人结婚之前必须参加包括阅读、计算等方面的基本测试，不合格者教堂将不予支持举办婚礼。当把人的教育和婚礼这样的人生重大事情关联在一起，那么整个社会怎么可能不重视、不关注教育呢。芬兰还有专门的成人家庭培训学校，年轻的父母接受专业的培训，我们看到不少奶爸带着孩子参加这样的培训。久而久之，当家长陪伴孩子学习、当一家人安静地阅读成为一种社会共识，成为一种习以为常的生活方式，那么教育也就具有了成功的土壤和环境。

五、源于做中学的教学理念

从教40多年的海伦贝女士是赫尔辛基大学教师培训学院的教授，也一直从事芬兰小学数学教材的研发，她为我们展示的两位数加法教学过程非常精彩，这得益于她带来简单实用的学具，学生在玩的过程中理解了相关知识，理解了为什么个位数和个位数要对齐，十位数和十位数要对齐，为什么个位数相加超过十要向十位数进一位等这些数理，学生在玩的过程中接触了等效替代的思想，学生在玩的过程中充满了乐趣。而同样的教学内容在国内则更多强调了知识的记忆和反复操练。长此以往，学生与学生之间的思维方式和思维品质将会出现质的区别和差距。芬、中教学差异可以用两条不同的图线来描述：中国学生以记忆和重复操练为主要特征，其思维发展犹如一条上升的直线；芬兰学生基于理解的做中学，其思维发展图线犹如几何级数增长的图线，开始阶段芬兰学生处于慢速低水平状态，后面却会出现飞跃的质变并超越直线增长，真可谓磨刀不误砍柴工。做中学是芬兰教育教学的重要理论基础，其相应的学具促使学生从游戏中学，精彩纷呈且充满智慧。

在芬兰，历经18天的学习，虽然深度参与于不同学段的学校，但是在这么短的时间内毕竟无法对芬兰教育进行全面了解和深入研究，以上文字仅仅是一面之词，一管之见，敬请斧正。

芬兰教育正向发展结构链的分析和思考

岭南师范学院附属中学　林文良

芬兰，一个人口只有550万左右的北欧国家，人口数量都没有广东省湛江市多；然而，正是这个“小国家”创造了令全球教育同行都称赞的“大教育”。该国学生在参加PISA测试中，屡次获得多项全球第一的好成绩！与此同时，芬兰的教育制度也是全世界最均衡的，学生成绩落差全球最小。如此成绩，令全球很多知名教育人士不得不挠耳追问：芬兰教育领先的秘密是什么呢？

带着好奇和追问，2015年11月26日至12月13日，我随同广东省中小学新一轮“百千万人才培养工程”第二批教育家培养对象行走北欧大地，感受芬兰教育的美丽与神奇。匆匆的半个多月的芬兰教育考察，让我受益匪浅，给我非常多的思考与启发。从11月26日入住坦佩雷市的假日酒店开始，我始终带着好奇，用孩童般的眼光细心观察异国他乡基础教育的每一个细节，从教育细节中寻找我们的差距，希望能给我们的基础教育带回更多的思考与借鉴。

芬兰教育给我最大的启发是：有一条非常好的正向发展结构链体系——教育理念链、课程开设链、课堂教学链、环境营造链、家校合作链。在这样的正向发展循环中，教育的成果——高素质的学生自然孕育而出。

一、教育理念链：基于规律，均衡发展

芬兰前总理阿赫曾经说过："给孩子最好的教育，就是给他最好的人生。"也就是说，教育要为学生的人生奠基。所以，在芬兰人看来，教育是公民的基本权利，政府要为公民的教育权利提供全方位立体式的支持。芬兰在这一点上做得相当不错，比如，在孩子三岁之前，芬兰的父母是可以休假在家照顾孩子的，并且由政府提供津贴；当孩子三岁以后，政府依然有很多政策帮助父母，比如：提供托育补助，孩子放学后安排他们在学校阅读、玩耍，免去父母的后顾之忧，等等。与此同时，学生的课本、交通和午餐费用，全由政府负担。此外，政府还斥巨资建设公共设施，如芬兰有 1000 多座图书馆，平均约 5000 人就有一座，是世界上图书馆密度最高的国家之一。芬兰学生阅读能力强，知识面广，与此颇有关系。

芬兰格外关注教育平等，让每个学生享受"最大发展可能"的教育公平。他们的幸福教育从幼儿时期就已经启程，它坚持让每一个人都上一样的学，享受平等的教育资源。芬兰以轻松的高考方式让学生感受到幸福，以完善的职业高中教育培养学生的职业技能。芬兰以随时随地、想学就学的理念建立了自由的成人教育体系，培养全民终身学习的观念。正是如此尊师重教的教育体系培养了芬兰人的种种优秀品格，铸就了国民幸福之本。

由此可见，平等是芬兰教育精神的核心，即他们的教育不追求精英教育，无论是制度设计，还是资源分配，或者师资队伍水平，都是以平等为出发点的。芬兰的学校没有好坏之分，学校不排名，好教师分散全国，每一所学校都是平等的，而且每个班级不超过 20 位学生，每名学生受到的教育都是平等的，教学质量城乡差距小。所以，在我看来，芬兰的教育不仅基于规律的探寻，而且追求均衡的发展。

基于上述分析，我们的教育要坚持"以人为本"，确保教育平等。

目前，在国家经济实力大为增强的情况下，提出教育公平正当其时。如何改善和促进教育公平，我认为：首先，对文化经济落后地区，政府应确保其“教育优先权”，在硬件设备与师资配备上优先解决。针对家庭贫困的学生，政府与民间可提供更多的奖学金及更好的助学贷款。其次，改革现行高考录取制度，按照各地考生数平均分配招生名额。废除“保送生、优秀学生”等的加分制度，保障公平竞争。再次，是针对身心残疾的学生，政府应当更为关注并为其提供最大限度的教育服务，更加重视特教师资的培养并号召全社会尊重他们。最后，对农村地区重男轻女造成的教育机会不公，政府应大力开展两性平等教育或强制执行，以确保女孩的受教育权利。

二、课程设置链：基于需要，满足个性

在课程设置方面，我发现芬兰格外关注个性发展的需要，致力构建有利个性成长的芬兰教育课程体系。芬兰教师投入了大量的时间开发自己的课程，全面评估学生的成长。所以，芬兰老师对他们的学生非常了解，且有能力、有时间针对学生的发展制定及修正课程。对学生未来的职业发展，老师也往往能给出极专业的意见。如果说，多数国家的中小学教育像工厂，老师是流水线上的工人，那在芬兰的中小学，老师更像是带领小企业创业的开拓者。

每天，芬兰老师们只花 4 小时上课，其他时间都用于课程设计、评估学生，每周还要花 2 小时用于职业发展。芬兰教师相信学习并不仅仅发生在教师的正式课堂中，孩子在课外，在与同伴交往的过程中，甚至可以学到更多。因此，芬兰的小学生一般只上半天课，下午半天参加课外活动或各种学习或娱乐俱乐部。据调查，大约 2/3 的 10~14 岁学生至少参加了一个青年运动协会，这实质上就是满足学生个性发展的“课程”。

就芬兰高中的课程设置来说，我认为有如下特点：第一，课程结构

呈多样化，让学生有更大选择空间；第二，课程选择强调学生自主，让学生在主动学习中获得更大的发展空间；第三，强化选修课程的地位，让学生充分展示自己个性的一面。这就说明，芬兰高中课程的设置最大程度上发挥了学生学习的主动性，促进了学生对相关课程的兴趣，充分开发了每个学生的智能和潜力，促进了综合素质、自学能力的提高。

为了让学生感受到学习与成长的幸福，芬兰基础教育的课程安排关注学生的学习兴趣与经验，适应学生的身心特点和发展水平，每一个学生在入学的时候，根据自己的兴趣、爱好、特点以及学校所提供的课程信息，选择要学习的课程，确定学习的基本进程，由此形成个人的学习计划。随着学习进程的深入，学生亦可以根据自己的情况和外部情境的变化，不断调整所形成的计划，以尽可能适应自己的需要和特点。这就是“学生自定学习计划”制度。该制度适应了学生的个性发展特点，其意义不仅在结果上有助于实现课程的个性化——形成适合每一位学生个性发展需要的课程，而且学习计划的制订过程本身也有助于学生学会选择、学会规划人生。

给学生权利让学生自主选择，给学生机会让学生自主体验，给学生创造条件让学生自主锻炼，给学生空间让学生自己前进，给学生活动的机会让学生自主发展，尊重学生属于自己的体验，让学生走进自己的生活，去体验甜酸苦辣成功失败——这些对学生而言是一笔无法估价的“财富”。芬兰的高中教育正是将课程建构在学生能力发展的基础上，倡导学生主动参与、乐于探究、勤于动手。教师注重对学生进行学法指导和潜能开发，注重培养学生的健康情感，让学生树立正确的学习态度和价值观念，注重培养学生收集、处理、应用和评价信息的能力，以及交流、合作、实践能力，让学生能够用所学知识、方法不断地补充新知识和方法，并能分析和解决学习生活和现实生活中的新问题。

基于上述分析，我认为，我们的教育要实现基础教育课程的现代化，构建符合素质教育要求的新型课程体系，就必须进行“课程概念再变革”，改变传统封闭的旧课程观，树立开放的大课程观，构建一个开放的大课程体系；摒弃学科本位主义，重视课程的创新价值；树立必修课、选修课、综合实践课都是培养学生的主渠道的新观念。学校教育应当使学生广泛了解有关自然、社会和人类自身的丰富知识，比较全面地理解人与自然、人与社会和人与人之间的关系，从而形成科学的世界观、人生观、“跳出学科看教学”，应避免学科的分类割裂了知识的广泛联系，造成学生认识的僵化和局限，妨碍学生知识、能力、态度、情感的协调发展。

三、课堂教学链：基于成长，关爱个体

芬兰全社会对于教育有一个共识，即芬兰要为每一个孩子提供优质公平的教育，同时，让学生感受到学习与成长的幸福，为了幸福而幸福学习。义务教育阶段“不考试，没作业，玩比学重要，人比成绩重要”，这里的玩并不是毫无目的瞎玩，而更多的是让学生在玩中学。比如阅读教学，在芬兰的义务教育学校课程表中，似乎找不到类似于中国的以讲读文章为主的阅读（讲读）课。芬兰学校的阅读教学就是让学生自己去阅读，每天除母语课之外另设一节阅读课，约有一个小时的时间，让学生进阅读室进行自主的阅读活动。这一个小时里，教师一般安排10~15分钟进行阅读指导，其他时间主要用于学生自主阅读或小组合作阅读，以及阅读后学生的交流。这就是为什么芬兰人这么爱阅读的原因之一。可以说，芬兰人是全世界最爱阅读的，也是全世界最爱跟图书馆借书的，他们平均每人每年借17本。调查还显示，41%的芬兰中学生，最常从事的“休闲活动”就是阅读。

芬兰的课堂教学体现创新理念，重视创新精神和能力的培养。正如一位美国小学校长所言：“在如今的教育中，我们更应重视的是科学观的培养而非技术本身。技术只是一种教育工具，而非教育培养的终极目标。经过教育，我们希望孩子会用自己的头脑去思考问题，他们应对世界保持一种健康的怀疑态度，他们应该会提出问题，而不只是接受。”

与此同时，芬兰课堂教学尤其强调关爱学习有困难的学生，当学生出现学习困难时，教师会立即制定有针对性的策略，进行个别辅导，费用由政府负担。事实上，芬兰有近20%的中小学生接受过额外辅导。

基于上述分析，我认为，我们的教育面向21世纪，首先是人的改变，是努力使人的个性全面而和谐发展的世纪。教育工作的着眼点，应当聚焦在未来人类社会的生存需要和未来社会创造者的发展需要，而不能仅仅考虑学生的分数、大学的入门要求等等。教育的根本功能是促进人的成长与发展，教育的一切改革，最终要以促进人的发展、为人的发展服务为指导思想，所以教育必须以人为本。

芬兰的学生没有沉重的课业负担，其教育的宗旨是在不给学生为考好成绩、升年级和获证书的压力下满足孩子们天生的求知欲，循序渐进地教授他们知识和技能，促进学生的自主发展。人人都可以有自己方向，没有强势引导，没有家长、社会的挤压，学生们始终乐学在其中，以圆自己的梦想，这从根本上促进了人的发展，实现了教育的终极目标。

因此，我们的教育要想获得成功，必须坚持“以人为本”的教育思想。教育不在于要捧上一张张录取通知书，而是应当捧出一个个有鲜明个性的活生生的人；不应当只追求百分之多少的优秀率、合格率，而应当追求每个学生生动、活泼、主动的发展；不要仅有汇报时的总结、评比时的数据，而应当成为教师与学生共度的生命历程、共创的人生体验。我们的确应当学习芬兰的先进经验，树立平等基础上的以人为本的教育理念。

四、环境营造链：基于文化，崇尚阅读

为了让幸福理念落实到教育，使每个学生享有公平的教育，芬兰非常注重教育环境的营造，凸显文化的引领和对阅读的崇尚。

在教师队伍中，芬兰有全球最严格的师资标准。在芬兰，想当中小

学老师可不是件容易的事。每年，只有最优秀的10%的硕士毕业生才有可能成为老师，因为竞争激烈，竞聘者不但要经过好几轮职业面试，还得经过性格评判。虽然从事教师工作的条件如此苛刻，芬兰教育却能够吸引全国最优秀的人才从事教育，特别是当小学老师，而且申请教育专业的几乎都是大学入学考试前20%的学生。同时，据芬兰第一大报《赫尔辛基邮报》的调查，芬兰年轻人最向往的职业就是当教师。

这是为什么呢？是什么吸引这些优秀的人才来从事教育行业呢？因为，在芬兰，教师拥有和医生、律师一样的社会地位及工资水平；中小学教师受民众敬重的程度，甚至超过了总统，所以芬兰教师拥有高度的职业幸福感。芬兰教师的薪水并不算特高，一个有15年工作经历的初中老师年收入大约在4.1万美金。但芬兰教师有高度的幸福感，因为他们受到社会的信任和尊重，有高度的专业自主权。事实上，选择教师职业的人，内心深处都有某种道德使命的驱使，他们希望通过教育帮助人们，促进社会的发展。

在芬兰，不热爱教育的人不可能成为教师。芬兰在选拔教师时非常重视申请人对教师专业的认识，不热爱教育是不可能成为教师的。当老师在芬兰是一个要求很高，而且有高度竞争力的职业。2011年赫尔辛基大学小学教育专业共有2400人申请入学，但仅录取120人。

芬兰重视让教师都成为研究型教师。芬兰在教师培养的过程中非常注重其研究素养的形成，让每一位教师都成为研究型教师。芬兰教师通常需要拥有硕士或以上的学位，他们不仅要掌握教育科学知识和教育研究技能，还要在日常工作中熟练运用这些知识和技能，并不断积极地探索教育教学方法。芬兰教师强烈的教育研究型色彩还提升了芬兰教师的专业地位，进而能吸引更多更优秀的年轻人从教。

芬兰教育的后勤保障是很到位的。学生从小到大只需参加一次大学入学考试，因此教师可以集中精力开发课程和研究教学。调查显示，芬兰教师薪水的涨幅远远高于其他国家，且涨幅与教龄和教学水平挂钩。通常来说，芬兰教师从入职到15年教龄，薪水涨幅约为1/3，中小学教师最多能涨58%，高中教师最多能涨77%。此外，在芬兰，教师是最有终身学习能力和意愿的人。最让芬兰教育部长头痛的是，好多教师都跑去读博士，而且芬兰的企业也喜欢雇用老师，跟政府抢人。这说明芬兰“尊师重教”的社会氛围相当好。

每个人都知道，世界已进入知识世纪，一切的竞争与价值都以知识为主，而一切知识的基础都自阅读开始。PISA 在报告中指出：阅读能力是知识经济时代最重要的能力之一，在知识经济时代，有多少未来公民具备最高的第五级阅读能力，关系到未来的国家竞争力，关系到每个国家在未来的全球经济中能拥有多少世界级知识工作者。芬兰教育的成功也有赖于其学生超强的阅读能力，这源于芬兰的基础教育重点培养学生的阅读兴趣，提高他们的阅读能力。国家把学生阅读兴趣的增加提升到非常高的地位，指引学生都能够体验和感觉到学习的幸福，阅读的快乐。正如 PISA 研究报告指出的那样：“今天，有多大比例的学生具备了第五级阅读能力，可能会影响每个国家在未来的全球经济中，能拥有多少世界级知识工作者。”

事实上，国际成人阅读能力调查报告早已指出，阅读能力强的人不但比较容易找到工作，甚至薪水也比较高。学历高低固然会影响就业机会，但是当学历相当时，阅读能力强的人担任高技能白领工作的几率就明显增多，而且阅读能力比学历高低更能准确预测个人在职场的发展。越来越多的科学研究发现，通往美好未来的必经之路是阅读，而且越早启蒙越好。最新的脑科学研究发现，阅读和联想力、创造力、感受力、理解力、记忆力都有极大的关联。在知识经济时代，一切的竞争与价值都将以知识为主，而一切知识的基础都自阅读开始。

五、家校合作链：基于协作，增强合力

芬兰教育是一个高度协调合作的系统。课内与课外协调、校内与校外协调、学校与家庭协调、教师与学生协调，这种协调合作关系将各方

教育利益相关者扭成为一股力量，共同为促进学生的发展而努力。所以，就家校合作而言，芬兰教育立足彼此的协作，从而增强教育的合力。

在考察过程中，我们发现，芬兰格外重视家庭教育，特别重视营造全民阅读的氛围，培养孩子爱阅读的习惯。学校、家庭和社会，构成了学生的教育三大体系，当这三大体系“和频共振”时，无疑对学生的成长和发展大有裨益。正所谓：“孩子是一颗果子，长在教育的树上，而教育是一棵树，长在社会的土里。”

随着对芬兰教育的不断了解，我们发现芬兰学生家庭作业的压力并不大。芬兰大部分中小学生都能在校内完成作业，家庭作业一般不超过半小时。即便是高中生也很少参加课外补习。芬兰教育者认为，重复的、智力上没有挑战的作业并不能带来学业上的进步。但他们会联合家长、社区，致力打造阅读的自由空间，让孩子们可以随时随地去阅读。

为什么芬兰人如此热衷和推崇阅读呢？因为阅读可以增长人的知识和才智，开阔人的眼界和心胸，滋养人的精神和气质，孕育人的思想和智慧，促进人的成长和发展，拓宽人的阅历和生命。英国思想家培根在《论读书》中说：“读史使人明智，读诗使人聪慧，演算使人思维精密，哲理使人思想深刻。”中国教育学会副会长朱永新教授多次强调，对于一个民族、对于一个国家来说，一个民族的精神境界取决于这个民族的阅读水平，所以我们的阅读高度在一定程度上也就决定了我们这个民族、我们这个国家的精神高度；对于个体而言，一个人的精神发育史就是其阅读史；对一所学校来讲，一个没有阅读的学校永远不可能有真正的教育。“没有阅读永远不可能有个人心灵的成长，永远不会有精神的发育。阅读不能改变我们人生的长度，但是可以改变我们人生的宽度和厚度；阅读不能改变我们的长相，但是可以改变我们的品位和气质。所以阅读尤其是阅读那些最伟大的著作，往往才有可能让我们的精神有真正的高度。”

阅读，不仅是语文老师的事，学生的事，而且是数学、英语、历史、生物、化学、物理、地理、政治、信息技术、通用技术、音乐、美术、体育等所有学科的事，同时也是家长的事。因此，校长、教师和家长都要成为阅读的参与者、推广者，通过自己的行动，带动学生和孩子爱上阅读，爱上学习，比如开展亲子阅读、师生共读、家校同读等活动，从而使彼此的生命更有成长力、凝聚力和影响力。

格局成就未来

肇庆市第一中学　张映红

为什么芬兰的科技创新领先全球？为什么芬兰的设计全球领先？为什么芬兰教育全球第一？在芬兰十多天学习中的所见所闻，面对着一系列神奇的对比：一方面是在这个地处遥远北方的森林国家，稀疏的人口生活在相对恶劣的气候环境下，而另一方面是这些人口都享有极高的公共教育、先进现代科技、高社会福利。

人生是场马拉松，还是一场只在乎赢在起跑点的百米冲刺？芬兰教育做到从更健康、更人文的深度去厘定教育理念与方法，根本目的是造就人格完善、具备终生学习能力的公民，尽力帮助每个孩子找到自己最适当的位置，拥有完整丰富的人生。这样的格局才能形成世代良善的文化循环，最终成就芬兰国与民的共同繁盛。

芬兰教育带给我们的，是发自内心的震撼、感动与认同。

一、课时少假期长给予孩子终身受益的教育

芬兰的综合学校每学年上课时间约 190 天，在春季的 5 月末或 6 月初结课，之后暑假开始，8 月中旬开学。除了暑假之外，还有其他假期，比如秋假、圣诞假期、2 月或 3 月的滑雪运动假期等。而且，老师几乎不会布置家庭作业。学校几乎一半时间在放假。

然而，芬兰在国际上却被公认为教育超级大国。在 PISA（国际学

生评估项目）考评中，芬兰学生的测评成绩一直稳居前茅。

课时最少、成果最多、效率极高的芬兰教育创造了全球奇迹，教育品牌多年前早已超越诺基亚影响，这种奇迹的产生，源于芬兰人给予学生终身受益的核心能力与核心素养。

1. 减少学习时间为学生发展核心能力预留足够的时间

教育不能填满学生生活的空间，要留有闲暇，因此学校需要减少课时。通过净化知识，给学生腾出时间与空间，尤其是要给学生腾出大脑的空间来发展其思维能力，腾出时间以便学生在应用中学习知识，在知识的应用中培养解决问题的能力。国际上长达20多年的研究表明，只有找到促进人的发展的核心素养体系，才能解决好有限与无限的矛盾，只有找到对学生终生发展有益的DNA，才能在给学生打下坚实知识技能基础的同时又为未来发展预留足够的空间。

表面看起来芬兰学生课业少而轻松，学习时间全球最短。透过表象看本质，芬兰人是有大格局的胸怀，从大教育观出发，拥有整体人才观的视野，将更多时间着眼于发展学生应具备的适应终身发展和社会发展需要的必备品格和关键能力，突出强调公民修养，注重自我发展、合作参与、创新实践。

走访的多所学校，及各种成功案例与数据，表明芬兰教育已从单一的知识目标学习，走向多元化的核心基础学习，从复杂而有深度的知识学习，从庞杂的知识体系中寻找最核心的知识架构，从注重知识积累结果走向注重学习过程与能力、素养的提升。

正如华南师范大学王红教授所讲：真正核心的知识是具有高迁移度的，如果学生真正把握了核心知识，培养了核心能力和良好的学习素养，必定会游刃有余地应对考试。

芬兰低龄儿童教材比国内简单容易，到高中学习时内容加深拓宽了，但学生能轻松对待，并能独立应对许多复杂项目，这正是学生从小培养出来的综合素质在起作用。那些一经习得便与个体生活、生命不可剥离的，并且具有较高的稳定性，伴随一生的素养，正是我们所要追求的核心素养，其特质不在于量的积累，而在于生命个体品质与气质的变化与提升。

芬兰人气质优雅，严谨做事的风格，从容淡定的处事方式，追求品质的生活态度，是近百年芬兰教育沉淀的结果；所有改革遵循育人规律，围绕着人的发展能否适应未来社会、能否引领时代发展的教育本质而展开。

2. 顺应教育规律为学生迎接未来挑战扩展足够的空间

芬兰的教育体制，顺应学生的生理、心理与成长规律，帮助他们做好准备，迎接未来的社会生活。

芬兰教育体系的优越性，体现在采取了许多合理的措施促进学生的健康成长。例如：学生每上 45 分钟的课，自由休息 15 分钟。芬兰学校不但课间休息次数多、时间长，而且强制规定学生必须走出教室来到户外。这恐怕在全世界是绝无仅有的。芬兰人认为，清新空气加上体育活动是学习的发动机。研究表明，频繁的课间休息有助于提高学生上课时的注意力。70%的芬兰综合学校实施了全国性的“芬兰学校在运动”、促进学生体育锻炼的计划。

这一点在参访中可充分感受到，我们见到的学生是全程主动参与体育课，每一个运动环节是积极投入，学生看起来非常阳光、健康，即使是寒冷的冬天，也安排每天户外活动 1 小时，我们走过一个教室刚好见到一群小孩子（2~3 岁）准备参加户外活动，老师在指引他们如何穿上户外保暖外套，穿好的几个小朋友安静地坐在一旁，不吵不闹，看见外人也显得大方得体。然后列队老师带领他们外出，我们好奇随后跟上，担心这么冷的大冬天，放孩子在外面是否会生病；而孩子们一到户外，马上活蹦乱跳，非常熟练地在户外的工具房拿自己喜欢的玩具，向着沙坑方向奔跑而去，投入游戏之中。芬兰人动静分明，热情与冷静兼备，是从小培养出来的。

此外，在芬兰，家长和教师普遍相信低龄儿童需要大量的、经常性的玩耍时间。芬兰儿童到7岁才上一年级，而在这之前，他们的学习大多是通过玩来进行的。即便上了小学之后，教学日常安排也给予了低龄学生足够多的玩耍机会。具体来说，芬兰多数一二年级学生每天的课堂学习时间平均只有三个小时，下午三点左右课堂学习就结束了，低年级学生大多会参加自己喜欢的课后俱乐部或者兴趣班。“无论从短期还是长期来看，玩耍有利于促进认知、社交、情感和身体发展”，这是一项题为《玩的力量》的美国研究者得出的结论。

在芬兰的街头，许多低龄幼童在无人监护的情况下自己出行；我们看到小学生下午3点放学，大部分学生是独自一人愉快地骑车回家；小学生体育课上，老师给每人发一个指南针加一张地图，把学生送进森林里，学生必须自己找到回学校的路。在芬兰的课堂上，许多教师都很放心地给予学生很大的自由度，例如布置开放式的研究项目等，这种做法不但鼓励了创造性，而且推动学生发展更强的批判性思维能力。

芬兰几乎所有学校都是公立学校，这意味着教与学普遍具备高标准，无论儿童在芬兰的哪里长大，都能免费接受良好的学校教育，接触到高素质的教师。芬兰学校之间的教学质量差距极小，无论孩子是在赫尔辛基的中心学校还是偏远的拉普兰学校，他所接受的教育始终是均衡的、平等的。

芬兰社会所看重的价值，就在“平等”二字，珍视“平等”，让下一代知道、尊重“平等”，在教育中落实“平等”，这似乎成为芬兰社会共识中的共识、理念中的理念，称之为“核心价值”当不为过。

二、改革新执行强，给予孩子更加高效的教学

1. 优化顶层设计

芬兰在课程改革方面拥有比较健全的工作机制，国家层面和地方层

面合作开发和设计课程已经积累了数十年经验。芬兰教育改革的成功关键在于顶层设计，国家为此设立了教育发展规划处，从宏观层面给予高度重视和统一规划与指导。

芬兰基础教育课程管理、实施与评价体系由五大要素共同构成，分别是课时分配、国家课程标准、地方和学校课程及教材、学校课程具体实施及课程实施效果评价。国家课程标准不只是下发针对学习领域和内容的规定性文件，而且下达了对学校教育中关涉课程管理与实施的多方面因素的整体性的规范性和指导性文件。课程落实保障措施多元化，教育委员会提前出台课程计划与指导建议，为保障课程具体落实，中小学校每学年开始前会制订年度课程计划，注重对每个学生开展有针对性的、个性化的教育教学。

同时，学校与地方有较大的课程自主权，地方与学校自主开发课程，开发与设计尊重多方利益相关者意见。就课程生成机制而言，其不仅仅是教育行政人员决策的结果，而是教育专家、家长、社会其他利益相关者共同努力、集思广益的结果。课程生成过程的广泛参与性有助于增强教育利益相关者在课程方面的主人翁意识，实践证明这种课程生成方式是成功的。

通过聆听数学教材编写者、赫尔辛基大学教师培训学院 Hellevi Putkonen 老师的专题讲座“数学学习中的主动性与创造性”以及对算珠、卡片、纸盘、塑料模具等多种多样数学教具的实际应用展示，我真实理解了大学学者如何参与课程设计，在数学教材编写和数学课堂开展中如何调动学生学习的主动性并培养学生的创造性思维和能力；如何使学生由被动的信息接收者转变成为主动的知识运用者和驾驭者。

芬兰基础教育改革离不开特定的政治、经济、文化、社会背景，更离不开教育利益相关者的热情与努力。芬兰基础教育改革内容全面，参与人员广泛，稳定持续，注重统筹规划与层层落实；有深度、有长度、有宽度、秉持公正性、尊重多样性、用人多元化、注重继承性等，这为我们更好地推进基础教育改革提供了有益启示。

2. 着眼学生未来

芬兰教育领先全球，原因是它的教育核心始终没有离开教育的本质，就是服务于学生，培养世界公民，着眼点是学生的全人发展。芬兰学校始终秉持着“以孩子为本、保护学生天性、尊重学生个性”的人性化教学理念；课程改革终极目标是现在的课程设计与课堂模式，是否能支撑起20年或30年后未来行业变革后所需的技能。从一年级至九年级，芬兰的学校总共设有几百门课程，社会管理、体能发展以及音乐、艺术方面的课程得到了增加。而在一年级至六年级的课程中新加入了生物、地理、物理、化学和健康课程。同时，课程表上还增加了语言课程。课程开设不单是具体内容讲授，更重要的是课内外如何整合发展学生能力，营造文化与学习氛围，在真实的生活中呈现完整的知识体系，创造多样的学习方式，多种形式呈现学生学习成果。

芬兰课程实践背后折射的课程理念，是有效地整合了德国赫尔巴特的以学科为中心的课程论与美国杜威的以学生为中心的课程论，强调以学习者体验为中心；课程设计不要太深不可测，生活即课程，可灵活多变创设学习环境，根据需要来改变环境，并将其本土特色化。贴近生活最容易让学生学到骨子里，如利用秋天的落叶，动手做创意作品；利用当地丰富的木材进行手工制作……这些都成为芬兰学生对外展示的成果。

芬兰的课程基础是能力的打造，重点是放眼未来。反思我们培育学生的核心素养，需要从教育顶层设计，落到学校教育上，达到一致性和持续性，全面规划不同学段的学校对学生核心素养发展所需提供的课程设计。让核心素养指导、引领、辐射学科课程教学，彰显学科教学的育人价值，并把这些核心素养体现在我们的课堂上，体现在我们的课标上，体现在我们的课程上，使得我们各个学校探索课程时有一个框架，在这个框架里设计课程，肯定是学生最需要的。这就回答了怎样寻找适合学生的教育的问题。

3. 注重创新能力

芬兰学生 PISA 测试全球第一，尤其是创新能力。从参观的九年制学校、普通高中到职业高中各类学校中，这种创意课程、动手操作制作课程无处不在。这就不难理解为什么芬兰设计全球闻名，从大到建筑设计、家居设计、家具设计，实现了艺术与自然、现代与古老的完美结合，小到漫步坦佩雷街头所见的店铺铺面布置、橱窗摆设、时装展示，花店里盆景盆花造型，均充分体现了芬兰设计特色——简约、时尚，高科技元素无处不在，设计细微之处感受到芬兰人对品质的追求，同时不失对人性的关怀与信任，体现了“以人为本”的社会理念。

4. 发挥融合价值

芬兰“现象教学”写进国家核心课程纲要里，引起了国际社会的广泛关注。过去数年里，芬兰很多老师已经在试验类似的主题学习的模式。现象教学意味着各学校的老师可以依据生活现象来确定研究主题，然后围绕主题，将横向的不同学科知识融入新的课程模块，并以这样的课程模块为载体实现跨学科教学。

“现象教学”的施行，一方面，学生能够充分利用闲暇时间，从自己的兴趣爱好出发掌握各种技能；另一方面，因为不再是被动为学生灌输知识，学生在学习过程中可以不受限制地在各学科中寻找问题的答案，不仅开拓了知识的领域范畴，更在无形中进行了跨学科能力的训练。大部分学生态度积极，甚至希望有更多的互动教学，从而彻底告别传统的知识灌输，通过主动学习实现能力提升。

譬如皮尔卡拉地区两位全科教师，以“欧洲地理”为主题，自主设计和编制了共包含 17 个课时的课程模块，每周两个课时，前后约两个月完成整个课程模块教学。

我国近年推行研学旅行目的也在于此，与项目式现象教学目标异曲同工；研学旅行是研究性学习和旅行体验相结合，学生集体参加，有组织、有计划、有目的地到校外参观体验实践活动。学生基于自身兴趣，在教师帮助指导下，从自然科学、社会和生活实践中选择与确定主题，以课程为目标，在动手做、做中学的过程中，共同体验，分组活动，相互研讨，主动获取知识、应用知识、解决问题并书写研学日志，形成研学总结报告。

研学旅行在体验中学习，学以致用，跨学科融合，改进教学方式与学习方式。学生在面对复杂的、不确定的现实问题时，能够综合运用学科素养、思维模式和探究技能等发现问题、解决问题，是综合实践育人的有效途径。

目前国内研学旅行推行过程中暂存在的问题有：没有认清主体，整个过程以教师设计为主，学生为辅；缺少一定规模的合格研学导师；缺乏明确研学主题，欠缺体验学科知识、跨学科知识的主题研学；缺乏适切课程系统的实施，未能完全体现研学目的等。

芬兰项目式现象教学可为我们提供借鉴，如优化课程的研修团队，加重对研学导师的培养，注重开放实验、科技创新研究、虚拟仿真训练、野外实习相结合的培养方式；注重课程内容的选择和组织，设置具体和科学合理的实践主题；研学过程突出学生主体、围绕一个主题进行跨学科知识的融合解决，加强过程的专业指导；还应科学合理地对实践成果进行考察与评价，注重学生的收获以及在整个过程中学生的成长与发展等。

三、起点高体系全，给予孩子世界最好的教师

从坦佩雷大学教师培训学院院长专题讲座中，我们进一步获悉芬兰教育成功的主要原因之一就是拥有高质量的师资。

1. 起点高

芬兰教师有着高质量的人才来源，在芬兰，非常优秀的高中毕业生才能争取到教师教育学习机会并在日后从事教师职业。

芬兰中小学教师分为全科教师和学科教师两种类型，小学阶段为全科教师，初中阶段和高中阶段为学科教师，全科教师负责教授小学阶段几乎全部科目，而学科教师一般教授两到三门科目。这是芬兰中小学不同学科之间的教学能够更好地实现融合的重要原因。

高中毕业生不论申请何种类型的教师教育专业，竞争都比较激烈。除了要通过大学入学考试，还要参加大学自行组织的面试，平均录取率只有十分之一。芬兰大学对师范生的培养，可能是在教育学院或教师教育学院进行，也可能是在其他学院进行。

最优秀的学生通常不见得会是最好的老师，因此，芬兰开始了一项全面的教师招考和培育改造计划。他们认为整个芬兰所需要的不是只会念书、考试，却不问世事、不知与人相处的乖学生或成绩好的学生，而是有思想、有能力、有见解、有自信、有互动力、有包容力，而且还必须是可以再塑造的孩子，着眼于未来教师需要的各种专业能力，这就可理解为什么我们见到的每一所学校教师不但专业水平高，而且阳光、大气、睿智……这源于他们选择人才方面已从源头严格挑选。

2. 实践强

芬兰特别注重对师范生实践教学能力的培养，教学实习在整个课程学习中占有极大比重。芬兰师范生的教学实习从不流于形式，有经验的老教师和教育教学专家会认真聆听和观察他们的课堂实习，课后进行充分讨论和耐心指导，促使他们实际教学能力不断提升。

3. 引领多

数学教材编写者、赫尔辛基大学教师培训学院 Hellevi Putkonen 教授专题讲座“数学学习中的主动性与创造性”，通过图文展示如何在数学教材编写和数学课堂开展中调动学生学习的主动性，培养学生的创造性思维和能力，让我们深层次理解芬兰的大学教授是如何引领教师专业提升的。

更让人感到震惊的是作为一个大学教师能深入探索小学生数学学习层次目标并给予科学设计，教学方法与方式的探讨，则通过运用多种的教具与不同的情景体验，让学生体会到学习兴趣与亲身经历到知识产生的过程，寻求到原理内涵的规律。有如此的高屋建瓴的大学教授深度引领，培训出来的教师必然是具备广度与深度的知识多面手。

教育家应有的一项重要技能，就是要了解社会的变化将对教育产生什么影响。经济发展如此之快，需要更开放、更动态的教育体系，培养更符合需求的人才。这让我想起一个热词——核心素养，究竟如何才能生成“核心”的“素养”？什么样的学习才是有效的？掌握知识并不必然生成能力，同时掌握知识使用的条件，“知识”才是活的，才是可以畅顺“提取”的，“一言堂”实际上只是把知识如砖头一样塞给学生，而从未教他们怎么砌成房子。这便是装满砖头的大脑，却无法用来解决实际问题的原因之所在。脑科学研究实验发现，大脑的突触的增减，是由后天的学习所决定的，大脑接触到的信息越丰富，大脑相应结构的发展越充分，学习能增加大脑的突触而同一水平的强制性重复练习则不能！

学习方式的多样化是必然趋势！游戏化学习如何引向深度学习，让学生能积极地学，成为知识的运用者与驾驶者！是需要这般大师级学者从顶层设计规划与引领，如此才能站得更高，走得更远！

4. 信任多

在国家规定的课程教学目标下，芬兰教师有自由选择教材教学方法的权利，同时学校鼓励教师创造性开展教学，发展学生各种能力，目的是让学生学得更深刻。例如：在参访学校中我们见识多学科教师同上“欧洲地理”课程，两位老师以一场虚拟的旅行计划的制定为载体，将地理课变为一种项目式的学习活动，同时融入生物、数学、经济、文化、历史等不同知识，让学生在快乐学习中既能掌握知识又能锻炼综合能力。这一切不单要求教师知识结构、教学观念的转变，更重要的是思维方式的变化……

在此，另一现象引起我们思考，关于这个课程设计的动力，源于教师的自发行为，是一种强烈的自身需求改革的文化自觉。正如这两位教师讲，想要改变千篇一律地传递知识给予学生的教学方法，不希望用同一种模式教授学生。只有在自由的空间、平等的权利、信任的基础上，教师才会大胆尝试创新，勇于挑战。这必然牵扯到对教师工作的评价问题上来，芬兰没有教师绩效考核，因为他们对教师充分信任，认为教师都经过良好专业训练，并会在学校尽最大努力工作，无须过多的监管措施。芬兰教师专业水平高闻名全球，他们广受信赖，在课堂上享有很高的自主权。研究显示，教师的自主权与工作满足感和留住教育人才有着密切的关联。

芬兰教师在教育教学上拥有极大的自主权，能够充分发挥自身的能动性和创造力。芬兰教师把自己看成一个教育专业人员，有能力、有责任来评价自身的工作成效。

5. 待遇好

在芬兰，非常优秀的高中毕业生才能争取到教师教育学习机会并在日后从事教师职业。之所以如此，有赖于几方面原因：一是芬兰教师拥有广泛的专业自主权，可以灵活自主地选择教学材料和教学方式方法并对学生开展评价，能够获得学校、家庭和社会给予的充分尊重和信任；二是芬兰大学为师范生提供获得硕士学位的机会，有助于他们更好地实现自我，取得成功；三是芬兰教师工资按照教龄会较大幅度地增加，而且没有绩效考核的压力。与很多国家相比，芬兰教师工作量适中，工作时间短，每年有 3 个多月的假期。芬兰教师的年薪并不高，但就教师的工作量或者课堂每小时的收入而言，芬兰教师的收入是可观的。尽管芬兰教师的首要任务是课堂教学，但在课外也有很多职责。与其他很多国家不同，芬兰教师在没课或者校长没有要求他履行其他职责时，可以不用待在学校。芬兰教师已经把课程开发、教学方式实验、学生福利支持、与家长协作等活动作为他们课外的重要工作内容。

四、方向明自理强给予孩子充满希望的明天

与坦佩雷中国留学生交流时获知，他们在国内高中学习时最大的缺失，是个人发展指导。在国内高中学习，只有一条路就是高考，选择性少，三年高中学习只为高考；到了高考成绩出来，报考高考志愿需要考虑走向时，犹如从游泳池游向汪洋大海，不知所措，毫无方向感，三年下来真正是高分无意识；四年大学专业甚至终身职业在短短一周内慌忙中确定下来了。事实证明，国内大学生有一半以上到了大学才发现专业并不是自己兴趣特长所在，学习效能低下，浪费了许多宝贵时间。

在芬兰学校考察中，得知高中生涯规划课程是必修的，且有专门的教师指导团队，每周开设课程指导学生进行发展指导；高中生需要考虑职业取向，自己选择相关的课程学习，从中培养未来专业、职业发展所需的能力。他们在选择大学专业时方向就非常明晰了。方向与努力同等重要相信是芬兰职业生涯规划教育的重要理念。

芬兰也存在这种情况：允许有十年级的学生，目的是让九年级学有困难的学生或没有找到方向的学生，用一年时间思考，在职业生涯规划指导教师帮助下，决定是选择普通高中还是职业高中。同样存在：学生高中毕业不急于上大学，而是外出工作一段时间，发现自己的专业兴趣与能力特质，然后选择大学专业。与其他国家大学生相比，芬兰大学生的入校年龄都偏大，一般都是 20 岁以后才入学。个中原因是想给予学

生更多的选择自由。真正是自己人生，自己规划，让教育慢下来，回归以人为本的教育原点。

由此可见芬兰高中学生学习目的明确，更有独立性、计划性，时间管理能力好，学习内驱力强，自我规划与管理能力明显具有优势。

高中阶段是学生人生规划、世界观和价值观形成的关键期，也是学生未来人生发展定向的关键期。心理学家研究发现，高中阶段学生的个性基本形成，基本的人格类型接近成年，在人格类型刚刚稳定的时候发掘自己的职业潜质，并在这个时候就为自己制定一套长远、可行的职业生涯规划非常重要。《国家中长期教育改革和发展规划纲要（2010—2020年）》提出，高中阶段教育是学生个性发展、自主发展的关键时期，建立学生发展指导制度，加强对学生的理想、心理、学业等多方面的指导；同时提出，高中教育采取多种方式，为在校生和未升学毕业生提供职业教育。

我国出台的高考新政规定，学生从地、政、史、地、物、化、生中任选三科计入总分，这一做法给了学生更多的选择权，让他们可以根据自己的兴趣、能力及专业偏好做出最优选择。然而，如此以学生为本的利好政策却让不少学生更加迷茫了，他们说："有了选择权，却不知道该怎么选了。"因此，高中阶段学生面临的主要矛盾已经由原来的升学竞争转变为专业选择和职业定向，这一矛盾的转变需要学校有针对性地开展学生学业指导和人生规划方面的相关教育。所以，对学生高中阶段进行生涯规划的指导，是相当有必要的，也是相当重要的。

同时，自主发展作为我国学生核心素养三大组成部分之一（社会参与、自主发展、文化修养），是高中生具有现代素养的重要组成部分，这种能力的培养更是任重而道远。因此，促进我国高中生提升自主发展能力，首先要树立全程生涯教育观，避免将职业生涯教育狭隘地等同于毕业前的升学报考指导。其次结合学生的特点在不同阶段开展适合的教育活动，帮助学生在面临重要的生涯决策之前，充分探索自我和教育环境，做出理性的生涯决策，进而帮助学生选择合理的课程结构，指导学生在高中三年形成符合个人特点的、合理的课程修习计划，为学生将来更好地进行大学学习和未来职业选择做好知识和能力储备。

综上所述，芬兰教育，从顶层设计开始，教育目标、多元化课程教学、创新教师选拔和培养机制、系统培养学生核心素养等层级设置，都是从大格局出发，着眼于现在的教育所做的一切是否能支撑未来几十年社会发展需要；事实证明了芬兰高屋建瓴的教育顶层设计的成效，通过学习环境、学习方式、学习课程、支持系统的创新，芬兰教育引领全球，芬兰大格局教育成就了现在的地位与未来发展。

第五章 芬兰归来后的行动

本章主要关注的是芬兰教育之旅考察结束后，如何改进我们的教育教学和管理活动。揭秘芬兰基础教育如何成为世界第一并不是最终的目的，更为重要的是揭秘后如何行动，如何结合个人的实际将芬兰好的经验和做法运用到我们的教育教学和管理实践中，这才是我们此行的学习最终目的。

因此，这一章的内容包括教学活动的思考、学校管理行为的思考和教育系统运作的思考。《探究芬兰教育：基于“道”和“术”的思考》从“道”的层面对芬兰基础教育进行了分析思考，从中看到了芬兰民族精神之味道和教育文化之厚道；随后又从“术”的层面思考我们的基础教育该如何去实践芬兰基础教育的“道”，主要从教师的选拔机制、教育情怀、教学方法和创造思维等几个方面进行了实践探索。《感知全球第一 迈向优质教育》则从树立教育第一观念，践行科学办学理念，到提高教师队伍素质，再到改变教育评价方式等，对我们基础教育的改革进行了思考。《办教育永远在路上》总结了芬兰好的教育理念、改革措施和教学方法后，提出我国的教育要重视教育公平、提高办学自主、增强人民信心和信仰、加强教师团队合作建设、树立开放远大的课程观、尊重教育规律回归朴素教育，并对学校如何进一步发展进行了思考。《芬兰教育探秘后的新课程改革实践探索》则聚焦于芬兰的新课程改革的理念，结合我国新一轮课程改革的指导意见，汇报了在学校开展的基于学生核心素养校本课程的改革实践。《芬兰教育考察的行与思》的作者作为市教研室主任，则从更加宏观的角度观察和思考芬兰的基础教育；最后，提出两个方面、六大要点去改进我们的基础教育：第一方面，改变教育观念，促进教育公平。包括：①全社会要转变人才观。②利用技术促进公平。③教师要提高素养转变教育观念。第二方面，优化课程改革，强化教育评价。包括：①优化课程改革，促进学生多元发展。②强化教育评价，赋予学生适合的教育。③打造多元通道，给予学生更多的发展可能。

探究芬兰教育：基于“道”和“术”的思考

佛山市第一中学　尹军成

芬兰学生在PISA测试中屡获殊荣，芬兰的教育成为大众关注的焦点。据《芬兰道路：世界可以从芬兰教育改革中学到什么?》[①]一书披露：从2001年起，芬兰教育部门已接待数以千计的外国教育参访团。

芬兰作为一个“小国寡民”，无论是自然资源、气候条件还是国际环境（与强国为邻，历经战争的创伤）都算不上优越，为何在经济发展，尤其在教育上的成就令人称奇，成功的奥秘何在?

作为学习者，去芬兰学什么?我们怎么学?学完后怎么做?我觉得到芬兰学习，应该从两个方面去学习、思考：一是就“道”的内涵和发展进行了解和探究，二是就“术”的传授和应用进行学习和改进。

一、从“道”的层面进行观察和思考

（一）了解芬兰历史发展之“道”，可以看到一个民族精神之“味道”

了解芬兰教育，我们必须要了解芬兰的历史发展。芬兰位于欧洲北部，其国土面积为33.8万平方公里，国土的四分之一位于北极圈内，与瑞典、挪威、俄罗斯为邻。

芬兰国土狭窄，人口稀薄，笼罩在强国阴影之下。陈式华女士在

《芬兰教育，全球教育第一的秘密》[2]一书中写道："芬兰是一个相对弱小的国家，生存于东西强权的裂缝中，芬兰人被迫接受现实，并且更能够掌握眼前稍纵即逝的各种契机。外交、合作、处理问题、寻求共识等方法成为当代芬兰文化的重要标志……芬兰教育体系更因为善于将优良教育机制与学习资源在全国分配，进而一举获得了全球的关注。"

1918年的内战伤口还未愈合，二战的灾难又给芬兰带来伤害和耻辱，从1939年12月至1945年的春天，芬兰一直处于烽火连天的时刻。为了自由和生存，芬兰人承受了长年累月的战争。二战后的芬兰面临动荡和经济转型，芬兰人加速了思考的步伐，于是新的思想应运而生，新的社会理念与政策有了更大的发展空间。

芬兰人知道，作为一个"小国寡民"，将永远处于历史的纷争之中，如果没有足以强大的力量保护自己，就有可能永远被强权吞噬，正因如此，才有了芬兰人励精图治的决心和艰苦卓绝的奋斗。

芬兰的历史虽然历经辛酸，但是芬兰人从没有怨天尤人，在芬兰的发展中，芬兰人只有顽强的拼搏从没有泪流满面的哭诉，这种精神体现在《印证芬兰》[3]和《芬兰道路：世界可以从芬兰教育改革中学到什么?》等相关书籍介绍中，书中对芬兰国家历史的发展、社会的改革以及未来的设想都作了详细的介绍。

恶劣的生存环境，忧患的生存意识，铸就了芬兰人内敛、含蓄、坚韧、纯朴、诚实的精神品格。正是这些品质为芬兰的教育注入了精神的养分。芬兰人知道"丛林法则"，因此，他们时时保持忧患意识，正是这种忧患意识促使他们寻求成功的方法和道路。基于生存的需要和思考，芬兰把教育发展作为突破口。

芬兰的教育基于"人的发展和人才的培养"。人是生产力中最活跃的因素，解放和发展社会生产力，必须充分调动人的积极性。社会的发展必须重视人的发展和人才的培养，而人才的培养就必须要重视教育——重视教育，培养人才是促进国家可持续发展的战略措施。

（二）了解芬兰教育发展之“道”，能够感悟芬兰教育文化的“厚道”

回顾芬兰的教育历程，可以看出芬兰教育一路走来的艰辛。芬兰教育的改革经历了以下几个阶段：

第一个发展阶段：1945 年至 1970 年，芬兰由北方农业国转型为工业国时，经济的发展增强了教育公平发展的机会。

第二个发展阶段：1971 年至 1990 年，芬兰采用北欧福利社会的方式，创造了公立综合社会学校以及完整的公共服务部门，因而得以提升科技发展水平和科技创新能力。

第三个发展阶段：1991 年至今，芬兰改善基础教育的质量，拓宽高等教育的范畴，使其能符合芬兰人崭新的自我认同。

1. 二战后初期：向教育公平改革迈进

（1）16 世纪初叶，图尔库主教麦卡尔·阿格里科拉（Mikael Agricola）创立了芬兰语的书面语。

（2）1543 年，麦卡尔编写了第一本芬兰语教科书。

（3）1858 年，第一所用芬兰语授课的文法学校创立。

（4）芬兰历史上长期存在双轨制的教育体系。

（5）战后不同党派都注重教育公平化改革。

（6）成立专门教育委员会推动改革。第一个教育改革委员会成立于 1945 年，主要关注初等学校课程和教学改革。第二个教育改革委员会成立于 1946 年，主要关注教育组织体系改革。

虽然大的教育结构变革还未获得普遍支持，但教育改革动向已经非常明显，教育公平性明显增加。1955—1956 年，就读文法学校的学生只有 3.4 万名，而 5 年之后，人数飙升至 21.5 万名，1965 年达到 27 万名，1970 年高达 32.4 万名。

2. 20世纪60年代初期到80年代中期：向提升教育质量迈进

芬兰20世纪教育的改革大致经历了以下几个过程：①建立公平统一的综合学校体系。②1960年第三个教育改革委员会成立。③1963年议会决定彻底改革传统的双轨制教育体系。④1968年以法律形式确定不搞双轨制。⑤1972年开始实施公平教育。⑥1977年南部最后一个城市建立综合学校。⑦进一步取消综合学校内部存在的双轨制。

3. 80年代中后期：向普世教育体系迈进

芬兰凭借良好的政治治理以及公平的教育体系，发展出表现良好的知识经济体系，其中的关键成功因素则是芬兰在探索国家未来教育发展等重大议题时，大多数时候各党派、民众都能够达成共识。

从1944年到1948年，芬兰虽然处于政治动荡时期，但是芬兰各党派（社会民主党、农民中央党和共产党）抱着对国家和人民负责的态度，党派之争放弃偏见，形成共识，将教育纳入发展主渠道。芬兰的改革重建也在此时启动。

从以下三个示意图可以看出芬兰教育发展的变化和教育取得的成效。

图1是芬兰20世纪70年代前的各种平行教育体系的结构示意图。从图中可知，当时的芬兰教育体系是将11～12岁的学生分成两种独立的发展方向。只要学生已经决定方向，就没有任何机会更换跑道。对一个未成年的学生来说，过早地决定未来发展的方向，往往会陷入一成不变的人生轨道，人容易在束缚中变得呆板。

图2是芬兰20世纪70年代以后的各种平行教育体系的结构示意图。从图中可知，新的教育体系摒弃了旧的观念，希望通过构建对所有人开放的高等教育体系，促进芬兰国民具有更强烈的社会正义特质。在新的制度下，无论居住地、社会背景或是学习兴趣何在，所有

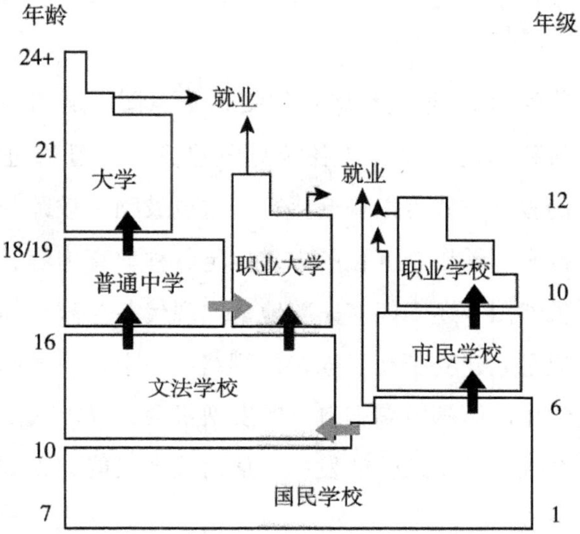

图 1　芬兰 20 世纪 70 年代以前的教育体系

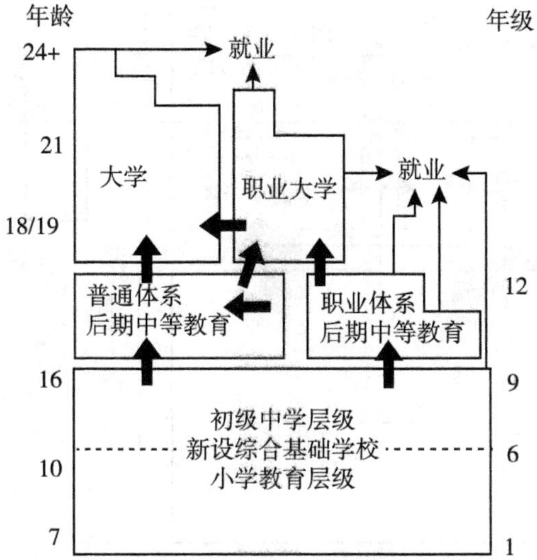

图 2　芬兰 20 世纪 70 年代以后的教育体系

学生都会进入由当地教育主管机构掌管运行的九年基础教育体系。灵活的教育体系让学生的个性得到发挥，能力得到提升，教育迸发出生机。

图 3 是芬兰 2011 年教育体系的结构示意图。从图中可知，芬兰教育体系的崭新弹性特质，让各校见贤思齐，并且通过创新方法教学，让最好的教学方式得以普遍盛行。这也鼓励了教师与校方持续开展教学途径探索，辅以个人化的方式拟定各种教育内容，契合所有学生的需求。虽然图 3 还不能够完整地呈现现代芬兰教育体系的典型原则与关怀，但是它建立了相互连接的网络——学校、教师和校园的改善机会，使学生能够随时调整自己的发展机会，寻求最适合自己的发展道路，让个性得到了最佳的发挥，从而让个人能力得到提升，进而推动社会的进步。

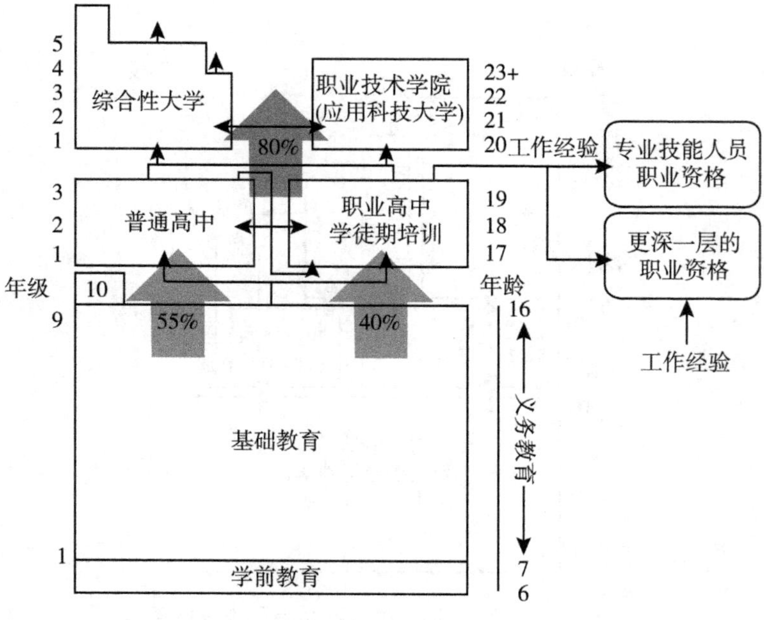

图 3　芬兰 2011 年教育体系

二、从“术”的层面去学习和改进

（一）有培养的机制

许多因素共同造就了芬兰教育的成功，但是，另外一项因素更是功不可没：教师严格选拔制和良好的培训。芬兰特别重视教师队伍的建设，积极构建科学、系统的教师培训和培养机制，使职前职后的教师都能得到良好的发展。

1. 注重教师的选拔

芬兰只有最优秀、全心奉献于教育的人才有可能真正实现成为教师的梦想。每年春天，数以千计的芬兰后期中等教育毕业生，包括最有天赋、创意、活力的学子，都希望能够进入芬兰的八所大学的教育学系。申请者除了取得后期中等教育的毕业学位并通过国家大学入学考试外，还不足以完成教师的梦想，想要成功进入教育学系学习，除了成绩优秀，还需要拥有积极的人格、良好的人际关系，并且全心奉献于教育事业。如取得小学师资培训课程的资格必须通过两个遴选阶段：第一，申请人将凭借国家大学入学考试成绩、后期中等教育的学位类型、校外活动成就等层面接受筛选；第二，通过申请的人必须接受第二阶段的面试，这场面试最重要的问题就是解决“为什么要成为教师”这一宏大的问题，考核专家根据应聘者的综合素养做出科学的判断。严格的教师选拔制度为教育的良好发展奠定了坚实的基础。

2. 注重师资的培训

芬兰师资培训注重“研究导向型师资培育”。赫尔辛基大学教育学系教授海涅尔·奈弥对“研究导向型师资培育”是这样说的：

教师要在任教领域中理解最新的研究进展，除此之外，还必须熟知如何成就教育与学校的研究成果；教师必须对工作保持着研究导向的精神，也就是采取分析式、开放式的方法，并且从最新研究成果、判断以及专业观察经验等不同证据中，得到自己的研究发展结论；师资培育本身成为研读与研究的议题。

从海涅尔·奈弥教授的报告中可知，芬兰师资培训强调有系统地整合教育知识、教学法（学科教学知识），增强教师教学思考，以经验证据为基础进行决策。

芬兰师资培育注重培养教师的“人格发展”与“专业竞争力”，重视建立教学思维体系。芬兰八所大学都拥有独特的国家整合型师资培育方针与课程大纲，不但可以确保国家教育方案的完整性，也鼓励每一所大学能够善用当地独特的资源与机会。

2015 年 12 月 1 日，坦佩雷大学教师培训学院院长 Vesa Toivonen 先生在举办讲座的时候，我对他所讲的“教师培训前的问卷调查和学生委员会调查反馈表”颇感兴趣。

Vesa Toivonen 先生说在教师专业发展和提升的过程中，无论是政府部门还是教育培训机构，他们都非常注重“老师所需”和“学生所要”这两点，基于这两点理清了培训的思路并设计了培训的架构：师生问卷调查——课程设计的培训和指导——学科教学培训——管理能力教学方法的培训——国际层面的合作和交流。

每当教师培训前，他们首先设计调查问卷，了解并关注老师针对培训到底有哪方面的培训需求。为了更全面地了解老师需求，他们还专门成立了“学生委员会”来收集“学生对老师的要求”，所有这些做法是基于“老师所需”和“学生所要”的基础之上的，因此，培训的时候，才能够做到有的放矢——也就是我们所说的“接地气”。反观国内的培训，无论是培训的方式还是培训的内容都是政府部门、教育行政部门和培训机构（高校教授）想当然地设计或是站在高处俯视教育的发展，忽视了“老师所需”和“学生所要”。培训只注重形式的热闹，而缺少内涵的提升。

3. 注重发展的自主

教师是一个精神独立、专业自主的人。教师拥有极高的专业自主，可以独立地制订计划并根据需要开设课程。为了吸引优秀的青年学子奉献教育，芬兰采用了三种方式：

一是让教师可以在工作场所完全实现职业追求。教学规划、教学、分析、执行和评估，他们拥有足够的时间和充分的自由来完成所有的教学目标。在芬兰年轻人中，他们首要考虑的，就是工作条件以及实现自身价值的专业环境。

二是教师职业必须具有足够的竞争力和诉求。由于师资培训学生的水平都相当高，使得师资培训课程要求比其他课程更为艰难。拥有师资培训学位者有资格进入政府行政单位工作，或者任教于大学，也能够与其他系统学生竞争私人企业的职缺。

三是虽然薪资水平不是芬兰人选择成为教师的主要原因，但是芬兰的教育系统仍然让教师可以稳定提升收入。只要教师持续精进教学，收入就会随之提高，而不是以任何形式的绩效作为依据。这种灵活、宽松的考评和奖励机制，为教师的精神需求和人格独立提供了保障。

4. 有教育的情怀

芬兰教师均具有“与人为善，悲悯为怀”的慈悲之心，有“爱望信”的普世情怀。有教育的追求，有育人的目标——无论是行政官员还是普通教师。说到教育情怀，他们的表现都令人动容。我略举两列：

2015 年 12 月 1 日在坦佩雷培训期间，Ylojarvi Yhtenaiskoulu 学校校长 Satu Valkama 女士的讲座让我们有一种意犹未尽、余音绕梁的感觉。

Satu Valkama 女士就学校管理的技巧和教师的情感投入作了一个感人至深的报告，告诉我们芬兰教育奇迹的创造需要的不仅仅是管理而是情感的融入和心灵的互动。

Satu Valkama 女士说的两件事情让我们汗颜：一是来到中国的学校，校长往往喜欢把学校荣誉拿出来展示，而把缺点掩饰。她说，作为待人接物这无可厚非，但是教育不可能只有优点而没有缺点。彰显优点而掩饰缺点，这种教育是不健康的教育。二是我们的校长在与她交往的过程中，总是迫不及待地问她芬兰的教育课程开展情况而忽视了关注中国传统的文化课程。她认为，科学健康的课程设置应该是在关注传统文化和了解他人经验之后而在“你我他”之间选择共同点后的开发和建设。有文化的特色特别是民族文化特色的课程才是积极的、科学的、健康的课程。

在讲到办学管理的时候，她说的观点让我们震撼：

重视学生的福利，作为一所学校应该让学生感受到学校的关怀和社会的支持，为了让学生感受到福利，她从学校环境建设、教室的设计和布局、电子的环境平台的搭建、社会环境营造和沟通以及心理环境的关注入手。

她觉得这才是学校文化建设的核心之一。作为校长她有选择学生的权利，但是她从来不去选择学生，而是善待和尊重每一位学生。

她认为，芬兰的教育能够创造奇迹，与以下的理念和做法是分不开的：

A. 快乐学习。让学生快乐地学习，只有愉悦的学习心态才有健康的身心发展。

B. 量身定做。老师要有计划，也要善于谋划，老师给学生制订一个量身定做的计划，学生才能够茁壮成长。

C. 赏识教育。老师要赞赏学生，老师应为后进生鼓掌。

D. 平等意识。教育要有平等意识，特别是人格平等，不让一个孩子掉队。

E. 信任机制。建立信任机制，因为它能够激发人的潜能。

教师在学习过程中是助手的角色，教师应帮助学生发觉自身的潜力。作为老师，应该在教学过程中发现学生的优势，为学生的未来指明发展的方向。

Satu Valkama 女士说：高质量的基础教育能够为学生的未来教育奠定坚实的基础，同样也能够培养创造力，激发学生终身学习的乐观态度，由此，整个民族的受教育程度也会得到提升，这对国家与民族的发展至关重要。

Satu Valkama 女士的肺腑之言，让我想了很多，作为教育工作者，我们过多地关注外界的评价和感受，过少地关注自我的内心需求和学生的情感需要，结果是，教育逾越老师发展的轨道，学生偏离了发展的方向。于是，我们的教育只能是在日复一日、年复一年的指责和哀叹声中度日。

Satu Valkama 女士的讲话，应该引起我们的重视和反思：教育偏离了发展的轨道，是教师的错？还是社会的责任？芬兰的教育是全民参与，我们的教育只有师生在互动，一个是在海洋里畅游，一个是在鱼缸里游荡。海洋畅游的人成为被羡慕的对象，而在鱼缸游荡的人却变成了被观看的玩物。试问，一群被束缚的教师牵着一群被捆绑的学生，他们将顺着围观者的吆喝漫无目的地走向远方，请问，他们能够走多远？能够走到哪里去？

我觉得，来芬兰参观的人不应仅是教育工作者，而应该是更多的学者和官员。教师、学者、官员和民众思想得到改变，中国的教育才有创造奇迹的希望！

只有教师、学者、官员和民众一起关注和参与，逐渐形成教育合力，中国的教育才有创造奇迹的希望！

如果说 Satu Valkama 女士的介绍是从一个面去呈现芬兰的教育现状，那么曼塔的维普兰中学的普通语言老师就是从一个点来凸显芬兰教育的精神实质。

芬兰研修期间，我们在参观曼塔的维普兰中学的时候，一位普通的语言老师的教育情怀令人心生敬意。

我们随堂听课的时候，走进了一个只有 11 个孩子的班级。

校长与她一番交流后通过翻译对我们说："利用学生户外活动一小时的空闲，可与老师进行面对面的交流。"

听完陪同校长的介绍，大家开始踊跃发问，老师一一解答。这时，有老师问："作为一个教语言的老师，面对来自不同国家的移民孩子，他们的语言形式多样，你不觉得教学会有很大的问题和麻烦吗？您是如何解决这些问题和麻烦的？"

听完翻译的话，女老师微笑点头并明确地告诉我们这不是问题，也不是麻烦事。她的回答给我们上了一堂生动的德育课。

她说："作为老师，面对困难的出现应该感到高兴而不应觉得是问题和麻烦。我认为这是一次挑战自我的机会。作为老师，我不会让一个孩子因为语言的障碍而掉队，即使是移民的孩子。我们应该带着问题去寻求解决的办法。你想想，11 个移民的学生，就是 11 种语言，一个课堂，有如此多的语言存在，您不觉得是课堂丰富有趣的交流时刻吗？我可能听不懂，但是我可以借助现代工具和网络资讯寻求解决办法。我还可以让孩子相互之间尝试交流或是合作分工，这不是一种很好的教学和学习的方式吗？而我在寻求解决问题的过程中，不是对我教学的一种提升吗？我不是喜欢挑战，我是喜欢学习，喜欢和学生一起学习。教育中出现的问题我不会当成一种压力，而是把困难或是问题当成一种自我挑战的机遇，我要借助这个机遇来展示自我才华的实现！"

听到老师那轻松自如的回答，不见波澜，不显矫情，我们能够感受到那种真诚，那种对教育的热爱和执着。

"这些习以为常的问题怎么在中国人或是中国教育中就成了问题？即使是问题也不应该是麻烦啊？"看到女老师那困惑的表情，我深感惭愧，扪心自问："是啊，我们的很多问题诸如'学生带手机怎么办？学生早恋怎么办？学生不学习怎么办？有家长来学校吵闹怎么办？家长要求择校怎么办？'等等问题在芬兰老师的心中和教育生态中都不是问题的，即使是问题，他们也觉得是一种挑战，一种学习的机遇！是芬兰教育的生态环境好还是芬兰老师的心态好？是芬兰的顶层设计好还是芬兰人的素质高？这些都值得我们思考。”

事后，我想，暂且不说芬兰的教育生态好，单单就说芬兰老师的心态这一点就值得我们敬佩和尊重。教育过程中，他们不是没有遇到问题或遭遇麻烦，也不是没有受到刁难和遭受打击，只是他们把问题和麻烦、刁难和打击当成一种挑战或是一种机遇，师生的成功或成长也许就是因为有这样一种乐观开朗豁达的心态才使教育变得富有乐趣。

习近平说，一个人遇到好老师是人生的幸运，一个学校拥有好老师是学校的光荣，一个民族源源不断涌现出一批又一批好老师则是民族的希望。

作为一个教育工作者，一定要有这种意识：我就是社会进步的推动者；我就是时代精神的引领者。

作为一个教育工作者，要树立“争做四有好老师，当好学生引路人”的教育信念，让教师的思想、境界、情怀在工作中升华。

5. 有教学的方法

在赫尔辛基大学教师培训学院听 Hellevi Putkonen 教授作题为《数学学习中的主动性与创造性》的报告，报告期间，她的教学演示，让我明白了教学方法的重要。

Hellevi Putkonen 教授用红绿相间的 10 颗珠子演示了她面对一年级小孩讲解“加减”这一知识点的过程：

教师用十颗红珠子和绿珠子串在一起，如 8+5，先数 8 颗红珠或绿珠，再顺着数出 5 颗混色珠向左边靠，这样完成先凑十再加几的运算。也可以用来做减法，先数出被减数的珠子向左或向右拨，再从中减去要减的颗数，也能巧妙地出现先减个位，不够再从十位上减去的效果。

小学具引出大智慧，学具易做好操作，在教与学的过程中真正实现让学生“在做中学”这一教育理念。

两颗红绿相间的珠子——多么简单的东西，在老师的精心演绎下竟然产生了神奇的效果。当我们天天处于不知如何选取教具而苦闷或是担忧无教具可用的时候，芬兰的老师却化简单为神奇，这值得我们反思：教无定法，但是请记住，教育教学有法。

6. 有思维的创新

创新的思维可以提升课堂的品位。数学课怎么上，地理课怎么上？以一节“欧洲地理”为例，他们课堂呈现出的方式让我们大吃一惊——当我们的教学还在要求学生背诵知识点的时候，他们已经让学生“到”了欧洲，感受“知识点”。而我们传统的教学方式是打开书本，了解气候，用探索的方法来获取知识，他们却在进行“方案设计——规划路线——整合知识”了。他们课程的设计牵涉到语文、数学、地理、历史和综合科目。如活动设计有资料查询、旅程规划、师生评估和相互点评等环节。

正如芬兰研修同行者东莞市教育局的王建主任所言：课堂上，两位合作教师实现了创新项目合作式的教学与传统的学习方式互相整合，实现学科知识的融合与应用，如考虑路线的可行性、外出旅游的衣食住行安全等因素，运用到了逻辑推理、数学、历史、地理、安全等知识，将课本中生硬的东西融合到鲜活实用的生活中去，这才是真正的学以致用，而非仅仅死记硬背应付考试。同时，教师也在合作备课的过程中，就各自不同的教学观点、知识视野、项目设计、精力投入等进行了深度合作，实现了教学智慧的碰撞，提升了其各自的专业能力水平。

有人说，一直以来，芬兰拥有世界一流的教育体系。芬兰教育受到全球的热烈追捧，芬兰俨然成了国际教育界的一个样板。前往芬兰考察学习的人络绎不绝，我们是否应该思考：芬兰教育的发展模式是不是就是我们国内发展模式的范本？芬兰教育发展的秘方是不是就是解决我们当下教育的秘方？

值得警惕的是，作为高层次的教育工作者思想如果停留在模仿和硬套上，那于己于人有何益处？

作为学习者，是顶礼膜拜地全盘复制还是深思熟虑地科学创新？是临渊羡鱼还是退而结网？这值得每位学习者思考！

◎ 参考文献

[1] [芬] 帕思·萨尔伯格．芬兰道路：世界可以从芬兰教育改革中学到什么？[M]．林晓钦，译．江苏凤凰科学技术出版社，2015.

[2] 陈式华．芬兰教育，全球教育第一的秘密 [M]．中国青年出版社，2009.

[3] [芬] 劳拉·科尔贝．印证芬兰 [M]．奥塔瓦出版有限公司，2009.

感知全球第一　迈向优质教育

东莞中学松山湖学校　柴松方

作为一个中学老师，能够有机会走出国门，考察学习世界先进国家的教育是难得的，而能够走进并深入学习和体验一个有着“教育全球第一”美誉的芬兰，更是幸运的。2015 年，我成了这样幸运的一员。

一、尝愿：走进芬兰教育

2015 年 11 月 26 日——12 月 13 日，我作为广东省新一轮“百千万人才培养工程”教育家培养对象，在广东省教育厅的支持下，在华南师范大学的积极筹划下，前往芬兰进行了为期 18 天的教育考察与学习，深度走进芬兰教育，全面感知“世界第一的教育”，详细探究其中的奥秘。

地处北欧、几乎全部陆地在北纬 60 度以北的芬兰，1917 年从苏俄独立出来，现今领土面积 33. 8 万平方公里，人口 550 多万。芬兰历史发展道路曲折艰辛，曾被瑞典等国占领统治。特别是二战中人口伤亡重大，被迫割地求和，损失相当惨重。这种屈辱，让这个弹丸小国倍感独立和发展壮大的重要。因此，芬兰人民团结向上，勤劳务实，开拓创新，强劲发展，现今以人均 GDP 4. 8 万美元跻身全球最富国家之列。芬兰政治上实行议会民主制，是欧洲著名高福利国家，全民性格以内敛、热情著称，尊师重教的传统闻名于世。更让整个世界为之一亮的是，芬兰学生在“国际学生评估项目”中（PISA）竟连续两届蝉联总分冠军。测评结果显示，芬兰学生不仅在阅读、科学、数学、解决问题能力方面整体水平高且无两极分化现象，而且他们的学习兴趣也居发达国家榜首。与许多国家不同的是，芬兰基础教育的公平性、均衡性更是表现优异。我们行走在这样一个国度里，处处都给我们带来视觉上的强烈冲击——国民诚信自律，处处都充满创意……

正是为了真实地感知这种教育，我们才有了这次芬兰学习之旅。芬兰考察学习期间，在主办方坦佩雷大学等的认真规划下，我们一行 20 人带着芬兰教育“有哪些是世界第一”“为什么是世界第一”“如何做到世界第一”等问题，实地参访了十几所学校，包括大学、高中、初中、小学以及幼儿园，我们走进学校，走进课堂，走近学生，走进老师，走进校长，走进教育局长，与他们面对面对话交流；我们聆听了十多场精彩的专题报告，观摩了十几节不同学段、不同学科的课堂教学，拍摄了数万张照片，多角度地记录下教学实景，也写下了 20 多万字的学习笔记，对所见所闻进行记录与反思。可以说，这次学习，我们较为深入地了解了芬兰教育的多个方面。我们感知到，是雄厚的国家经济实力、先进的国家教育管理体制和世界首屈一指的高质量教师队伍，成就了芬兰教育的“全球第一”；我们感知到，由高素质的国民组成的千千万万个家庭，是芬兰优质基础教育的重要支撑；我们感知到，成熟而诚信的社会文化是孕育芬兰教育的沃土，培育出芬兰这个公认的教育奇迹。这些都深深地震撼并影响着我们。

整个芬兰学习行程，我们在坦佩雷学习 16 天，在赫尔辛基停留 2 天，除了专题学习考察之外，走进芬兰的文化场所，“跳出教育看教育”也是我们观察芬兰教育的另一个重要角度。我们参观了多间博物馆、图书馆，课余冒雨观看了芬兰独立日的烟花表演，观赏了美妙的歌剧，考察了芬兰市民为迎接圣诞开辟的主题小商品市场，还有坦佩雷的砖木结构瞭望塔，古老的坦佩雷中央大街，雄伟的赫尔辛基岩石教堂和白色大教堂，瑞典风格的建筑群……一路参观考察，我们感受着真正的芬兰社会，体验着芬兰的文化，思考着芬兰社会与文化和教育之间那种息息相关的联系。

芬兰历史悠久，传统文化深厚；经济发达，社会成熟繁荣；人们生活富裕，文明礼让有序；公民行事遵规守纪，整个社会诚信自律……我们认为，芬兰不愧为世界公认的和谐社会，其安静、祥和、悠闲的国民性格，让我们感触良多。正是这个稳定而成熟、繁荣而诚信的社会以及国家多年的良性运行，奠基了世界为之惊奇而羡慕的芬兰教育。

在芬兰的日子里，我们从到达的每一个角落收获感悟；我们每天都在谈论芬兰社会的方方面面；我们也总在思考芬兰有着哪些成就优质教育的社会元素。我们深深感到，芬兰就是举国在办教育，就是每人在从事教育，每处都在彰显教育的价值与存在。

向坦佩雷市教育局长赠送礼物。（横幅：高山仰止）

二、感知：芬兰教育点滴

在芬兰的日子里，我们每天都在校园、课堂及老师和孩子们身边，或走近校园观摩校园的文化建设，或走进课堂和孩子们一起学习，或聆听专题讲座，感受芬兰教育的特色。每一次都让我感叹一个国家的教育竟然可以发达到如此程度！

去年暑期，我曾以修学游带队老师的身份，有幸走进美国的大学与中小学，也对美国一些地方教育的诸多方面作了观察研究。我也阅读了由中国青年出版社出版，美国人爱德华·休姆斯所著的《美国最好的中学是怎样的》一书。不过，对比此次我们了解到的芬兰中小学教育，我认为发达的美国无论从政府支持、社会教育氛围、学校软硬件设施、课程改革力度、老师素质结构与持续发展能力，以及学生的学习与成长状态等方面，都与芬兰有一定的差距。这不仅体现在各种外在的教育软件和硬件上，还体现在对教育本质的理解上，更深层的内涵诠释以及持续的社会效益等方面，难怪，连美国的教育专家都认为“芬兰基础教育是当之无愧的世界第一”。

自21世纪初以来，广东基础教育经历了十余年的大规模改革，我们是最近几次教育改革的见证人。经济发达的广东，应该说在许多方面都走在全国的前列，教育在改革中不断进步，可谓成绩斐然。但和我们看到的、感受到的芬兰基础教育相比，我实在不知道，怎样才能准确地表达这个差距与差异，做出恰当的评价。

下面，我从四个方面，用“四个领先”对芬兰教育的成功作一些简单的描述：

1. 教育的均衡性世界领先

公正的PISA测试结果是芬兰教育均衡与公平最好的证明，这主要是源于芬兰教育国策上的四大基石：公平（equity）、平等（equality）、高品质（high quality）、全纳式（inclusiveness），而这不仅是国家政策，更是全民共识，经过多年的努力，这已成为了社会现实。我们参观的十数所学校，既有地处闹市的，也有远在山乡密林的，不管它们所在何处，其办学的软硬条件，诸如校舍、老师办公设备、学生的学习条件、信息化先进程度等，彼此之间几乎相差无几。因为它们统一由国家及政府配置，所以芬兰教育均衡性的确无人能及。芬兰在教育上强调公平，国家甚至用集权的力量，用最大的财力，借助政策立法强力推动，实现了全体国民有机会接受免费的各种各样的教育，且惠及移民甚至难民。我们观察得知，芬兰全国基础教育从地域到族群，从数量到质量，从本土居民到外来移民，从当地子女到外国留学生，均实现了其他国家几乎不可能实现的公平发展。给我们留下深刻印象的是：教育，这个被芬兰国家认为最重要的战略资源，从法律与政策上保证面向全国国民甚至包括进入芬兰的外国留学生公平提供。正如《芬兰基础教育》一书中指出的，芬兰出台国家层面的教育政策时，始终坚持在对教育法律法规、行政制度、财政制度重新调整时，首先考虑的是此次调整是否会对教育公平造成不良影响。

2. 体制的整体性世界领先

芬兰政府依据《芬兰共和国宪法》“受教育是人民应享权利”的规定，为所有国民提供了免学费、高水准的教育，“使人民的教育水平和面对社会要求的能力都得以提升，也间接促进大多数人民能成为有信心面对未来的世界公民；而教育制度的良善与优质，更是芬兰奠定健全社会福利制度的最重要基础”。芬兰经济发达、社会繁荣、国民素质高，整个政府管理体制运作成熟而顺畅。为教育提供足够的支持，不仅有法律保障，更有整个社会传统文化作为源头。芬兰共和国政治气候平和多元、政治生态个性和谐，但唯独在教育上，有由上到下一通到底的体制与机制。我想，其初衷可能是为了呵护“教育者”这个弱势群体。久而久之，它便成为上下官员与社会的共识，再往后来，变成了传统，继而最终变成了一种社会文化。的确，虽然我们常说“教育是国家的万年根本大计”，但因为教育只有付出，没有产出，所以一些政府官员出于功利性政绩考虑不可能将权重放在教育上，这就需要强有力的体制加以保证。芬兰正是认识到教育的处境才制定出如此有效的机制加以保证。再加上芬兰发达的经济，给以强大的财力保障，为教育提供了坚实的物质基础，终于成就世界无与伦比的优质教育。

3. 学习的终身性世界领先

芬兰国家法律规定：“接受教育是公民的基本权利——每一个常驻居民（包括外来移民）都有权利接受免费基础教育。”应该说，芬兰已经实现了芬兰人终身接受教育的宏大目标。这当然是因为国家“努力为所有国民提供公平的受教育机会，不论年龄、生活地域、经济状况、性别、语言、信仰”的良好机制使然。我们在高中或职业高中参访，经常会听到校长讲，他们学校有部分成年人根据自己的需要，在本校跟随适龄高中生一起上课，当我们问起这是为何时，校长回答：一是国家有相关的法律规定；二是因为他们工作之后产生了再接受教育的需求；三是当地政府与学校有为他们提供教育需求的职责；四是这早已成为芬兰社会常态现象——全民终生均可根据自己的需求，随时可以向国家或政府提出走进学校接受再教育的申请。

4. 课程的生命性世界领先

我们是2015年年末在芬兰考察的，但我们所到之处，听到芬兰的校长与局长说得最多的是：“我们今年将进行新的课程改革。”毫无疑问，不断改革是芬兰教育领先世界的奥秘所在。十多天深入课堂与聆听报告，我感觉芬兰基础教育之所以先进，就是抓住了一个核心，那就是用课程改革不断推动教育大盘的转动，他们把课程改革与改进作为教育改革的抓手。多年的实践证明，芬兰之所以成为世界基础教育改革的执牛耳者，就是因为他们在课程改革上的颇多建树。综合起来看，芬兰教育在两端做得最好：一端是教育的出发点，即始终公平均衡地对待每一个生命——为每一位生命负责；另一端是终端的评价，即基于生命不同的个性发展而设计出相应的评价方案：相信每一个生命都可以成为国家的有用之才，始于对每一个生命个性的尊重，保持对每一个生命发展的欣赏。抓住这亮点再进行坚持不懈的改革，终于成就芬兰教育的奇迹——课程建设与发展蔚为大观。

我们对芬兰一个高二学生进行采访

三、思考：芬兰为何第一

我们真切感悟到芬兰教育的成功，但我们也清楚，这个成功不是那么简单。教育是一个社会系统工程，成功从来都不是单方面的，基于社会经济与国家政策的教育更是难以“独善其身”。不少中国人都在寻找芬兰教育的成功所在，世界上其他国家的许多教育同行也都在做这个事。回到国内以来，我也边工作边思考，许多芬兰考察时的清晰印象也已渐渐变得模糊，反思我对芬兰教育的印象与认识，我认为芬兰教育成功有以下几个方面原因。

1. 发达经济为高质量教育奠定基础

2014 年芬兰人均 GDP 为 4. 8 万美元，位列世界第 14，而早在 2001

年度《联合国人类发展报告》中，芬兰就被列为世界最发达的国家之一。发达的经济为芬兰教育提供了坚实的物质条件。比如2010年芬兰各类教育的生均投入费用达10157美元，而OECD（世界经济合作与发展组织）国家平均为9308美元。不仅如此，国家对教育的重视，又从根本上保证了教育的绝对投入。而在中国，就是中国经济最为发达的地区，如深圳、东莞等地都根本无法与之相比。以东莞为例，生均经费市直属学校高中生均经费为4900元人民币，初中生均经费为3800元人民币。而放大到全国，生均经费肯定要少得多。由此说来，我们与芬兰的教育基础实在有不小的差距，需要很长的时间去追赶，这需要国家进一步发展壮大，也需要国家层面出台相应的政策加大对教育的投入，用以保证教育向优质化发展。

2. 统一机制为高执行课改提供保障

虽然芬兰政党林立，但是在教育的决策与实施上采用集权甚至强制措施，这让世界都为之侧目。我们在芬兰学习期间，发现非常奇怪的一个现象：校长之上的任何一级教育官员，在和我们谈芬兰教育成功的时候，无一不首先向我们展示由芬兰国家编制的《芬兰国家教育体制体系表（2011）》。虽然大家都在强调国家强制与地方自主甚至学校自主相结合，但我们感觉到强制的痕迹依然明显。可以说，对教育而言，这个不会直接为社会“生出”GDP的纯消费（应该是花费）行业，没有一定的国家（或政府）意志力来推动，是很难取得根本性效果的。

3. 优秀师资为高素质学生树立榜样

我们在考察的过程中发现，芬兰教育之所以能够成功，一个十分关键的因素就是重视对教师队伍的选拔和培养。不仅把好教师入口关，而且把教师的成长置于国家教育战略整个链条中最重要的一环。“老师一样好，不用评比”是作者陈之华在《芬兰教育全球第一的秘密》一书中的一个标题，作者的两个孩子都是在芬兰学校接受教育的。这样的家长的评价可谓中肯。陈女士说："芬兰基础教育体系的老师，不仅拥有硕士学位，更在其教育领域学习中，拥有发展与研究、教学与思考的多轨能力。"我们所听的教育局长或校长的报告中，在谈到芬兰教育成功时，几乎每一位专家都归功于芬兰的老师选拔与培训制度。他们对教师的素质赞不绝口。芬兰的中小学教师，必须拥有硕士学位，经过五年以上长时间的培养。一个教育局长曾说，在对教师培养的最后一年，准教师会接受很长时间的追问：你为什么要去做一位教师？在我们接触校长时，询问芬兰的老师会不会出现中国教师群体出现的诸如职业倦怠、敷衍课改、师德问题等现象时，校长们都一脸不解，为什么教师会如此呢？似乎这些问题在他们那里就从来没有出现过一样。因为，在芬兰，教师是大家最理想的职业之一。

4. 文明国民为爱学习环境营造氛围

前面我说过，教育从来都不是一个可以脱离大社会系统的行业。芬兰有着全民公平与均衡的终身教育，而当此政策实行一段时间后，就会产生潜在而巨大的，又具有深远战略意义的社会效益。毫无疑问，这个效益又会回馈给教育，为学校教育提供最好的外围环境，成为教育这棵幼苗最好的最具营养的土壤。谈到这个问题，我们也知道，中国改革开放 40 余年，并不是完全没有具有世界先进教育水平的明星学校，比如李希贵的北京十一学校等，但这些所谓的明星学校，只能是个体"明星"，没有"星火燎原"之势，很重要一个原因就是，缺乏社会良好的氛围与环境。与芬兰的"教育环境"相比，中国不成熟的社会基础实在无法为教育提供需要的环境和条件。学校本来与社会就是相通的，好的学校教育就是要在良好的社会氛围中产生。我认为高素质的国民与教育环境为学校教育起码解决了这样几个问题：其一，家庭教育。有人坚持认为芬兰教育的成功源于优质的家庭教育，这个不是没有道理的。有数据显示，多数优秀孩子都是产生于具有良好家庭教育氛围中的。离开了家庭教育的学校教育是不完整的教育。国民的高素质意味着家长的高素质，家长的高素质保障了家庭教育的高质量。高质量的家庭教育与高质量的学校教育进行完美的配合，产生最强的教育效果。其二，社会教育。高素质的国民会成就社会良好的秩序与道德环境，进而增强教育效能。学校教育不仅离不开家庭教育，也离不开社会教育。毫无疑问，社会是任何一个孩子成长都离不开的环境。我们知道，孩子们成长是要解决“我与社会”、“我与他人”和“我与自己”三个关系的问题。任何一个孩子成长都必须能够回答并处理好这三个关系，否则健康成长就是一句空话。“社会”和“他人”是什么？其实就是健康的社会机制和高素质的国民及营造出的良好的成长环境。而孩子对“我与自己”中“自己”的认知，又何尝不是基于“社会”与“他人”认知的基础之上产生的。我们在芬兰学习期间，芬兰社会的“诚信”文化给我们所有人留下了很深的印象。公共场所一楼的外套挂衣间向所有人开放，没有人会担心自己的衣物会丢失；酒店享用免费早餐从没有检查过你是否是本酒店住客；商场很少在门口检查顾客买单情况；公交车司机从不会督促哪位乘客要买票乘车；无论你在哪里用餐，都完全不需为放在座位上的物品担心……就是这样一个“诚信社会”，这样一个“诚信体系”，成为芬兰基础教育的重要资源，成就孩子们的诚信品德。

5. 寒冷气候为好品质人格提供条件

正所谓“一方水土养一方人”。三分之一领土处在北极圈的芬兰，发展农业不具备相应的条件，就连可以再生的森林资源再生都不那么容易。17 万个湖泊与波罗的海比邻的芬兰，唯独渔业资源与森林资源丰富。1917 年独立出苏俄的芬兰开始了自强之路，经过数十年努力让自己跻身为世界发达国家行列。芬兰夏天白天过长，而冬天白天过短，由于全年气温偏低，所以夏日凉爽宜人。一到夏日，芬兰人多会全家一起出行，或森林，或草原，或湖边，尽情度假，享受大自然的馈赠。芬兰人注意休闲，特别珍惜阳光，好像要储存阳关以备冬日之用。芬兰冬天里每天阴雨霏霏，黑夜漫长，气温更低，人们只能更多地待在室内，就是体育锻炼也只能在室内完成。的确，我们这次芬兰之行深切体验了芬兰冬日阳光的宝贵——大半月时间竟只有四次太阳露面。我想就是这样的气候和这样一个国家的历史演变过程，逐渐形成了芬兰人独特的国民性格——安静、平和、低调、务实、内敛、自修。

安静的芬兰人：阅读学习无处不在

芬兰的气候与芬兰的教育有很强的关联性。芬兰人重视家庭教育，首先是家长与孩子们有时间甚至是长时间在家，而只要在一起，高素质的家长必然会对孩子们施以相应的教育与影响。我们在芬兰的学校各个年级的课堂观察中发现，几乎所有的孩子们在学校都文明自律，课上积极参与，自觉守纪；课下活泼有序，文雅礼让，很少见到有孩子会调皮到影响学校的正常上课、影响到学校的正常管理秩序。我们也曾向芬兰的校长与老师问起，芬兰是否有像中国一样开一些德育课程（班会课）用以对学生进行做人方面的教育，他们说目前还没有。当我们问“芬兰的孩子为什么这么文明”时，他们的校长与老师会说，这是家庭教育的结果，是社会影响的结果，是芬兰社会文明文化影响的结果。

在芬兰的小学课堂听课观摩

四、比照：发现更好的自己

芬兰之行让我真切地感受到了中芬教育的差距与差异。行走在芬兰基础教育的天地里，在感受芬兰“世界第一”教育的同时，也在解开芬兰世界第一的秘密，同时也在思考着我们可以将哪些好的经验带回去，促进我们教育教学实践的变革，为学生提供更加公平而有质量的教育。

1. 树立教育第一的观念

我们知道，从社会发展来讲，目前我国人均 GDP 尚不足芬兰国家人均的四分之一水平，根本无法与发达繁荣的芬兰经济进行比较，而人口稀少的“小国寡民”的芬兰，更是“尾小好调头”，再加上其悠久的社会历史和优良的文化教育传统，成就世界第一的教育，当属“水到渠成”之事。但我们就真的没有可以学习借鉴的地方吗？显然不是，行走芬兰，就是为了借鉴，为了学到能够学到的东西。芬兰的教育投入理念是“教育是今天的，也是明天的”、“教育才是成就一切的基础”等。虽然我们常说“十年树木，百年树人”，但是往往会把“百年大事”列为重要而不紧急的事，所以对教育的投入自然会出现靠后考虑的现象。而芬兰举国则认为“教育第一”，自然就把社会最好的力量投在教育上。因此，我们也应该在观念与行动上加以改变，把教育真正当成“百年大计”，而不是总说在口头上。

2. 践行科学的办学理念

芬兰的义务教育“旨在为每个学生提供多样化的学习、成长和进步机会，使他们获得在生活中和开展更高阶段学习所必需的知识与技能，培养和唤醒他们的终身学习的愿望”。对照芬兰的办学宗旨，我们国家的许多学校在这方面的差异是很大的。近十年来，我考察过国内东到上海、西到四川、北至北京、南到海南的许多学校，对各地教育有一定的了解。我承认我们都在快速地发展，我也不否认未来我们能够做得更好，但起码短时间里，我们是很难做出与我们的办学思想相一致的教育。这不仅是硬件的限制，更有从上到下的教育管理者的观念与水平以及评价制度的严重缺陷。行走在芬兰中小学的课堂上，他们开设的缝纫课、木工课、烹饪课、放松课等，他们组合型的化学课、物理课、音乐美术课等，让我们看到了真正意义上“为学生终身发展负责”的努力，让我们看到了“一切为了学生”的付出。对照我们国家许许多多的名校，只单纯追求升学率，而置学生的兴趣特长于不顾，将万千学子往“应试的独木桥”上赶，却依然敢说“一切为了学生”。我觉得，这种办学思想上的空洞与虚假是应该好好加以整治了。

3. 提高教师队伍的素质

教师队伍的质量与数量，是我们与芬兰教育差异巨大的又一体现。芬兰老师入口要求很严，必须具有研究生学历，加之待遇好，社会地位

芬兰的小学生在上芬兰语课

高，这就几乎把最有志于当老师的人吸引进教师队伍。这是芬兰教育成功的关键性因素。百年大计，教育为本；教育大计，教师为本。没有高水平的教师，就没有高质量的教育。因此，我们要向芬兰学习，首先应把好教师的入口关，让能力素质高、有理想信念的人成为教师。其次，重视教师的基本教育教学能力的实践训练。在芬兰，一名新教师在正式上岗之前至少有半年的跟岗学习。最后，加强教师职后培养和培训，帮助处于专业发展高原期的教师突破发展瓶颈。

4. 改变教育的评价方式

芬兰与我们国家有一定的相似性，比如同为国家、地方与学校三级课程制；他们和我们也一样强调将地方课程与校本课程相结合，提倡与鼓励发挥地方与学校的主动性来推动学校乃至教育的内涵发展，但是实施效果却大相径庭。十年来，我们的学校课堂生态不仅没有得到根本改观，相反，自从出现课程改革后，越来越多的学校被考试科目挤压得根本没有校本课程开设的空间，最初的所谓学分制也早已形同虚设，甚至

芬兰的小学课堂

都已取消，代之而起的是“衡水奇迹”、“毛坦厂奇迹”，高考一纸定终身没有丝毫改变。学生的个性发展，我们最初设计的良好愿望，一切随着“贴近考试”而不值一谈。

这次芬兰之行，作为一直参与广东近20年历次教育改革的一线老师，我好像感觉到了我们改革的问题出在哪里。问题出在评价这个核心问题上！当课程改革的指向依然以应试评价为标准，那么课程改革将永远停留在理念层面，不可能取得成功。芬兰之行，给我最深刻的印象是，芬兰的教育总在不断改革，而他们的改革无论从顶层设计，到学校执行乃至课堂之上老师的执教过程，他们唯一的指向就是“人”——始于对“每一个生命中人性的需求”，忠诚于“对每一个生命”的尊重。我们在考察中发现，早在1994年，芬兰就取消了教育的所有督导评估机构。取消上级评价后，校长最为担心的不再是上级教育部门的绩效评估，而是学校是不是为每一位孩子提供了最为适合的教育，每一个孩子是否在学校得到了充分的发展。这是一种全新的“教育自觉”。我们曾观摩到芬兰一个中学的木工课堂，亲身体验到芬兰的课程是如何贴

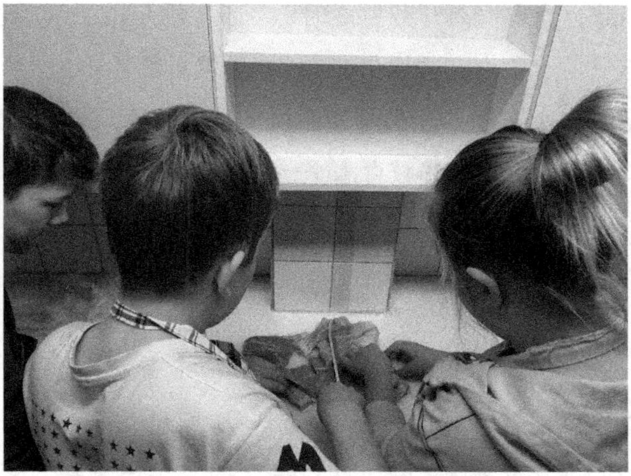

芬兰的初中学生在上烹饪课：合作学习刀切三文鱼

近生活，贴近孩子们的兴趣，贴近社会的需要，如何为孩子走向未来社会作足够的准备。我们看到了学生课堂积极投入学习的样子，看到学生如何合作研究、灵巧动手，也看到了孩子们一起完成作品后溢于言表的成长幸福。这个真实情景的体验让我们记忆犹新，这也绝对不是我们某一所学校偶尔一次两次、象征性地满足一下学生兴趣的课外活动课所能比。归结原因，同行的一位老师一语中的："如果评价改变了，我们的孩子们做的会和芬兰的孩子们一样好。"

五、结语

芬兰考察时留下的感慨和激动，最终是会回归平静的，但许多的感悟不会很快消失。面对发达的芬兰教育，我们知道我们任重道远。在当下形势，基于我们国家的国情，我们的教育现状与形势，我们能做什么——这是我们考察学习必须回答的问题，也是教育厅领导对我们这批"教育家"培养对象提出的一个重大课题。我们在芬兰的时间不够长，学习考察应不算深入，所以对芬兰的教育依然停留在“皮毛”阶段，正是因为如此，当我们离开芬兰之时，“怀念便开始了”。我们一行 20 人共同的感受是“我们会争取再来的”，虽然可能性不大，但反映了我们由衷的愿望——作为一名教师，是多么希望实现理想的教育。不过，我们也知道，以中国现有的教育水平，我们还有很长很长的路要走，但是我们相信以现有教育发展速度，在不久的将来实现芬兰一样的教育也是有可能的。

◎ 参考文献

[1] 陈之华. 芬兰教育全球第一的秘密 [M]. 中国青年出版社，2009.
[2] 唐建朝，李栋. 芬兰基础教育 [M]. 同济大学出版社，2015.
[3] 爱德华·休姆斯. 美国最好的中学是怎样的 [M]. 中国青年出版社，2016.
[4] 陈之华. 芬兰教改的成功之路 [J]. 教育资料集刊 (41).

办教育永远在路上

珠海市红旗镇三板小学　李彩芳

2015年11月26日至12月13日，广东省中小学新一轮“百千万人才培养工程”第二批教育家培养对象赴芬兰进行了为期18天的教育培训。在芬兰参加教育培训期间，我们深入考察了多所学校，包括幼儿园、小学、初学、普通高中、职业高中，另外还参观了坦佩雷大学、坦佩雷理工大学、坦佩雷艺术馆、赫尔辛基大学。这一系列的深入考察、访问以及之后与同往芬兰学习的同伴之间的交流，都使我受益匪浅：芬兰的教育有可追寻相随的教育理念，有可学习借鉴的教育改革措施，更有可推广实施的教材编写与教学方法。

一、芬兰有可追寻相随的教育理念

1. 教育是永不放弃

芬兰是一个自然资源缺乏、人口稀少的小国，国人深知自己没有资本浪费任何一个孩子，这体现在教育上便是“不让一人掉队”。为此，不论家长、老师，还是社会各界，都付出了超常的耐心和努力。他们通过各种方式、方法教育孩子，即使是对学习困难的学生，也尽量让他们最大限度地从课本和生活中获得知识，树立起自尊和自信。在芬兰，没有所谓朽木不可雕的“差生”。他们不会早早地对孩子进行筛选，贴上优劣不同的标签，他们不为孩子灌输竞争意识，也不鼓励让孩子在压力下学习，而是耐心启发、协助每个孩子找到自己的生命价值，建立起可以受用终生的积极学习心态。

2. 教育是最好的投资

长期在强国夹缝中求生存的芬兰人，深切地体会到“唯有通过教育培养人才才能延续民族生命”的道理。芬兰在17世纪的规章中就定下规矩，凡将要结婚的年轻人，都必须先学会识字，才能步入教堂。这种半强迫半鼓励的方式提高了国民的识字率，也在芬兰人心中埋下了热爱阅读、重视教育的种子。芬兰虽是人口小国，却是科技大国，在信息科学、生命科学、能源和再生能源科学、新材料、空间科学、海洋科学、环境科学以及管理科学等领域，都拥有自己的一席之地，并且在很多领域拥有尖端技术，这就是长期投资教育和科研的回报。

3. 教育是有教无类

平等的受教育权是芬兰教育最核心、最基本的理念。在芬兰，不论城乡、族裔、性别、财富地位，每个人都享有国家提供的无差别的基础教育，在15~16岁之前不存在淘汰或选择系统。这一教育理念使芬兰成为全球教育落差最小的国家。

4. 教育是尊重信任

芬兰人在教育中不采用“防制”的管理法则，而是选择相互尊重和相互信任的“自我管理”作为教育的起点，一方面是对学生的尊重和信任。他们认为，教育要按照孩子们的意愿和禀赋，循序渐进，而不是按照老师、家长的要求揠苗助长。另一方面是对学校和老师的信任和尊重。中央政府制定的教育大纲只提供各科目的教学目标或指明教学内容的大方向，学校有权在国家课程与政策框架下，根据本地的实际情况出台自己的发展计划和实施策略。老师拥有充分的教学自由权和课程自主权，可以自行决定教材、教学内容、教育方式和教学进度。这种自由权和自主权不仅没有影响芬兰基础教育的质量，反而激发了学校和老师的责任感、积极性、创造性，使芬兰的教育可以随时根据个体需求和社会需求的变化灵活调整，真正实现了因地制宜，因材施教。

5. 教育是适应生活

芬兰学生在 PISA 测试中表现杰出，究其原因，我们会发现芬兰的教育方针与 PISA 测试强调的重点不谋而合——重视学生运用知识于生活的能力。教育不光要“授之以鱼”，还要“授之以渔”。芬兰教育从小学开始，就有“教育与职业辅导课”，深入浅出地为学生介绍各种不同的职业，鼓励学生观察、了解各职业工作的概况及技能要求，这让学生在初中毕业后能清楚地规划自己的求学方向——选择进入普通高中或职业技术学校。

学生课堂实践手工作品直接成产品，可对外销售

二、芬兰有可学习借鉴的教育改革措施

1. 优秀的教育人力资源

在芬兰，学而优则师，几乎最优秀的人都从事教育工作。首先，芬兰师范专业高校门槛高（高于其他高校），学制为五年制，毕业后直接获硕士学位。其次，教师职业入行门槛高，每年能够进入教育行业，从事教育工作的师范教育专业毕业生仅占总毕业生人数的10%。这两道高门槛，保证了芬兰教师群体素质的整体高质量。

除需具备较高的个人能力外，芬兰教师还必须具备较强的组织能力、日常运营管理能力及目标导向实践能力。甚至，幽默感也会成为教师职业申请者面试的重要参考指标。

芬兰教师从业者的整体高素质，赢得了社会与家长对教师的高度信赖。芬兰教师不仅没有严苛的考核制度，还拥有很大的自主权，他们可自由决定教学方法。这一自主权的获得，很大程度来自学校校长对教师的信任，以及教师对自己工作的责任心。信任是芬兰社会的维系纽带，同样也是教育的基石。

2. 灵活的教育学制改革

芬兰教育学制改革的灵活性主要体现在以下两点：一是伸缩性学制改革。学生可根据自身情况，在完成学校规定学分的基础上，根据自己的学习计划选择课程，安排学习进度，自行决定完成高中教育的时间（2年、3年或4年）；每个学年不再像传统体系中被分为上、下两个学期，而是分为5个到6个学段，每个学段包括6个至7个星期，各学段最后一个星期为考试周；大部分高中学校会根据高中生的群体特点和注意力集中时间的科学测试结果，将每节课的授课时间从45分钟改为75分钟。二是弹性化课程设置改革。除了国家规定的义

务教育阶段课程设置的公共科目外，地方政府和学校对于课程设置、课时安排、教学方法等具有一定的决定权，教师拥有教材选择权，学生也可选修其他科目；普通高中取消了年级的划分，实行“无固定班级授课制”。除高中外，初中及小学也有根据学校和学生个人实际情况设置的弹性化课程。

三、芬兰有可推广实施的教材编写与教学方法

1. 优质教材

芬兰基础教育的教材实行“一纲多本”。全国教育委员会编写制定全国核心课程大纲，各家出版商再依据大纲所规定的各科目内容，委托各领域的教师、专家与特殊教育人才，共同编著完成教科书。各教育机构可自由选择他们认为合适的教材。这一政策有效刺激了芬兰教科书出版商之间的良性竞争，从而不断提高教科书质量。即便是一向低调谦逊的芬兰人，也会自豪地说：“芬兰教科书是全世界最好、质量最高的。”

2. 小班教学

芬兰地广人稀，为满足国民义务教育需求，国家在基础教育上慷慨投入。500 多万人口的国家，却有近 5000 所基础学校，每个学校平均人数不到 150 人，每个班级不超过 20 人。一些地处偏远地带的学校，如北极圈内的学校，常常只有 30～50 人。所有学校，不论大小，其师资质量、教学设施都差别甚小。

3. 低压教育

芬兰在 1999 年新的基本教育法中废除了所有具有排名性质或竞争性的学习评价方式，鼓励学生正视自我，超越自我。为保护学生的学习

积极性和好奇心，新基本教育法规定小学阶段禁止考试，日常对学生进行的学习表现评价也禁止使用分数，只用描述性评估和反馈。没有了评比和考核的压力，教育反而回归其本质，学校和老师都愿意积极尝试各种创新和改革，只为帮助学生更好地掌握知识和技能。芬兰基础教育课时少、作业少、考试少、学时短、假期长，一年上课 190 天，小学生每天最多上课 5 小时，中学生最多 7 小时。

学生课时少、作业少，注重动手实践能力的培养

4. 重视阅读

芬兰学生的阅读能力一直为世人称道，在最近几届 PISA 测试中蝉联冠军。如此优秀的成绩背后，是整个社会所营造的浓厚阅读氛围，包括学校与家庭提供有利学习的环境、老师及家长的鼓励和以身作则、对孩子阅读兴趣的培养、阅读策略与闲暇活动的设计、整体学习网络的构建等。

5. 做学结合

教师用书和学生用书分开，这个做法对学生的有效学习非常重要。教材从形象思维过渡到抽象思维，学具由学生自己做。教师在教学过程中强调学生动手操作能力，在学中做，在做中学。各学科的学习融会贯通，像风吹过一样舒适，像水流过一般自然。教师给予学生明确而简单的指令，对于先完成指令的学生，教师会悄悄告诉他们接下来要做什么，而不是大声在班上宣布哪些学生做得快做得好，让学生明白学习是自己的事而不是互相攀比。另外，纸质教材和电子版教材结合使用，实现网络化教学，点击链接随时可提取教学资源，提高了学生的学习效率。

6. 办学自由

芬兰国家教育委员会每4年制定并公布一次核心课程大纲，其他事项如学校管理、聘用教师等，则由学校自行决定，至于教什么、何时教、怎么教、采用什么教科书等，由学校董事会和教师自行决定。

7. 没有分数

每学期开始和结束时，学校会邀请家长和学生共同探讨教学目标，报告与学生的教学互动情况。中小学生不设置成绩单，只出具学期报告。小学期间，除毕业前的3天全国统考，平时甚少考试。学校、教师不为学生排名次，不以竞争刺激成绩，只强调学习本身。

8. 关注后进

芬兰中小学教育的宗旨以提携后进为主。他们认为，每个中小学生都将是国家非常宝贵的人力资源，不能让任何一个学生掉队。在学校，教师们关注最多的是后进生或反应慢的学生，甚至是一些家庭有问题的学生。对学习拔尖、一点就透的学生甚少关注。对于“吃不饱”的学生，教师会不动声色地让他们超进度学习，离开班级，默默地在走廊上或电脑上自学。只有当所有的学生都掌握了、学会了，老师才会继续往下讲授新课程。对于有学习障碍的学生，学校有专人负责额外帮助，还有政府出资可免费参加的课外辅导。

老师在走廊、课室辅导学生

9. 注重能力

芬兰教学注重最大限度地保持和培养学生的想象力、创造力、自我表达能力，以及自律合作等能力，这些能力的培养被公认为关乎学生终生的大事。对于学生提出的问题，教师不会直接给予答案，而是引导学生自主寻找，自主思考，自主探索。大多数学生在小学期间就已经初步具备了针对某个主题上网查资料、自己做项目的能力，为初中、高中、大学，乃至将来工作奠定了重要基础。至初中毕业时，每个学生在独立生活、解决问题、协调合作、表达自我等方面都已具备一定能力。

四、芬兰教育对我们的启发与改变

相较于芬兰教育，我国的教育在很多方面还不够自主，不够开放，不够信任，不够灵活。近年来，虽在教育思路与视野上有了一定程度的拓宽，涌现出一批课改先进教师，总结出许多成功教学经验，但许多地方教育部门对于先进经验的学习仅作简单复制，加上缺乏监管，导致学习效果不佳。

因此，我们要清楚地认识到，芬兰教育之于中国教育是一面镜子，而非一个要摹刻的标本。由于社会背景的差异和制度环境的不同，中国教育正在经历着属于自己的阵痛期。中国学校的校长和教师要移植芬兰教育的优质基因，需要更多地将目光投射在教育方式和教育理念的转变上，如提升师资队伍素质、建立特殊学生辅助系统、营造开放式学习环境，以及立足未来，培养学生应对未来社会的技能。因此，笔者认为我们应注重从以下几个方面进行改变：

1. 重视教育公平

关于教育公平问题，我国应在以下四个方面发力：一是统一城乡义务教育“两免一补”政策，“两免一补”是指对城乡义务教育学生免除学杂费并免费提供教科书，对家庭经济困难寄宿生补助生活费。二是统一城乡义务教育学校生均公用经费基准定额，城乡义务教育学校和民办学校统一按照不低于基准定额的标准补助公用经费，并适当提高寄宿学校的补助水平。三是巩固完善农村地区义务教育学校校舍安全保障长效机制，国家支持地区公办义务教育学校维修改造、抗震加固、改扩建校舍等附属设施。四是巩固落实城乡义务教育教师工资政策，国家对义务教育教师工资给予支持，各级政府部门也应加大支付力度。统一城乡义务教育经费保障机制，实质是着力解决农村义务教育发展中存在的问题，给农村学生提供教育支持，才能做到真正的教育公平。教育不公不仅危及社会公平，而且危及社会稳定。所以说教育不公的问题已经成为关系到国家、民族发展的大问题，现行的教育制度必须拿出足够的应对措施。

2. 提高办学自主

时下国内有些学校大张旗鼓地实施整齐划一的教学模式，教师的自主教学无法体现，教师的个性创意无法发挥，教师的教学激情难以点燃，笔者认为教学需要个性、需要风格、需要激情，如此教学才有魅力，才能生动，教师职业才有幸福感。

3. 增强人民信仰

芬兰学校教育注重传统“仪式”，是仪式感很强的国家。例如在每年12月6日国庆日当天，国家总理会与对国家有贡献的国民亲切握手；应届高中毕业生都要戴上合格毕业的白帽子进行大型游行与节目表演。注重各种仪式的目的是培养人的荣誉感，树立国民的民族信仰。有荣誉感的人会自觉开拓进取，有荣誉感的社会团队会发挥强大的力量，而有信仰的民族会越来越强大，坚不可摧。

4. 注重学生的实践性学习

用国家教育法规来保障促使学生的全面发展是芬兰教育的成功之道。芬兰学校教育注重学生的实践学习，注重培养学生的动手能力。国家课程规定高中教育要完成75个教育模块，而像学生野外徒步到营地进行野外求生训练，或在湖边写生等等活动都是国家75个教育模块规定的课程之一。芬兰高等教育阶段实行“产学研结合”的模式，课堂研究成果几乎在产生的同时即转化为现实的生产力，即使小学的实践课堂也不例外。

其实，我国也有各种教育法规保障促使学生的全面发展，但是，“依法治校”与“依法治教”在某些方面某些学校却显得苍白空洞。为追求考试高分，甚至连小学阶段的美术、音乐、体育、科学等学科课时都几乎被语文、数学、英语科目“霸占”，国家的课程设置在一定程度上只是“墙上的课程表”。

苏霍姆林斯基曾明确指出：只有让学生不把全部时间都用在学习上，而留下许多自由支配的时间，他才能顺利地学习，这是教育过程的逻辑。两相对比，我深以为然，感触颇深。感慨之后也坚定了作为校长的我在今后的教育教学管理和引领中要秉持的理念——有实践性学习的教育才是好教育！

5. 注重团队建设

芬兰教师注重团队合作，跨越学科与年级的集体协同备课与上课是工作常态。这种“跨学科跨年级”的团队合作，促进了教师队伍的建设。芬兰教师上课注重培养学生团队意识，强调学生在合作学习中促进自我发展，不管是基础教育还是高等教育，学生的协作学习发展极为普遍且效果明显。

各学科教师合作备课、学生合作完成项目

6. 树立大课程观

芬兰学校教育极具“生活味”，校园内处处是“学生影子”“教师影子”。楼梯墙上和教室门口贴着学生画作和教师自制寄语，教室内点缀着小盆栽和布娃娃，教师办公室布置着转角小沙发或咖啡壶，这里无处不是生活情趣，无处不是质朴气息。芬兰学校强调，学习不一定在教室，任何地方都可以成为学生学习的场所。教师会要求学生到超市了解电灯，包括电灯的瓦数、价格、形状等，甚至让学生买回家研究电灯是如何组装和发电的。

正如陶行知先生所言：要解放孩子的头脑、双手、脚、空间、时间，使他们充分得到自由的生活，从自由的生活中得到真正的教育。我想，教育越贴近生活，就越走向成功。生活就是教育，教育离开了生活就失去了灵魂。

7. 回归本真教育

教育的根本目的是为了人的发展，它不仅要为人才奠基，更要为“人”奠基，因此教育必须做到“目中有人”。如果教育忽视人的存在，不注重人文关怀，不尊重孩子的生命个体；如果仅把学生当成机器，把教师当成工具，把知识的生硬传授当成唯一目标，把分数当成唯一追求，这样的教育注定是失败的，教育的大厦终将因缺少人性而轰然倒塌。

俗语云，“十年树木，百年树人”。教育围绕着人展开，最终也服务于人，其本真便是以人为本，让人快乐，让人自由，让人性升华，让人格完善。它是一个不动声色、潜移默化的过程，它需要用心付出，长期积淀，执着坚守，绝不是机械加工，一成不变，一蹴而就的。

教育，永远在路上！

结束语

教育，就是人文化的过程。

这过程需要培土、施肥……

这过程需要抚摸、陪伴……

这过程需要等待、坚守……

芬兰教育探秘后的新课程改革实践探索

广州市第九十七中学　林黎华

通过探秘“芬兰教育世界第一”的原因，笔者深刻认识了芬兰基础教育基于学生核心素养培养，教师的专业化、课程的灵活化和课堂生态化等方面的特点。我国基于学生核心素养培养的新一轮课程改革号角已经吹响，笔者在学习借鉴的基础上，围绕我国新课程“为了每一位学生发展”的核心理念，结合校情，在教师队伍建设、课程建构、课堂转型等方面进行了系列实践探索，取得了相应改革成效。

一、芬兰教育世界第一的个人分析思考

2015 年 11 月，我有幸亲临芬兰这个北欧之国参访了 13 所学校，听了十多个讲座，走进课室观课，向芬兰师生询问，与中国留学生沟通交流，走上街头观察体验……我深刻认识了芬兰基础教育基于学生核心素养培养，在教师、课程和课堂等方面的特点，也由此明白了“芬兰教育世界第一”的原因所在。

（一）芬兰教师的专业化

在芬兰，教师看上去很自由，受干涉不多，想干什么就干什么，教师似乎可以“放任自流”、“为所欲为”、“随心所欲”，但恰恰是这种“自由”使芬兰教师更爱教育、爱学生、爱研究、爱培训，由此极大地

促进了教师的专业发展。芬兰教师的专业精神着实令人钦佩！

1. 看似“放任自流”的职业，使芬兰教师更“务实创新”

芬兰教师起点要求很高，只有拥有硕士或以上学位的教师才能承担教学工作。教师职业工资不算高，但却一直受到公众的极大尊重与赞赏。家长信任老师，认为他们是懂得如何教育孩子的专家。老师多数是全能型人才，一人可以任教多门学科；他们也很热爱自己选择的教师职业，能静下心来踏踏实实教学，追求教育本质，也助推了教师的创造性和冒险精神。

2. 看似“为所欲为”的教学，使芬兰教师更“游刃有余”

在芬兰，教育的目的是学习，而非竞争。教师在教学上相当独立，可以选择自己认为合适的教学方法和教学内容。他们普遍具有三种意识，即设计意识、信任意识与公平意识。通过对学习过程的设计，建立明确的学习任务与具有可操作性的评价相结合的学习系统；充分尊重、信任孩子，让每个孩子追求真实；建立非竞争性的学习环境和积极向上的支持环境，让孩子在安全平等的环境下学习生活，不会害怕犯错，不会有太多忧虑，也给孩子自由的宽松环境，孩子自己的事情一定是自己做主，就连孩子问老师的问题，老师一般也不会直接给出答案，只是启发孩子去思考，没有什么标准答案。他们尊重每一个学生，尤其是尊重学生的差异，因材施教，给学生量身定做学习计划，帮助其挖掘潜能，为学生的未来指明发展的方向。孩子们在进步中体验快乐，而不是在竞争中感到自卑，从而激发孩子终身学习的乐观态度。

3. 看似“随心所欲”的研究，使芬兰教师更“主动探究”

芬兰教师认为，教学活动应该基于研究与实践的基础上开展才有价值和意义。他们非常注重教学实践中小课题的研究，他们从事教学研究不需向上级申报，不需开题论证、中期检查、结题汇报等，只需按照自己寻找解决问题的思路去实践研究即可。这种“随心所欲”的研究大大促进了教师的研究激情，由此从教学实践中产生的研究成果又直接服务于教学实践。

4. 基于“问题导向”的培训，使芬兰教师更“术有专攻”

研究来自问题，问题的解决要有新的知识、理论、他人经验甚至专家来指导。芬兰老师很注重自我研修与培训。培训机构对教师的培训也是基于“教师所需”和“学生所要”这两点。培训前通过设计调查问卷以了解并关注老师的培训需求，还专门成立“学生委员会”来收集学生对老师的要求及意见，使培训做到有的放矢。他们多数采用“问题导向”的培训模式，学员带着问题和目的去接受培训和学习，通过适当的理论学习与指导回到教学中去实践，然后把实践中的问题再反馈到培训处，寻求解决问题的思路和办法，“实践—认识—实践—认识—实践”，如此循环往复，解决一个又一个教学实践中的具体问题，充分体现了“做中学”的理念。

5. 基于“职业兴趣”的爱心，使芬兰教师更“乐此不疲”

芬兰老师很爱学生，认为跟孩子们在一起是件非常快乐的事情，当我问及他们为什么喜欢所在学校或为什么这么重的工作量都能接受时，有的说是因为学生很爱学习，很努力；有的说是因为与孩子们在一起很开心……孩子们在芬兰老师眼中人人是天使，个个是希望！所以尽管一周任教多门学科，还要培训、研发新课程、与家长沟通等，他们不觉得苦不觉得累，反而“乐此不疲”……

（二）芬兰课程的灵活化

办学就是为学生提供教育服务。学校教育服务就是通过提供课程促进学生发展并使其健康幸福的一种特殊的精神性服务。教育服务的功能是促进人的全面发展；教育服务的宗旨是让人愉悦，增进幸福，减少痛苦。芬兰一轮又一轮的课程改革，就是在不断地反思之前的教育是否合理？要不要改善？芬兰教育新一轮改革的出发点是“未来人才能力的需要”。为了培养适应国际需要的未来人才，芬兰出台了基础教育核心课程及学生核心素养等标准。新课程改革的重点是围绕未来的工作方式、人才的思维方式、文化素养、社会责任感、全球化公民素养等方面进行，突出实践能力培养，让学生学会学习、学会思考，强调要发展学生的自我管理能力、多元文化素养、创业素养，发展孩子的交往、参与能力，影响和建构未来的能力。[1]芬兰课程实施灵活化，学习年限有弹性，不同的学生可以根据自身智力、学习水平、学习目标、学习计划安排和学习兴趣等在完成学校规定的最少总学分基础上，自己决定高中教育年限。

1. 课程类型多样化

基于人才发展的需要，芬兰地方政府和学校拥有较大课程自主权，课程开发和设计尊重多方利益相关者需求。芬兰课程具有“幼儿玩、小学慢、初中宽、高中活、职教高、大学新”的特点。该国为孩子们提供的课程丰富多彩，为学生提供了充足的选择机会。高中课程分必修学程、专业学程和应用学程三种类型。必修学程面向所有学生，以保证每个学生都能达到国家规定的最基本的要求；专业学程是对必修学程的拓展和延伸，地方和学校可根据国家指导和本地实际情况设立，每个学生除了必须完成必修学程以外，还须完成一定量的专业学程；应用学程则是为学生提供一些专门的知识，注重不同学科内容的交叉性、融合性、应用性，主要由各学校根据学生的兴趣而开设。芬兰还将一些兴趣性与实践性的东西形成课程模块，如汽车修理、汽车驾驶、摄影、舞蹈等供学生选修。学生可以在本校学，也可以去别的学校学，还可以去社会培训机构学，只要事先经过校长认同，这些课程都计算学分。芬兰如此开设课程，既充分利用了社会教育资源，解决了学校资源不足的问题，又很好地满足了学生的多样性爱好和能力培养的需求，比较好地做到了学习与兴趣、知识与能力培养的有机统一。

芬兰在课程设置中非常重视对孩子艺术素养的培养。学校对孩子的教育不是强调不许这样，不准那样，而是通过对学生艺术的熏陶，让他们从内心得到修炼，懂得什么是规范，什么是涵养？文化课以外的活动课程种类繁多，针对性和实用性很强，与当地的社会需求相适应。如芬兰的森林木材多，所以木工是他们的必修课，还有家政课、护理课等。看到孩子们脸上洋溢着的快乐与满足，可知孩子们很喜欢这些课程。教育不就是应该通过设置让学生喜欢、促进其发展的课程来为学生提供服务吗？如此丰盛的课程大餐的确是项庞大的系统工程，因此每年的假期，校长要用不少时间来研究课程的设置，并分析孩子的特点，帮助引导其选课，课程建设成了学校的重点工作。

2. 课程修习弹性化

芬兰政府规定，一名普通高中学生毕业时至少需要完成 75 个模块的学习，其中包括 47~51 个必修学程和 10 个专业模块，余下的学程学生可以选修专业模块，也可以选修应用模块。

3. 课程安排个性化

高中课程大致分为八大类，每天排 5 段课程，每段课程 75 分钟。学生可以根据自己的实际情况在课程超市选择不同层级的学习模块内容，上课实行走班制，没有固定的教室。与“无固定班级授课制”相配套的是个性化的选课制度，即学生可以根据个人的兴趣、爱好和志向，制订整个高中阶段适合于自己发展的课程学习计划。每个孩子都有个性化的课表，孩子会分不同的时段来上学（图 1）。

由于是个性化的课表，因所学课程及等级不同，所以学生之间没有可比性，这就避免了无谓的竞争，每个孩子只需要与自己比。每门课程学习后会进行两次考试，10 分为满分，试卷家长也要签名知晓，若孩子成绩不理想或未达到目标，老师会与家长商量一起为孩子拟定一个辅

1 Math	5	4	4	5
2 Phys	6 Geo	3 Mus	3 Mus	7 PE
3 Mus	1 Math	2 Phys	7 PE	6 Geo
4	7 PE	6 Geo	1 Math	2 Phys
8	8		5	8

图 1　芬兰学生个性化课表

导计划，帮助他通过课程考核。每学期初，教师会邀请家长和学生一起坐下来讨论小孩的学习目标，学生的学习评量不是为了和其他人比较，而是看是否达成最初设定的目标。

4. 课程保障具体化

每学年开始芬兰学校管理委员会会制订年度课程计划，并在此基础上制定详细的课程手册，分发给教师、学生和家长，便于他们做好教学与学习安排；学校基于学生的兴趣、能力、爱好，为每个学生制订适宜的个人学习计划，它是由学校管理人员、教师、家长和学生共同协商制定并适时调整的。学校安排了专门的学生学业指导与咨询顾问，长期负责指导学生选课、掌握正确的学习方法、克服课程学习中的各种困难、从容应对考试与评价等。学校非常重视和加强学生之间选课经验交流，尤其是新生与老生之间的交流。

5. 课程评价人性化

在芬兰，评价的主要目的是就学生实现学程目标和该学程学习进展情况给学生一个反馈。评价的依据是多样的，包括书面测试、教师对学生学习进展情况的日常观察与记录、学生日常作业或作业完成情况、学生对自己所作的自我评价等。评分标准一般分为 4~10 分 7 个等级，4 分代表不及格，9 分代表优秀，10 分代表非常优秀。每门课程开始前，教师一般会把该课程的评价要素和标准告诉学生，而且评分细则应征得学生同意。如学生在完成某一课程时获得的评价为不及格，学校必须再给学生一次参加评价的机会。对于那些已通过某个课程评价但评分不高希望获得更高评分的学生，学校可以决定是否给予他们更多机会以提高评价成绩。

（三）芬兰课堂的生态化

课堂是教学的主阵地，是我们必须认真研究并用心经营的学生学习的神圣“殿堂”。芬兰新一轮基础教育的改革，基于建构主义理论建立了新的学生观、学习观、教师观。芬兰的课堂更关注“怎样把学生作为一个人来对待？怎样交给学生学习的方法、工具？怎样引发学生的创造性？怎样开展项目式、学科融合式教学？怎样组织现象教学”？因此芬兰课堂灵活多样，具有生态化的特点：

1. 跨界学习

美国亚利桑那州立大学心理系终身教授亚瑟·M. 格林伯格提出了具身认知理论。“具身学习”是呼唤“大脑、心灵、身体、情境融合的学习”。[2]课堂教学应让知识回到儿童身上，让学习与儿童发生“意义”联系，而改变“被学习”的状态！跨界学习是芬兰课程变革的新趋势。跨学科之界：多学科、多领域融合；跨教材之界：教材不是唯一的资源；跨教室之界：课堂内外、社会生活均有“教室”；跨时间之界：现代与未来、长短课相配合；还有跨课时、标准、认知、身份、文化等之界。[3]跨界学习并非否定学科性质，并非否定学科边界，而是借助学科与生活的关联、学科与“人”的关联，更好地实现学科的育人目标，让学科课程变得更有生活气息，更有人文情怀，更有应用空间，更有学习热情，而不仅仅是一些碎片化的离身知识！

我们观摩了一节小学五年级的写作课，老师呈现的是一幅幅动画画面，孩子们讨论后画下的是一组情景图，最后才是根据自己想象的情景进行作文描述，看上去似乎是一节美术鉴赏课。但细想，写作没有固定的格式与要求，这样的课堂不就是激发学生的想象力与创造性吗？学生完全可以天马行空不受任何约束地自由发挥，而且每一篇作文都会有特色。

再看一节高中的化学实验课，学生被分开在两个教室由两个老师来上。学生先在一间教室由一位化学老师讲实验理论知识，接受完这部分知识学习之后的学生再到实验室进行实验操作，在实验室由另一位老师指导学生进行实验。合作教学效能高！因为学生走进实验室就急着想动手操作，根本无心再听老师讲解原理，学生的实验往往不成功甚至可能引发安全问题，而合作教学就解决了这个难题，保证了教学质量。

2. 融合学习

我们观摩了一节小学地理融合课。两位老师合作备课，以一场虚拟的旅行计划制定为载体，将“欧洲地理”课变为一种项目式的学习活动，要求学生全面了解欧洲各国名称、特点、位置等，并能在地图上寻找到准确位置。在此基础上关注各国的历史与发展，包括现时的国家整体情况、历史文化景点等。学生在设计路线的过程中既要进行团队合作，又要进行独立学习，比如每个人都要认真阅读文本内容，因为在项目学习结束之前，要独立完成一项开卷进行的20分钟学习评价考卷。融合学习实现了学科知识的融合与应用，如考虑路线的可行性、外出旅游的衣食住行安全等因素，需要运用到逻辑推理、数学、历史、地理、安全等知识，课本中生硬的知识融合到鲜活实用的生活中去，达到学以致用，而非死记硬背应付考试。学生在愉快的合作学习中既掌握了知识又锻炼了综合能力，而教师也在合作备课的过程中，就各自不同的教学观点、知识视野、项目设计、精力投入等进行了深度合作，实现了教学智慧的碰撞，提升了专业能力水平。

3. 体验学习

芬兰学校非常重视学生动手制作能力的培养。我们参访的这所学校初一年级学生每周有三节手工课，但在手工作坊中，我们没有看到多少学生的优秀作品陈列在那，因为对于学生的作品老师不会去评奖，不区分三六九等，而是由孩子们高兴地自行带回家。可见，他们注重的是孩子参与制作体验的过程，及引导孩子们充分发挥自己的想象力与聪明才智，鼓励孩子借助这个作坊，把想象通过自己动手实践变成现实。“不怕做不到，就怕想不到”，这不就是“创客”精神吗？这种不评奖、不比较输赢的教学，为创新人才的培养提供了土壤，孩子们因为不用担心自己的作品遭人耻笑，而更大胆地异想天开。孩子们创新能力与创新精神的培养不就是要鼓励而不是打压吗？

当然，芬兰学生在跨界学习、融合学习和体验学习的过程中，也充分体现了项目学习、合作学习、自主学习、探究学习的特点。

可见，芬兰的课堂是坚持美国杜威“以学习者体验为中心”，注重学习者能力的全面发展而非单纯的学科知识灌输，是生态化的课堂。课堂可以从教室延伸至廊道、阅览室、手工作坊甚至校外，学习可以发生在任何地方、任何时间。教师关注学生的学习兴趣，努力让学生在课堂成为主角。教师是学习过程的建设者，学习条件的创造者，是学生学习方式的观察者，随时察觉学生学习的状态。生活即教育，特别强调做中学，在动手、制作过程中发展能力，在日常生活实践中获取未来工作所需的能力；注重小组合作学习，因为智慧的火花需要以具体的任务来驱动，3~4 人间的轮番争论交流，火花才能绽放得更灿烂，更独特，更创新。俗话说：“三个臭皮匠，顶过一个诸葛亮”，一个人干不过一个团队！教师利用反馈信息引导学生自我评价，鼓励学生进行批判性思维。上课时间少，课后活动多，把重复记忆的东西去掉了，让学生有时间去体验社会上更多的东西。在活动体验中学生既学会理解了许多知识与生存技能，又锻炼了身心，做到了劳逸结合。芬兰的课堂真正做到了“做中学，玩中学”，实现了“教得少，学得多”。

我们知道，教育办得好，人的创造力才能开发得好，社会和经济才能发展好。在推崇教育公平的今天，“办家门口的好学校”是政府缓解过度择校、促进教育均衡发展的要求；是最接近教育本原的价值回归；是家长不让孩子输在起跑线上的迫切愿望。那么，怎样的学校才是家长认同、学生喜欢、社会赞誉的好学校呢？我认为，好学校一定是一所基于校本文化，体现校长办学思想，通过特色课程建设与教学不断改革，关照学生的学习需求和精神成长，引导学生在“追梦、筑梦、圆梦”的历程中感受生命的精彩，为其健康人生奠定坚实基础的学校；是一所能点燃老师工作激情，助其实现职业价值，享受职业幸福的学校；是一所“有质量、有效能、讲人道”的特色学校。

虽然我们的新课改基于国情的确有诸多困难，但如果我们一味地强调，只要中考、高考指挥棒不变，我们的办学就只能是应试，我认为，这是我们校长及教育工作者在推卸责任。北影学者崔卫平教授说过：“你是什么，中国便是什么；你怎么样，中国便怎么样。”“芬兰教育世界第一”探秘之行，的确让我们羡慕多多，但“临渊羡鱼，不如退而结网”，我们应思考可以从芬兰教育中学到什么？为了孩子们的健康成长，为了中华民族的美好未来，我们应专心专注教育，从我做起，从学校做起。

二、基于学生核心素养课改的校本实践

我国基于学生核心素养培养的新一轮课程改革号角已经吹响，中高考改革也如火如荼地进行。新课改和中高考改革将会引导学校教育教学的变革，也必定驱动学校教学组织管理方式的变革，课堂教学模式与发展方向的变革，教师专业能力要求的变化，学生学习方式的拓展变化等。我们在学习借鉴的基础上，围绕我国新课程“为了每一位学生发

展”的核心理念，结合校情，在教师队伍建设、课程建构、课堂转型等方面进行了系列实践探索，取得了系列改革成效。

（一）成立学校教师发展指导中心

教师是学校发展的重要因素，课程的开发、实施及课程目标的达成关键要靠教师。新课程改革与考试改革同步呼唤教师角色与能力的转型，要求我们的教师由过去单一学科教师向多元学科教师转型，教师要把握教考一致和指向学生全面而个性发展的教学要求；要坚持立德树人，成为学生选学选考和选择未来人生发展方向的导师；要能担任学生社会实践（考察）、志愿服务、研究性学习、探究性学习和跨学科学习的指导者；要成为学生发展的“引路人”。教师要不断促进自身专业素养、人文底蕴同步发展，并且能熟练运用信息技术进行教学方式、教学管理、家校联动等方面的创新。因此，校长在办学中，必须把如何引领教师专业发展作为关系到新课程改革成败与学校发展战略的高度来认识。为引领教师专业发展，我校成立了教师发展指导中心，一是注重创新培训模式，通过组建学习共同体，打造一支学习力、创新力、合作力强的阳光团队；二是紧紧围绕学校的办学核心——“课题、课程、课堂”，引导教师基于问题探究进行项目合作研究和教学反思改进，自觉做一名教学的研究者、课程的创造者、课堂的探究者，从而成为职业的幸福者。

1. 创新培训模式，打造阳光团队

教师专业发展不仅应考虑个体教师知识态度和技能的提升和改进，还应考虑教师工作环境中的学校组织文化和结构。“独行速，众行远”，一个人永远干不过一个团队。笔者认为，要让学校每一位教师都“发光发热”，就必须营造和谐共进的校园生态文化，形成“责任共同体”和组建“学习共同体”，点燃其工作的激情，激发其潜能，使教师有持久的工作热情。只有这样，才能让合力更多集中在关键处，让互补力出

现在薄弱处，让创造力发挥在优势处，让破坏力化解在无声处；才能让教师从工作中体验到教育“成人之美，达己之善”的快乐和幸福！为此，在管理过程中除组织开展常规培训外，还应分门别类地开展沙龙与团体辅导。让每个教师在团队的合作分享中提高创新思维、突破常规，努力寻求外界资源，并进一步认识到：强者，很多时候也需要一臂之力的牵拉；弱者，有了不断的鼓励也可以创造意想不到的奇迹！借助团队的力量、活动的体验、思想的分享，达成共识，增强凝聚力，形成战斗力，从而在团队的努力付出中获得职业的价值与幸福。

2. 教学反思改进，促进教师发展

美国心理学家波斯纳认为教师成长的规律是“经验+反思=成长”。教师研究自身教育教学实践的基本方式是反思。许多研究证明，教师接受课堂观察反馈后，能使他们积极地改变对学生的态度及行为，而且能意识到个人教学的优缺点，有利于教师发扬优点，克服缺点，形成自己独特的教学风格。[4]一名优秀教师，必定不只是经验丰富的教师，而是善于对自身教学实践进行反思改进的教师。那么，校长应如何来促进教师教学反思改进工作的顺利开展，让其成为教学常态、教师习惯？笔者认为，首先应建立教学反思改进制度，制度必须与对教师的考核评价、工资待遇等无关，其目的就是为了促进教师专业发展，这样才可以消除反思者的心理芥蒂，能坦诚地正视自己教学中存在的问题，欣然接受培训，并且真诚地希望通过被帮扶，找到解决自己教学问题的办法。其次，校长要充分发挥各学科名师、骨干教师、科组长等的作用，对年轻教师和教学存在较多问题的教师可以指定合适的导师，要求导师在观察了解该教师各方面情况的基础上，指导、帮助其拟定教学反思改进方案，包括教学设计、课题研究、听课评课、课程拓展、学生辅导、成绩反馈、测试讲评等各环节。对重点关注的教师，校长应处理好行政事务，亲自参与听课观摩、评价反馈等。笔者认为，校长和老师之间更应是一种师徒或帮扶关系，校长应是教师专业发展的领头人、帮助者。通过常态化的教学反思改进工作，建设具有研究力和个性化的研究型教师梯队。只有教师发展，学生才会发展，学校才能发展。

（二）构建宽基础活模块课程体系

课程是学校为学生提供服务的重要载体，是培养学生核心素养的重要抓手。随着新课程改革与中高考录取评价机制的变革，校长应进行学校整体课程设计，使学校课程自成体系、形成特色，为学生提供丰富的“课程大餐”。通过系统丰富的课程开设，为不同层次的学生提供适合其发展的个性化服务，以使教育更好地服务于学生，促进学生“适性扬才”！

我校近几年来，通过高效贯彻落实国家课程，开发利用校本特色课程，充分挖掘综合实践活动课程，积极探索学科拓展课程，努力构建一个“宽基础+活模块”的课程生态体系，形成课程体系生态圈，使课程成为师生对话的媒介，成为“传播阳光文化、探究阳光科学、塑造阳光生活”的抓手。

课程生态指将生态理念嫁接到课程开发和体系构建中，资源上不仅充分发挥教师的创造性，更加注重挖掘社会资源“为我所用”；内容上不仅强调显性课程，更加关注隐性课程的育人价值；需求上不仅面向全体学生，更加尊重学生“特需”以凸显特色。课程生态强调学科间的相互渗透，强调学习生活的各方面知识，使课程实施回归生本（即回归学生生活和学生生命主体）。而特色学校的生命力在于有高质量的特色课程，开发特色课程是学生个性化发展的需要，是教师专业化成长的诉求，是学校课程发展的追求，是学校文化与内涵发展的要求。[5]

根据学校“生态文化”和学校长期以来的发展优势、传统特色，通过整合教育资源，我校在高效贯彻执行国家课程的同时，针对初中和高中学生的不同年龄、认知等特点，努力构建“宽基础+活模块”的集群式菜单式课程生态体系，以提高学生的核心素养。

1. 构建了“阳光教育”课程生态体系

在“生态文化 阳光教育”的引领下，根据义务教育阶段课程设置要求及初中生的特点，我校把“阳光教育”特色课程作为学生核心素养培养和可持续发展的教育切入口，培养学生具有“爱、健、勤、实”的优秀品质，成长为阳光青少年，为其健康人生奠基。

（1）“阳光教育”特色课程理念

在课程建设方面，我校坚持以“阳光教育”为价值取向，探索有效推进校本课程常态化开展的基本模式。我们整合心理健康与团体辅导活动，开设心育课程；整合体艺课程资源，开设综合体艺 2+1 课程等。在教学改革方面，把生态课堂作为生态型学校建设的竞争点，开展基于课程标准的有效教学探索，以“问题为本”整体推进“2P4E 生态课堂”教学模式，全面提升教学质量。在评价改革方面，转变评价范式，以“为学生健康人生奠基”为价值取向，开展多元化评价模式探究，逐渐形成“阳光评价”模式。

（2）“阳光教育”特色课程目标

以“生态文化”为基础，“2P4E 生态课堂”教学模式为依托，通过“阳光教育”特色课程体系的实施，培养具有“爱、健、勤、实”优秀品质的阳光青少年，为其健康人生奠基。通过课程学习，引导帮助学生培养管理情绪的能力，使其保持阳光心态；培养学习的兴趣和习惯，激发求知探究欲望，锻炼健康体质；培养服务社会的意识，树立积极进取的人生观；培养适应环境的能力，高效实干的作风，建立和谐的人际关系。

（3）“阳光教育”特色课程结构

为贯彻学校办学理念，彰显办学特色，达成“阳光教育”特色课程目标，我们开设了“爱”、“健”、“勤”、“实”四大课程模块（图 2）。这些课程均立足校情学情，整合各类教育资源，由学校教师及外聘专家共同开发而成，既是学校多年办学经验的累计，更是近年开拓创新之成果。不仅关注学生的学习，更关注学生生活、合作、创新；不仅重视学校教育，也重视家庭教育、社区教育；不仅追求学生的成长，也追求教师的成长、家长的成长；不仅引导和帮助有困难的学生取得成功，也引导和帮助其他各种类型、各种层次的学生获得更大的成功；不仅关注学生学习结果，也关注学生学习的过程和方法。

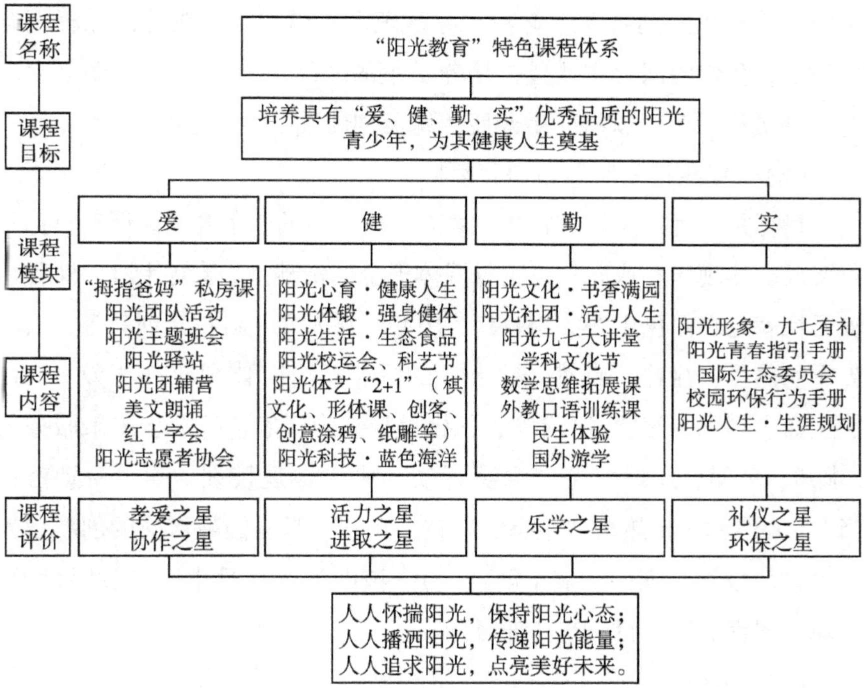

图 2　“阳光教育”特色课程体系

2. 构建了“绿英计划”特色课程体系

在高中，根据新课程目标及高中生特点，我校把“绿英计划”特色课程作为学生核心素养培养与可持续发展的教育切入口，培育学生的生态环境保护意识，培养投身环境保护实践、勇于进行科技创新与具有阳光心理品质的“绿色人才”；同时，更有部分学生成长为国家与社会所需要的具有强烈生态文明观念、丰富科技文化素养的“绿色英才”。

（1）“绿英计划”特色课程理念

“绿英计划”特色课程的理念是：绿色英才，绿色未来。“绿色英才”体现了学校“构建生态型学校，培养阳光青少年”办学目标的人才培养方向，“爱、健、勤、实”的培养目标也是“绿色英才”的内在要求。“绿色未来”强调我们的学校教育着眼学生的可持续发展，也与学校“为学生的健康人生奠基”办学理念一脉相承。在这一课程理念指引下，我们的课程主线是：培养学生的“绿英意识”→推动学生参与“绿英行动”→扶持学生开展“绿英创新”。

（2）“绿英计划”特色课程目标

目标是课程的灵魂，它体现着对学生素质的基本要求。课程目标不仅要反映体现国家取向，也应重视体现全球精神。“绿英计划”课程培养目标就是以绿色生态文明教育为中心，在人文、科技、创新等方面培养学生热爱“生命、自然、社会”的绿英意识（体现校训“爱——爱护生命、健——健康身心”），积极投身到为国家、社会、未来服务的“求知、环保、友好”的“绿英行动”中（体现校训“勤——勤奋担当”），造就一批热衷“生态、科技”工作，具有国际素质的创新型人才（体现校训“实——实干创新”）。该课程既立足中国又放眼世界，体现了课程的国家目标与全球目标。

（3）“绿英计划”特色课程结构

我校“绿英计划”高中特色课程结构包括绿英意识、绿英行动、绿英创新三大模块的学习内容。通过“开设绿色课程、保障学生实践；开展绿色评价、促进学生成长；组织绿色科研、提升学生创新”三大机制，以培养学生的“绿色意识、绿色行动和绿色创新能力”（图3）。

3. 构建了学生发展指导特色课程体系

为更好地培养学生的核心素养，引导学生全面发展，我校整合德

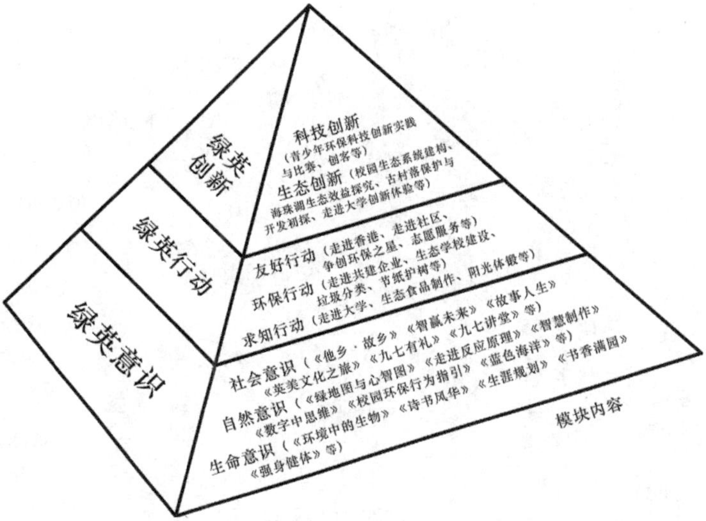

图 3　“绿英计划”高中特色课程模块结构

育、心理辅导中心、级长、班主任、校友、共建单位的资源，组建了学生发展指导中心，引导教师做学生发展指导师。通过资源重组分工合作，借助外力专攻有术，有计划开展学生品德辅导、学业辅导、心理辅导、志愿服务和升学指导等，让每一位在校学习的学生都可以得到老师个别及专业的辅导。同时，加强家校沟通，形成教育合力。建设“拇指爸妈”家长学校，开发拇指爸妈“私房课”系列课程，发挥家委会参与学校民主管理、民主监督的作用，增进家校之间、家长与孩子及师生之间的了解与信任，以促进学生核心素养的培养与全面发展（图 4）。

（三）营造多维性互动性课堂生态

课堂是学校教育教学的主阵地，是培养学生核心素养的主渠道，我们必须认真研究课堂教学，注重课堂教学模式改革，全面提高教育教学质量。我校以立德树人为根本任务，以弘扬和培育社会主义核心价值观为导向，以提高课堂效率为核心，以促进师生的发展为主旨，营造多维

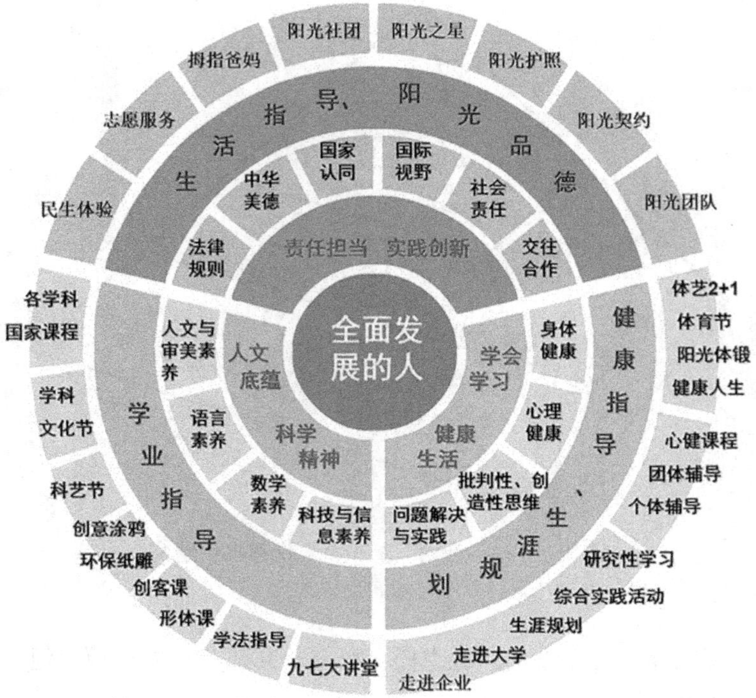

图 4　学生发展指导特色课程体系

互动的课堂生态。课堂生态是指在教学情境中，对知识起传承、学习、应用和创新作用的各个有机体之间，以及这些有机体和其所处的环境在物质、能量、信息等方面进行的交互过程，而这些有机体和所处环境通过一定的交互组合方式构成的综合体，即为课堂生态系统。[6]为此，学校进行了课堂教学改革的系列实践探索，收到较好的效果。

1. 探究“2P4E”生态课堂教学模式

我校为了把课堂交给学生，让课堂活起来，让学生动起来，着眼于学生的可持续发展，以“提高教学效能”为目标，围绕师生、生生及环境关系，深入开展“善教—互动—乐学”的有效课堂教学评价，带动全校教师研究以“问题为本”的课堂教学，着重探究“2P4E”生态课堂教学模式。“2P4E”生态课堂教学模式就是以问题作为学习新内容的起点，以“2P”即问题设计（problem design）和问题引发（problem trigger）去带动“4E”，即引入参与（Engage）、探索揭示（Explore）、目标落实（Effectuate）、反思评价（Evaluate），使“学、教、评”相协调。通过教学的“生活、生动、生成”实现“生本”，建立生态课堂。“引入参与”就是要有“小课堂大舞台”的观点，学校利用学科教学的内外部环境进行有效资源整合，活化教材内容，形成开放有序动态的教学内容，凸显学科时代性、社会性等特点。“探索揭示”就是通过“激情引趣与问题设计”激发学生的求知欲，进而深入思考，通过自主学习、小组合作学习和老师点拨分析去质疑释疑，在这个过程中大家存差异求合作，互动分享，最终使人人有“作为”。“目标落实”就是为了避免问题设置的无效或讨论的低效，使“学有目标”，通过各种训练来建构知识，并进一步提升运用知识分析解决问题的能力，不断生成新知识。“反思评价”就是通过师生信息的互相传递、能量流动，及时反思教与学过程中的不足以利于更好地改进、提高教学效能，促进师生的共同发展。

可见，以“问题引发、探究”为主线，通过“引入参与（生活）——创设情境；探索揭示（生动）——有效提问、释疑、探究；目标落实（生成）——知识建构、变式训练、实践探究；反思评价（生本）——自我评价、小组评价、师生互评”，引导学生历经知识发现、问题思考、规律寻找、结论的概括、知识结构的建构乃至反思评价等过程，获得属于自身的知识，从而提升能力，树立正确的价值观、人生观与世界观，实现课堂教学减负增效之目的，促进各学科品牌特色的形成。“4E”生态课堂不仅关注了教师的“教”，更关注了学生的“学”，包含了对教法与学法的研究，以寻求教与学的平衡，促进多维互动课堂生态的建立，形成我校课堂教学生态圈，实现“老师教得好，师生互动好，学生学得好，师生发展好”的良性教学循环（图5）。

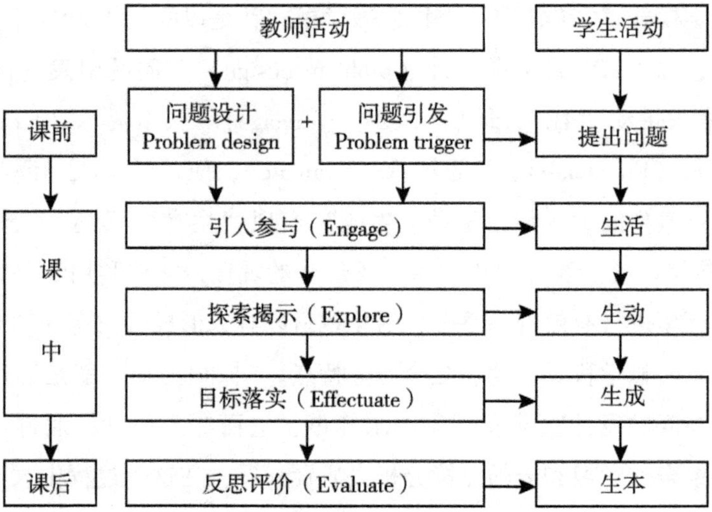

图 5　“2P4E”生态课堂教学模式

2. 探究新型智慧课堂教学研究模式

为了迎接应对新课程改革，不断改进教师教学方式和学生学习方式，深入探究信息技术与学科教学的深度融合，进一步推进我校作为广州市首批智慧校园实验校的建设，提升教育教学质量。2018 年 4 月 17 日，我校举办了主题为“取课改真经，炼智慧课堂”的教育教学开放日，智慧课堂，精彩纷呈。

（1）“1+1”双师课堂

我校刘老师（97 中）和王老师（广州中学）合作上了一节基于互联网的跨区跨校同步直播的智慧课堂探究课（图 6）。这堂课让师生一起体验了智慧课堂带来的新感受。两个学校、两位教师、两个班级，借助平板电脑、网络同步直播，共同学习，实时互动，资源共享。整堂课两位老师带领不同学校不同班级的同学就不同人生阶段的生涯规划分组展开交流，并通过平板电脑在云平台上合作互动，共同绘画生涯彩虹图，并通过问答统计即时展现出同学们对于不同年龄阶段不同人生规划的选择。课后，两校同学都表示这种跨越空间阻隔的课堂有利于组建新的学习社群以拓宽视野，加强思维碰撞与学习交流。这种新的授课方式展示了未来学习的特征：学习者中心、因变的学习场景、灵巧学习、多元化团队和高阶思维赋能体验。

图 6　同学们通过网络直播与广州中学的师生交流互动

（2）地理 VR 探究课

林老师执教的高中地理课也吸引了大量的听课者。自 2017 年开始，我校与华南理工大学计算机研究院合作进行资源自主研发，这节地理课，就是通过全景 VR 和平板电脑等设备，让学生先用沉浸式体验，感知描述相关功能区的景观（如工业区、商业区、住宅区），再归纳功能区的共性与特征，从而掌握城市内部空间结构的知识。对于高中地理，一些平时学生难以进入的区域，利用全景 VR 可以提升学生兴趣，提高活动参与度，调动自主学习的意愿，使学生有更深刻的认知，从而提升教学效果与效能。

（3）跨校“同课异构”

初中校区郑老师也利用网络与绿翠中学林老师组织了一次同课异构的网上观课与教研活动。两校区教师通过网络直播相互观课，课后异地一起评课，实现了两校英语教学的一次有效交流。

（4）学科“融合课堂”

政治历史地理生物学科围绕“不曾远去的幽灵——传染病”，集体备课，融合教学，大大激发了学生自主学习、合作学习和探究学习的积极性。

当天还展示了 STEM 创客课、AI 编程课及各学科智慧课堂等。“隔空课堂”“双师课堂”“VR 课堂”“融合课堂”等再次刷新了大家的认知，不仅为同学们展示学科教学与信息技术的融合，也展示智慧校园建设的初步成果——基于互联网的信息化产品如何为校园管理、教学及各方面服务。该课堂教学改革活动取得广泛关注与好评，《广州日报》《信息时报》《羊城晚报》等多家媒体进行了报道（图 7）。

3. 探究了基于项目设计的教学改革

为更好地应对新课程、新中考新高考改革，提升学校教育教学质量，发挥我校作为广州市示范性高中的引领示范作用，我校以绩效工资改革为契机，尝试以基于问题的项目管理方式，助推校本课程研发，深入开展课堂教学改革，促进教师专业发展。从 2018 学年起，我校开展运用项目式管理的方式，鼓励教师组建团队申报学校德育、教学、科技体艺、科研等项目，共有 13 个项目组被批准立项。2019 年 4 月 17 日，我校又举办了主题为“聚焦项目设计 助推课程研发”的教育教学开放日活动，通过课堂教学展示项目设计与研究的阶段性成果。本次教学开放日活动最引人注意的是“STEM 信息化生态融合课堂”，它是生态园管理项目的成果展示。

生态园管理项目是我校融合 STEM 跨学科教育及信息化智慧校园建设的一个项目，项目以学生为主导，以自主探究生态园项目实施管理过

广州日报 2018年4月18日 星期三

身边纸 关注
GUANGZHOU NEWS

两校学生隔空课堂互动

智慧校园啥样？VR技术走进中学课堂 人脸识别系统方便考勤

广州日报讯（全媒体记者何晓圣 通讯员林林宋馨影报道）智慧校园长啥样？广州市一所中学智慧校园昨日露出真颜。从进门的人脸识别到双师课堂、VR课程、网上订餐等，无一不显示出信息科技在教育教学中广泛应用。

双师课堂实现优质师资共享

“作为一个16岁的少年，我们最重要的角色就是学习者。所以学习时间占到了99%以上，学不可以已，这就是我们对6岁的感悟。如果可以回过头，我们会对6岁时的自己说，好好学习不要玩耍，少年不知勤学苦，白首方悔读书迟。”在97中学高一（12）班的课堂上，学生们聚精会神地看着屏幕上一名来自广州中学的女生对15岁的自己的阐述。随后，一名男生说：“相比广州中学的同学，我们学习的时间还真达不到99%以上，要向你们学习。”他的话引发了现场的一片笑声。随后，他话锋一转，说：“但我认为还是要注重劳逸结合。”

这是一节“1+1双导师同步课堂”，97中学和广州中学的同学们隔着屏幕，实时共上一节课，彼此交流和碰撞。在这一节课上，全班同学分成6个组，分别对应15、25、35、45、55、65六个年龄段，不同年龄段小组的同学通过讨论确定这个人生阶段的主要角色，完成对上一个年龄段人群的叮嘱和对下一个年龄段展望。两所学校的同学们通过互动屏幕，就像在同一间大课堂里上课一样。

课堂上，学生们戴上VR头盔体验教学内容。

有利于校际之间的教学研讨，互相取长补短，探究新的教学方式，这是学校未来教学的一个趋势。97中教导处副主任吴智志告诉记者，双师课堂技术的应用，实现了优质师资的共享。

“刷脸”考勤自动统计人数

头前，闸机就会自动开启。据工作人员介绍，该系统为校内全部人员建立了人像库，一人一档、一证一档。通过闸机时，系统自动抓拍人像，并与后台档案进行比对，比对成功方可过闸。同时，系统的后台平台，还可以自动统计通过闸机的

电子班牌，学生们走进教室时，电子班牌就可以自动识别人像并进行考勤。

在高一（1）班的地理课上，老师利用VR技术……构。学生们戴上VR头盔，可以身临其境地游走于海峡区各个角落，辨别

图7 《广州日报》报道我校的教学改革活动

程中的植物成长、环境布局、AI编程管理、喷淋设备制作等实际问题，通过学生分组探究、动手制作、创新思考，以达到融合学科知识，提高学科素养，培养生态创新思维并解决校园生活中的实际问题。

在这节成果展示课之前，信息科龙老师指导同学们进行的是“基于APP Inventor信息编程的自动喷淋装置设计”，物理科伍老师、方老师带领小组开展生态园管理轨道车设计，生物科崔老师、林老师则指导同学们开展生态园生物堆肥差异比对的实验研究，地理科夏老师、林老师、吴老师三位老师指导学生绘制生态园环境地图，而数学科刘老师则指导大家学习数据对比建模。

有了诸多老师的指导，学生通过自主学习、合作学习、探究学习对“如何对生态园进行布局管理和优化”在课后饶有兴趣地探究。成果展示课当天，三个组的同学在天台的农业生态园里摆开阵势，分头忙碌

着。研究项目来到了最后环节，就是进行最后的测试、统计、绘画、汇总……统计数据处理完成，绿地图完成了，小火车跑起来了，自动喷淋系统设计的可行性也得到了论证。当每个小组轮流进行汇报时，迎来了同学们和观课老师的阵阵掌声。

当天还有卢老师上的高一地理“模拟城市”虚拟沙盘体验探究课、蓝老师利用 App 软件获取大数据的数学课、政史地三学科“聚焦港珠澳大桥”的融合课堂等都很受学生喜欢，广获好评。《广州日报》《羊城晚报》《信息时报》等媒体对我校教学开放日活动进行了采访报道（图 8）。

A16

羊城晚报

24

教育

A16

广州已有155所STEM教育试点校，每年160多名学生到大学和科研院所研训——

STEM≠昂贵投入

重在撬动学习兴趣和动力

图 8　《羊城晚报》报道我校 STEM 信息化生态融合课堂

“千里之行，始于足下”，虽然新课改之路还很长，但我们已经出发，路已经在我们脚下延伸……遥望未来，相信通过看得更清，想得更细，我们一定会行动得更快，做得更好！

让我们一起以“爱”的情怀追逐教育理想，以“研”的精神探究教育本真，以“做”的实绩创享中国好教育！

◎ 参考文献

[1] 萨尔伯格．芬兰道路：世界可以从芬兰教育改革中学到什么？[M]．林晓钦，译．南京：江苏凤凰科学技术出版社，2015.

[2] 殷明，刘电芝．身心融合学习：具身认知及其教育意蕴[J]．课程·教材·教法，2015（7）.

[3] 娄华英．跨界学习：学校课程变革的新取向[M]．上海：华东师范大学出版社，2018.

[4] 费伦猛．如何做课堂观察[M]．长春：吉林大学出版社，2014.

[5] 邢至晖，韩立芬．特色课程8问[M]．上海：华东师范大学出版社，2013.

[6] 陈乾，王紫．生态课堂的创新、问题与建构[J]．教学与管理（理论版），2013（7）.

芬兰教育考察的行与思

东莞市教育局教研室　王　健

2000年伊始，世界经济合作与发展组织（OECD）面向全球15岁中学生每三年举行一次“国际学生评估项目”（Program for International Student Assessment，PISA）。英国媒体将这项计划喻为“教育界的世界杯”。这项世界性教育调查的结果，成为评价全球各国教育发展情况的重要指标。2000—2009年的四次评量报告表明，芬兰三次获得PISA测试总分榜的冠军，2009年以均分535分的成绩位居第二（仅次于韩国539分），芬兰在校生的阅读能力一直处于全世界的前列。在所有参与OECD评量计划的国家或地区中，芬兰没有通过PISA测试的比例仅为5%，而全球的平均比例却超过20%。芬兰是一个仅有535万人口的国家，却成为“世界上教育落差最小”的国家，而今更是成为全球教育工作者目光关注的教育圣地。

无论地域和国界，教育的对象始终是人，教育的方向始终要面向未来，党的十八大已经明确指出，“立德树人”是我国教育的根本任务。那么，芬兰教育的特色是什么，芬兰教育成功的秘诀又在哪里呢？芬兰教育的成果对我国教育的发展又有怎样的启示？2015年，广东省中小学新一轮“百千万人才培养工程”教育家培养对象一行20人在华南师范大学基础教育学院钟罗金和童汝根博士的带领下，满怀期待和一系列的疑问，踏上了去芬兰的旅途，在芬兰进行了为期18天的深度学习、研修和培训。

一、芬兰教育的基本概况

古语云：“闻之不若见之。”尽管在各类媒体上，我已经对芬兰有了一个比较广泛的了解，但是没有亲自走进芬兰的教室，始终觉得它还只是脑海中想象的场景。而现在，我终于有机会一睹令世界都为之瞩目的芬兰教育，内心的激动无以言表。在考察的 18 天里，我们参观了坦佩雷大学及坦佩雷理工大学，考察了萨斯塔玛拉高中联盟学校、曼塔市的维普兰中学、Naistematka 小学、Sammonkeskus 中学及 Vammalan 职业学校，观摩了北京丰台区教育委员会中小学校长教育考察团的结业典礼，听取了坦佩雷市教育局长、访芬学者康建朝博士、坦佩雷大学教师培训学院院长 Vesa Toivonen 先生、Ylojarvi Yhtenaiskoulu 学校校长 Satu Valkama 女士以及世界著名演讲家《圣诞老人之梦》一书的作者 Andre 先生等关于芬兰教育以及当地教育改革发展状况的专题报告，还与当地中国留学生进行了深入的座谈。整个学习考察的过程既丰富又精彩，使得我对芬兰教育有了全面且细致的了解，也使得我对教育的感悟有了更深刻的认识。

（一）芬兰教育管理的基本概况

根据交流了解，芬兰在教育管理方面，目前是由议会来制定立法的一般性原则及相应的具体政策，由芬兰政府、芬兰教育部及全国教育委员会来落实到位。芬兰的教育部是全国最高的教育管理机构，其管理着芬兰所有的公共资助性教育和培训机构，为政府和议会提供教育领域内的法案和决议，及国有教育机构的拨款。与此同时，芬兰还有全国教育委员会，它是负责教育教学研究、教材审定、教师培训的机构，类似于我国的教科研机构。在芬兰，各市均设立相应的教育局和教育委员会，对应负责本地区的教育工作。

芬兰的教育体系不包括实际的学前教育机构，而是由小学和托幼中心提供学前教育服务。芬兰立法规定，所有市级政府机构都要为年满6岁的儿童提供免费的学前教育，但是否接受这个学前教育是自愿的。

芬兰的综合学校（相当于我国的小学和初中）属于义务教育，义务教育制度从1921年开始生效，学生年龄在7岁至15岁，一般为9年。市级政府负责义务教育。综合学校每学年有190天上课时间，芬兰的结课时间安排在春季5月末或6月初，8月中旬开学。此外，除了暑假，芬兰还有如秋假、圣诞节假等一些特殊的假期。芬兰的高中是根据学生综合学校教育的成绩来进行选拔，主要是针对16岁至19岁年龄段的学生。在芬兰，高中还可以由成人教育的方式来完成，通常完成高中教育需要2年至4年的时间。高中教育之后可灵活选择各类高等教育。

除了参加高中教育的学习，完成初级职业教育也是芬兰学生在完成综合学校教育之后的一种选择，有不同的培训项目和课程供学生选择。一般需要3年时间获得初级职业资格，之后也可以继续接受高等教育。初级职业教育一般由市级政府机构、市政委员会和私营机构向学生免费提供。

芬兰的高等教育由两部分组成：综合大学和专业学院。综合大学通过举行考试挑选学生，不收学费，毕业生可获得学位。综合大学还提供继续教育和开放式大学教育。在综合大学，获得学士学位需要3年时间，获得硕士学位需要5年至6年时间。专业学院与综合大学的区别在于，专业学院不属于芬兰政府所有，而是属于联合市政委员会或私营机构所有，在专业学院的基本资金中，芬兰政府资金占近60%。在芬兰，每年约有两成的人申请参加综合大学、专业学院或者教育机构提供的成人教育课程和免费专业培训。成人还可以进入综合学校或高中学习，也可以参加高等院校入学考试。总而言之，芬兰的终身教育机制非常灵活，有着多元的选择，确保了芬兰国民教育的质量。

（二）芬兰教育改革的基本概况

芬兰于1966年开始取消分轨制，设立综合学校。1988年对中央集权的教育管理体制进行改革，赋予学校更大的办学自主权，除了将教师聘任、经费使用等权力下放给地方和学校外，还取消了国家统一的课程模式，推行一纲多本，让学校和教师可以自主选择教学内容和方法。1994年后，芬兰教育向“个人本位的教育公平”深化，开始推进强调个性化、多样化的课程改革，并实行小校小班制教学。

芬兰基础教育的总体目标是，鼓励学生成为一个具有社会适应能力和道德责任感的社会成员。综合学校教育特别注重培养学生在日后成为社会一员时所需的知识和技能。在综合学校，前6年由同一个班主任带课，学校会教授所有课程，随后的3年，根据课程的不同，学校会安排专门的老师教授。根据芬兰法律的要求，存在学习障碍的儿童可以接受特殊教育。

芬兰综合学校的课程设置有母语（芬兰语或瑞典语）、数学、物理、化学、外语、历史、社会学、体育、音乐、生物、地理和环境学、视觉艺术、手工、家政学、宗教或伦理道德等学科。与此同时，各年级学生可以根据个人的兴趣以及特长选择特殊科目。

芬兰的高中教育改革始于20世纪60年代，在借鉴欧洲其他国家经验的基础上，摸索出了一种适合本国国情、能最大程度利用教育资源且行之有效的教育模式。芬兰本轮普通高中课程改革起始于1987年，在全国多所普通高中进行“无固定班级授课制”的教学模式实验。芬兰国家教育委员会于1994年颁布了《高中教育课程框架大纲》，对高中课程设置作了大幅度调整。《大纲》以让学生更自由地发挥特长为宗旨，“无固定班级授课制”在全国高中学校全面实行，由此确定了本轮课程改革的基本框架。普通高中课程调整后分为学习领域、学科划分和课程细化三个层次。其中，学习领域包括母语及文学、外语、数学、环境与自然科学、价值观与信仰、心理学、历史与社会、美学、体育与健康教育、职业教育与指导等10项；学科包括母语（芬兰语）、第二官方语言（瑞典语）、外语（英、法、德、俄等）、数学、物理、化学、生物、地理、宗教或伦理学、哲学、心理学、历史与社会、音乐、美术、体育与健康教育、职业教育与指导等。课程是学科教学的细化，一门学科按内容与难度分为数量不等的若干课程，一个课程平均为 38 个课时，每个课时 45 分钟。普通高中教育以课程为基础，不存在年级之分。芬兰将过去固定的 3 年高中学制改为较有伸缩性的 2~4 年学制。不同的学生可以根据自身智力、学习基础、学习计划进展和学习兴趣等不同情况，在完成学校规定学分的基础上，自己决定用 2 年、3 年或 4 年完成高中教育，所以课程选择在一定意义上就决定了学习进度。芬兰普通高中学习实行学段制，每一学年分为 5~6 个学段，每个学段大致 6~7 个星期，其中最后一周为考试周。为了让学生更加集中精力学习，克服以往并行课程太多、学期持续时间过长的弊端，学校强调实行“学段”和“课程”组织教学，明确规定每个学段开设 5~6 个课程。

普通高中课程分为必修课程、专业课程和应用课程三类。

（1）必修课程面向全国所有的学生，以保证每一个学生能够达到国家规定的最基本的要求；专业课程是对必修课程的拓展和加深，地方和学校可以根据国家的指导性建议设立；应用课程是为学生提供一些专门的知识，它可以是对已学科目的进一步学习，也可以是其他科目的选修。应用课程主要由学校自主设立，国家不作统一要求。

（2）每所高中开设必修课、专业课和应用课都在 300 个课程以上。芬兰政府规定，一名普通高中学生毕业至少需要完成 75 个课程的学习，其中包括 47~51 个必修课程和 10 个专业课程，余下的课程学生可以选修专业课程或应用课程。

考试形式灵活是芬兰高中阶段学业考试的一个特点。考试以课程为单元，可以是测试亦可以是撰写研究报告。课程考试成绩实行 10 分制，4 分以下（包括 4 分）为不及格，10 分为满分。每门课如果只有一个课程不及格，并不妨碍学生选修该课目的高级课程，学生只需在准备充分后参加补考（补考次数不限）即可。考试成绩以最高一次计入，但如果同一门课出现了两次不及格，便不能继续选修该课目的后续高级课程，须经过重新学习并通过考试，方可继续学习该课目更高级别的课程。

高中生考大学必须首先参加全国统一的大学入学资格考试。

（1）考试包括4门必考科目，分别是：母语（芬兰语或瑞典语）、第二门民族语言（瑞典语或芬兰语）、外语、数学或综合学科考试。综合学科考试涉及生物、地理、化学、物理、历史和社会学、宗教、伦理道德、哲学或心理学等学科。除必考科目外，学生还可以自愿参加附加考试。

（2）毕业生可在一年半中连续三次完成4门考试，学生要想进入大学学习，还必须参加大学各专业自行组织的入学考试。能否被大学录取，最终取决于大学入学资格考试、高中的平日表现、附加外语考试以及大学入学专业考试的综合成绩。

芬兰2016年后的新课改，一是不特别关注学生想要学习什么，而在学生未来二十年后需要的是什么；二是学校不但要教会学生学习、活动、就业能力等，还要教会学生调节情绪、合作分享以及科学技术的高效运用；三是要培养学生树立终身学习的理念。

二、芬兰教育成功的原因探析

全球的教育学者们对芬兰的教育给予了很高的评价，赞誉芬兰实实在在做到了“有教无类、因材施教”，实现了人们对教育的最高期盼。究竟是什么样的神仙“活水”激发了芬兰教育的活力，使得这里的孩子能“快乐”与“成长”齐飞呢？通过自己的参观、考察、交流及思考，我对芬兰教育模式具有的独特之处深有感触，芬兰教育成功的原因在心中也有了自己的思考和答案。

（一）平等的教育理念

让所有的孩子机会均等地享受教育，信任每一个孩子，是贯穿芬兰教育改革脉络、促使教育政策成功实施的关键因素，简单来说就是

“一个都不能少”的平等精神。

芬兰教育的核心价值观是“不放弃任何一个孩子”。芬兰 1921 年开始实施义务教育。1968 年，芬兰议会提出口号：“无论你在哪里，都可以接受相同质量的教育。”每一个芬兰人在芬兰，无论城乡和族裔、不论性别与财富、不论学生的资质高低，都享有国家提供的无差别的基础教育。全部孩子享有均等的教育机会，落实质量一致的教育，学生在 16 岁之前，不存在淘汰或选择。强调教育平等的结果是，芬兰成为全球教育落差最小的国家。这一点，我在维普兰中学参观“移民班”时，便深有感触。这个班有 19 位来自印尼、马来西亚、索马里、阿富汗等不同国家的难民或在附近工厂上班的工人子女，班里的学生年纪差距大，学习背景、基础和能力非常不一样，他们都不懂芬兰语，需要特殊的辅导和帮助去学会芬兰语，然后才能进入正常的中小学班级里接受同步教育，但是在这里，每一个孩子在芬兰接受的教育都是同等且完全免费的。

1998 年，《基础教育法》在芬兰颁布，宣告实施教育的目的是“促进社会文明与平等”。全国 60 万名中小学生，有 4000 多所综合学校，平均每所学校不到 150 人，班额不超过 20 人，是典型的小校小班。在芬兰，不存在给学生进行任何形式的“排名”，家长永不知道自己的孩子在班上排第几名，甚至老师也不知道。在老师眼里，所有孩子都是“好孩子”。当学生被发现有短暂的学习困难时，老师会即刻拿出帮扶措施，开展个别辅导，所涉及的费用全部由政府负担。这样做的效果是，避免了人为造成“差生”，而使之最终成为社会包袱。

（二）信任的教育文化

信任学生，才能得到优良的教育生态，这是芬兰教育的核心所在，也是芬兰教育平等的内涵所在。在这里，我感受到从整个国家到每一间学校再到每一个芬兰教师，都渗透着他们的这种教育思想。在芬兰，绝不可能对孩子早早地进行筛选，贴上好坏不同的标签，学校和社会不鼓励也不强调学生从小就与人竞争，使得孩子在压力下学习，而是耐心启发、协助每个孩子找到自己的生命价值，这种不离不弃的“信任”帮助孩子们建立起可以受用终生的积极学习心态。

在孩子学习的过程中，尽可能地不比较，不评分，所有的评估与考试都是为了让学生知道从哪里去改进。让孩子和老师共同了解对于学科的认识到了哪里，并最终帮助大家共同进步才是考试的目的，而不是要给孩子带来挫折和惩罚。在芬兰，所有的学习动力来自个人的成就感，包括老师，这种成就感不是简单的赏识，在这个过程中，信任老师、信任学生是芬兰教育的共识，不仅如此，这一点还得到制度层面的保障和文化层面的推崇。尽管芬兰国家每4年制定颁布一次核心课程大纲，规定公共科目和课时分配，但地方政府、学校董事会，甚至教师都有一定的自主权来决定教什么、何时教以及教授的内容及方式。

芬兰学校的低年级（1~6年级）阶段便开设语言类选修课，而高年级（7~9年级）阶段开设的选修课比例超过总课时的五分之一。学校允许学生根据自己的情况开展学习，也允许学生根据自己需要选择去其他学校选修课程。这种充分灵活的教学安排和自主的课程选择，极大地提高了学生的自信心，促进了学生学习的欲望，也为学生将来在高中和大学自主制订学习计划做好心理上和经验上的准备。在芬兰，无论是教师还是学生都具有一种共识，即“自由是一份责任的开始”。

（三）独有的教育体制

芬兰的基础教育采用的是“综合学校”体制，这是实现平等的教育理念的体制保障。过去，芬兰学生在小学毕业后随即分化，来自中上层家庭的“尖子生”选择文法学校，将来上大学，当“白领”；大部分来自社会底层家庭的学生进市民学校，毕业之后上职业学校，成为“蓝领”。这样的分类造成了教育的不公平，芬兰政府对此深感危机，认为学校过去的等级制结构有违平等理念，过早分流人才也不利于学生的健康发展。1972年，芬兰政府进行教育改革，把初等学校、文法学校初中部和市民学校整合为综合学校（小学加中学）；而新的普通高中是由原先的文法学校高中部演变而来的，并将综合学校系统纳入公共财政范围，所有适龄儿童均可在任何一所综合学校接受均等的九年义务制基础教育。这样一来，学生在 16 岁之前就没有所谓的学业质量评价淘汰系统，所有孩子都享有同等教育机会，接受质量相同的教育。

除了在教育体制的制定上，芬兰政府用尽心思外，芬兰在保障体制的运行上也是不遗余力，实施强有力的保障措施。譬如在教育的投入上，多年以来，芬兰对教育的公共投入占到国内生产总值的 6. 2%，远远高出世界经合组织成员国的平均水平 5. 3%。根据芬兰法律规定，基础教育（即义务教育阶段）全部免除学费、课本及学习资料费；高中到大学全部免除学费；所有的小学到高中都为学生提供丰盛的免费午餐。考察期间，我们在不同的城市、不同的学校亲身感受了这种免费的中餐，的确，各校午餐的品种、质量和营养搭配基本上都是一样的，没有校际差别，也没有地区差别。另外，我们通过咨询还发现，在芬兰教育的高投入下，学校没有所谓的择校费、三限费、增容费、借读费、补课费、资料费、油印费、牛奶费、军训费、校服费、春游费等各种名目的费用，总之，所有学生无条件上学，享有学校一切教育资源。又如，芬兰的法律规定，基础教育必须遵循就近入学的原则，如果学校要安排学生旅行，只要超过五公里便由市级政府机构安排和资助；对于家住得远的孩子，学校帮助学生申请由出租车免费接送，政府买单。正是政府对教育的高投入，使得芬兰教育拥有了健康发展的原动力。这样的高投入保障了芬兰人，尤其是芬兰年轻人的教育水平普遍较高，处于世界领先地位。

（四）丰富的课程设置

在学校课程设置、教材选择、课时安排等方面，芬兰的地方政府、学校和教师都具有较大的自主权。芬兰基础教育的课程设置非常灵活，在选修课程开发方面也很有特色，学校可以根据当地经济发展和学生需求而灵活取舍。芬兰的基础教育教材实行“一纲多本”，由全国教育委员会编写制定全国核心课程大纲，各家出版商再依据大纲里所规定的各科目内容，再委托各领域的教师、专家与特殊教育人才，共同编著完成教科书。所有的教育机构均可自由地选择他们认为恰当匹配的教材。这一政策促使芬兰教科书的生产机构因为竞争激烈而不断想办法提高质量。与此同时，地方政府和学校可以决定选修科目的数量、类型、教学形式，学生家长也有权决定学生选修哪些科目，学校还为学生配备学生选课顾问提供关于学习技巧、选修课和初中学习计划的相关咨询服务。

我们在芬兰学校发现，这里的孩子课程选择非常丰富且自由，有专门的指导老师进行选课指导，而且所选的课程都要与他今后的职业和大学的学习专业方向挂钩，所以，每个学生每个学期的课表都是不同的，因此芬兰学生的上学及放学时间也是有差异的。

面对迅速变化的世界，芬兰的课程改革模式以自主性、多样性、选择性的课程结构去适应，以保证学生多方面才能的发展，满足未来人才多样化可能，从而让他们更加适应未来社会的发展需要。芬兰的课程面向全体学生，且适应不同学生发展的不同需要，课程设置真正体现了因材施教的思想，教育者期望为每一个学生找到成长的最佳课程结构和学习模式。与此同时，学校通过开设相应的课程来引导、促进不同学生在不同方面的发展，以保证学生多方面才能可以得到充分的发掘与发挥。

（五）高端的师资队伍

所谓“高端”，其内涵是指教师职业是最受尊重的职业，与此同时，各级教育机构对在职教师的要求也是非常的严格。通过了解，芬兰的中小学教师至少要硕士毕业，这是芬兰在20世纪70年代开始实施的法律规定。每年申请进入到各大学教育系的学生，录取率不到十分之一，在芬兰，只有最优秀的人才能入读教育系从事教师行业，因此教师的素养和能力都非常高。

芬兰对教师有着严格有效的培养制度，首先有志向做教师的学生必须先在普通大学修完60学分的公需课，再申请到相关教师培养院校完成5年期的硕士课程学习，一般会在第一年进行见习，第二年进入课堂实习，一般2人一组，由资深教师指导，从备课、上课到反思与修正，真实体验教育教学实践。第三年进行学科融合，即要求教师有全科观点，能进行学科整合，教师不仅仅要为学生的学业负责，更要懂得对学生进行全方位的指导，如做人做事、接触社会、人生规划等。在大学剩余的时间里，会安排即将入职的教师到国外进行参观、考察和积累，学习先进的教育教学理念与实践，通过系列的思考研究以及规划设计，来避免在自身的工作过程中出现不理想的问题。

芬兰严格的教师培养制度，以实践为指导的培养过程，高水平的教师质量，为芬兰的国家发展打下了坚实的基础。在聆听芬兰教育专家的讲述和与其交流中，我了解到国内与芬兰教师最大的不同是芬兰挑选最好的学生以培养未来的教师，而国内的一些师范学院升级成普通专科或本科院校后，没能挑选到最优秀的学生进行培养，导致了中国教师整体素养不能均衡地持续提升。

芬兰没有独立设置的师范类大学，而是在综合性大学下面设立教育学院，这样更有利于高素质教师的培养，从而可以培养出知识结构合理、知识面广及教育创新能力强的优秀教师。

在芬兰，教育机构可以免费为教师提供培训甚至攻读学位的机会。高素质的教师队伍建设，保证了教育的高水准。芬兰的教师不仅是知识的传授者，更是一个教育研究者，教师必须深入了解所教学科的最新研究成果，必须以研究者的态度看待教学工作，也就是说，芬兰的教师都是研究型教师。

在芬兰，教师是年轻人最向往的职业，也是社会最受尊重的职业。

三、芬兰教育考察的行动启示

通过为期两周的所见与所闻，综合观察思考芬兰的教育改革，我留下了以下几点深刻的印象：一是芬兰的教育工作者都具备较高的专业素养，有着先进的教育理念，高度的敬业精神，令人称奇的创新意识，在教育的过程中充分体现以学生发展为本的价值取向。二是芬兰全国自上而下推行分权体制，赋予地方、学校及教师个人极大的自主权。我们参观的学校，各有各的特色，错位式的发展使得芬兰的学校形成“百花齐放，各自争春”的局面。三是在课程改革方面，芬兰的课程由分科模式向综合模式发展，与此同时，芬兰学校的课程灵活多样，给予孩子很大的选择权。

芬兰的教育模式与其国情相适应。芬兰的文化基因里重视教育，重视读书。由于国内的资源有限，又处在俄罗斯和瑞典两个“大国”夹缝中，芬兰深感国家生存发展的关键就在于国内 500 多万人口的人力资源开发，因此他们没有资本落下任何一个孩子。

芬兰的教育是不能完全在中国复制的，但是此次芬兰教育考察之行，却给我们每一个教育工作者带来了深刻的思考与启示。

(一) 改变教育观念，促进教育公平

芬兰整个社会都是以“平等”的教育理念对待每一个孩子，不让任何一个孩子掉队落伍。从教育的功能和价值来讲，芬兰的教育者用心呵护每一个孩子的成长，努力帮助孩子找到自己人生的方向。从社会的发展来讲，芬兰实现了让每一个孩子找准自己的位置的目标，从而积极地促进社会的有序、信任及和谐，形成整个国家高度统一的社会价值观与信任体系。

我国也很注重教育均衡、公平。《国家中长期教育改革和发展规划纲要（2010—2020 年）》（以下简称《规划纲要》）也明确指出：“均衡发展是义务教育的战略性任务。”可见，推进教育均衡发展，促进教育公平，已经上升到保障我国长期可持续发展的战略高度。只不过由于我国长期存在的城乡二元结构和地区间发展的不平衡，给区域之间、城乡之间教育资源的配置带来了许多影响，表现为教育经费投入水平、师

资配备、教学设施设备以及教育质量等方面存在较大差距。客观的原因我们无法逃避，但是作为一线的教育工作者，难道我们什么也不能做吗？笔者认为，答案是否定的。

1. 教育观念的转变与践行

21世纪，科技竞争和经济竞争是国际范围内没有硝烟的战争，而人才竞争则是所有竞争的核心，人才的质量决定了这场竞争的胜负成败。因此，培养有创造创新能力的人才无疑是实现中华民族伟大复兴的重中之重。孩子的创新能力培养需要一个呵护和温暖的环境，要营造这样的环境，教师的教育观念首先就要转变，尊重差异，因材施教，平等地对待每一个孩子，尽最大可能为孩子提供最适合的教育。

“推进教育均衡发展，努力促进教育公平”不仅仅需要国家在体制上进行顶层设计和深化改革，更需要一线的校长及教师改变观念，不断思考，付出行动，让我们日常的教育真正回归对学生“生命的教育”，公平地对待每一个孩子，真正为孩子的长远发展考虑。每位教师都是国家教育体系内的一个关键因子，试想，如果我们每一位老师都以“平等”的理念用心去对待我们的孩子，教育公平的时代一定会到来。

2. 教育技术的应用与创新

中国有2.6亿名在校学生和1500万名教师，发展教育任务繁重，而且中国幅员辽阔，地域文化发展、经济发展的地区性差异广泛存在，短期之内不可能完全仿效芬兰的公平。因此，我们可以借助信息技术来破解当前的教育难题。

以东莞为例，这里外来人口众多，人口结构倒挂，教育投入巨大，群众对高质量的教育需求也越来越高，优质教育资源短缺，现阶段难以实现教育资源百分之百的公平分配，然而借助信息技术，打造“慕课创新教育平台”，把全市最优秀的名师资源和教育资源集中起来，通过互联网技术让各个学校的学生一起共享优质的教育资源，从而可提高薄弱学校的教育教学水平，破解教育公平的难题。同时，借助信息技术，通过创新教育模式促使教育的发展与变革，使课堂的成效更加显著，使教育的生态更加健康。在芬兰也有类似的慕课教育，他们为不能参加学校学习的学生开设了网络课程，通过学校开发和社会购买的形式让每个芬兰的学生也能公平地享受教育。

另外，结合各级学校区域发展水平，把优质资源送到薄弱学校，以研促教，区域结对帮扶，提高薄弱学校的教育教学水平也是促进教育公平的有效途径。

3. 教师素养的培养与提升

芬兰政府格外重视基础教育教师的专业化建设，为了适应不断变化的教育需要，增设了教育咨询专业。大学和其他教育机构为教师免费提供各种继续教育的机会，并鼓励教师开展积极的继续教育和教育研究。我国也进行了教师培训的改革，对比芬兰的教师培养制度和力度，芬兰的教师教育培养模式同样也有很多值得借鉴之处。

芬兰有句谚语：“一只狮子带领的一群绵羊能够打败一只绵羊带领的一群狮子。”教师资源的优劣是保障基础教育成功的重要条件，肯定教师的社会地位，强化对教师专业能力的培训，我认为是芬兰教育成功的不二法门。假如我国现拥有的 1500 万名教师和教育管理者都是从芬兰的教师培养和选拔制度走出来的，估计我们也不存在教师资源的不均衡了，从而为实现教育的公平提供人力资源方面的保障。以我国现有的经济实力，可以部分仿效芬兰的做法来提高教师的社会地位，变革教师培养制度，培养专业教师而不仅仅是教学从业人员。

在基础教育改革中教师的主动学习非常重要，教师不再是知识的权威，而是学生自主学习的指引者。教师的学习模式，需要在新的理念指导下进行新的实践，从而对整个教学活动、教学环境产生影响，最终改变课堂以及学校的教育生态。教育关系到国家的兴衰，教师整体的素养决定着教育的质量和未来的发展。因此，切实优化教师的培养机制是非常值得我们今后研究和探索的课题。

（二）优化课程改革，强化教育评价

国内呐喊多年的素质教育，至今在很多地方仍举步维艰。在从“中国制造”向“中国创造”转型的今天，在落实国家课程要求的前提下，如何有效地促进学生素质的提升、个性的发展以及创新意识的培养，真正落实素质教育，是当前我国基础教育特别需要思考和发力的地方。其中，课程的建设是非常重要的一环。

弹性的课程设置和完善的学生评价制度是芬兰基础教育的特征之一。与我国现行的课程设置相比，芬兰基础教育课程设置具有超强的灵活性。芬兰的基础教育没有分数，没有排名，即使有学业分数也从不公开。学生的评价分为学年评价和终结性评价。学年评价属于过程性评价，内容包括学业情况、学程表现、学生的行为表现；终结性评价注重甄别与选拔的双重属性，基于达到义务教育的目标和要求，公平评价学生。评价的目的在于引导和促进学生学习，提高学生自我评价能力。

1. 优化课程改革，促进学生多元发展

我国新一轮的课程改革尝试建立一种民主、开放、科学的课程运行机制，竭力培养学生的实践能力和创新精神、情感体验和自尊自信。发展多元的地方课程和校本课程，以及对学生进行综合评价，芬兰的经验是值得我们深入研究的。芬兰学校丰富的课程设置，产生了各式各样具有区域或者学校特色的课程，令学生拥有更多的学习自主权，也在很大程度上支撑着“做中学”的教育理念，学生得到更多的个性化发展，激发了学生学习自主权，为高中的自主学习打下了坚实的基础。

“不分年级制”是芬兰高中普遍实行的教学模式。这种教学模式取消了年级划分，学制极富弹性，学生在2~4年的高中阶段无须留级或升级，只需根据自己的学习计划选择课程以安排学习进度。这一模式将主动学习和研究性学习纳入教学过程之中，彻底打破了传统的固定班级

授课模式，最大限度照顾了学生的个体差异，满足了学生的不同倾向、爱好和发展要求的需要，极大地体现了以学生为中心的教学原则。芬兰通过丰富的课程设置为学生提供选择的机会，并为其进入“不分年级制”的高中学习做好心理上和经验上的准备。

芬兰的高中课程由三大块组成，一块是为全体学生提供的基础课程，所有学生学的是同样的内容；一块为选择某一学科领域的学生安排的强制选修课程，但不同学科方向学生学的内容是完全不同的；一块是完全自由选修的课程，芬兰称为个别化课程。这其中，第二块有点类似我国的“限定选修课”，但以学生自主选择学科方向为前提。

结合实际，笔者期望高中课程由三类构成：国家必修课程、省荐选修课程和校定选修课程。其中省荐选修课程由省级教育行政部门统一规划，统一组织教材编写（或推荐教材），面向省内推荐，学校自主选择。在我国学校教育资源相对短缺的情况下，加强校与校、区与区、学校与高校，以及与国际上的交流合作是推动课程改革稳步推进的有效保障。

2. 强化教育评价，赋予学生适合的教育

我国目前的现行评价与考试制度制约了素质教育的有效推进，在实施素质教育过程中，教师遇到的最大困惑和难题，是缺乏与之相匹配的评价体系。“唯分数”的教育不是“生命的教育”，而是“绩效的教育”，以及“功利的教育”，最终使我们的教育不断偏离本真的轨道。纵观芬兰义务教育阶段的评价制度，国内学生的学习从入学第一天开始就向着“中考”、“高考”起跑，考试分数是升学的基本标准，学校教育、家庭教育、社会教育都围绕这“两考”展开，这应该是致使素质教育不能在神州大地广泛开花结果的原因之一。同时，过分围绕“两考”从某些方面也限制了教育公平的实现，譬如校外培训资源的获取其实存在着两极分化的现象，即家庭富裕的孩子将获得更加丰富优越的教育资源。除此之外，围绕“两考”的应试目标，一些教育培训机构

还存在着违反学生身心发展规律的行为，这也导致了教育生态的破坏。

随着国家教育政策的不断细化与规范，课程改革的不断深入，国家教育督导工作的扎实推进，以及国家教育质量监测工作的落实推广，对区域教育质量和学生个体发展的评价将会变得更加科学、有效、精准。只有评价制度的不断发展，赋予学生适合的教育才会成为可能。

以芬兰的高中为例，其高中学生的学业成绩由任课教师和学校自行打分，并作为高校录取的重要依据之一。为了保证学业成绩评价的客观性和公正性，芬兰有一套相对规范的措施和要求。比较和借鉴芬兰的一些做法，笔者建议认真研究选修课程学分认定的操作规程并严肃相关纪律；省级教育行政部门要颁布选修课程学分认定的具体标准，各高中学校相关教研组每年要结合标准对学生选修课的质量进行认真的讨论，学校要组织检查学生学业成绩或分数的客观性和准确性，教育行政部门要加大抽查的力度并对弄虚作假者进行严肃处理。

而高中选修课程改革一定会触碰到考试评价制度的改革。借鉴芬兰的一些经验与做法，笔者提出以下三点设想：

（1）减少学业水平考试科目，推行必考加选考制度。必考科目建议定为4~5门，选考科目可以是开放的，动态的。鼓励学生根据自己的实际自主选择考试科目，切实减轻学生过重的课业负担。参考芬兰的做法，也可实行“不分年级制”，根据学生成绩和学习能力安排教学进度。学校可以为学生制定适宜的学习内容和学习程度（譬如向学生提供课程设置手册，其中包括课程总体介绍、课程设置、各科详情、任课教师、选修必备的前提条件、评估规则等）；实行灵活学制，按学段学程组织教学，实行针对学生个体的个性化教学；允许学生结合自身情况在教师的指导下制订适合自己的学习计划（包括学习内容、学习进度、科目学习的先后顺序等），整个过程实行动态监控，发现问题教师可以提出建议，并允许学生随时调整和改变自己的学习计划，在计划实施过程中，学生甚至可以选择任课教师；在评价方面，强调客观评定，根据不同的学习方式和自修自学所取得的分数来进行升级，对学习成绩突出、学习能力超强的学生，学校可与大学签订协议，学生可以选修大学课程或利用大学的教学、实验设备进行研究工作，其学习结果计入高中学分，升入大学时予以承认。

（2）高考和招生制度应改革，妥善实施“高招三位一体”。在深化高校招生“三位一体”改革的过程中，不断增加和完善对考生高中阶段所选相关课程数量和质量方面的要求与评价，据此提升普通高中开设选修课程的积极性和教学质量。

（3）尝试在省内高校开展大学一年级学生能力评价项目。内容可包括大学生的创新能力、发展潜能、专业适应性、个性发展等方面，并据此对省内高中学校的教育质量进行排名，条件允许的情况下将排行榜向社会公布。此举可以在相当程度上改变传统的“学分为本”的办学倾向，促使高中真正把学生的素质培养放在重要的地位。

3. 打造多元通道，给予学生更多的发展可能

现阶段的“中考”制度，学生完成9年义务教育的学习后必须面对人生的第一个重大抉择，即经过“中考”后学生的路将迈向何方？是继续完成高中学业，还是进入职业学校进行专业化学习？这时候，往往一次考试的失利或者一个错误的抉择决定了日后人生的道路。我们可以试验性地开创初级职业教育与高中教育互通机制，让学生有第二次选择的机会。例如：中职学校一年级学生经过学校的综合考评推荐参加高中学校组织的自主考试，经过高中学校的综合考评进入高中学校学习，参加高中的全国统一考试；根据学生的意愿，高中学校的学生也可申请加入中职学校的学习行列。“二元机会”为一些中职学生志愿到高中进行学术层次学习和高中学生自主选择职业教育提供了机会。

“教育兴则国家兴，教育强则国家强。”这是习近平总书记对教育发展的重要论断。此次芬兰之行，开拓了我们的眼界，更新了我们的理念，激发了我们的思考，让我们深刻意识到自身的短板与不足。与此同时，也更坚定了我们要为祖国教育事业不懈努力奋斗的决心。

深化课程改革，我们一直会努力！落实立德树人，我们永远在路上！

◎ 参考文献

[1] 李雪垠. 芬兰基础教育模式的成功因素探析 [J]. 现代中小学教育，2006（3）：68-70.

[2] 田友谊. 无班级授课制：芬兰高中教育体制改革透视 [J]. 外国中小学教育，2003（12）：34-37.

[3] 刘培军. 芬兰：普通高中实行“无班级授课制” [J]. 上海教育，2009（5）.

[4] 浙江省教育考察团. 走进芬兰高中课程改革 [J]. 今日浙江，2008（2）.

[5] 满泽洪. 最好的教育，最好的人生 ——芬兰教育考察报告 [J]. 亚太教育，2016（5）.

[6] 王岚. 21 世纪以来芬兰基础教育课程改革及其启示 [J]. 吉林省教育学院学报（上旬），2016（1）.

[7] 任锐. 芬兰普通高中课程改革的发展历程与启示 [J]. 吉林省教育学院学报（上旬），2015（5）.

[8] 贾海菊，朱成科. 芬兰普通高中课程评价及对我国课程改革的启示 [J]. 教学与管理（中学版），2009（4）.

[9] 邵志豪，袁孝亭，董姝娜. 教育中的平等与质量——从 PISA 成绩看芬兰的基础教育 [J]. 教育探索，2012（10）.